U0922058

【经济学学术前沿书系】

城镇居民收入结构不稳定性与消费研究

韩海燕◎著

经济日报出版社

2012年陕西省社科基金项目
“陕西省城镇居民收入分配差距问题研究——基于收入结构的视角”
立项号：12D186

序　言

韩海燕博士是我在新世纪初指导的一位博士生，她的博士论文《城镇居民收入结构、不稳定性与消费研究》，是我所主编的《中国特色社会主义发展经济学》一书中的重要组成部分。经过她近几年费心研究，写成一本专著出版，现简单介绍如下：

首先，本书选择的问题很好，很重要，也是我国在改革开放以来产生的一个新问题，急需妥善加以解决。从经济学的角度来说，主要是研究人类社会的生产、交换、分配和消费的问题，本书正是研究我国现阶段的收入分配和消费问题，因而具有重大的理论意义和现实意义。

我们过去重点研究了社会的生产和交换问题，这当然是很有必要的，但对分配问题研究不够，消费问题研究更少，而现实中正是这两个方面问题成堆，急需加以研究解决。从居民收入分配来说，城乡居民收入差距虽有所缩小，但仍然过大，农村居民收入仍然过低，就城镇居民收入结构来说，也有不合理的地方，因而影响了社会的稳定性。至于消费问题，过去经济学界也很少有人研究，自湖南师范大学尹世杰教授创立“消费经济学”并出版专刊以来，虽然阅读和研究的人逐渐多起来，但很少引起经济学界的研究和讨论，党政机关和部门更是很少有人过问，以致我国城镇居民收入的差距和结构问题也很少有人研究和关心，消费问题成堆也都无人关心和过问，这是多么令人担心的事。韩海燕博士这一博士论文，正是重点研究了我国当前收入分配结构及其对城镇居民各阶层收入结构与消费问题，并提出了改进收入结构、促进消费增长的路径选择与政策建议，可供有关部门抉择参考。

其次，本文不足之处，是仅涉及第一和第二次产业的收入结构和消费问题，未谈及第三次产业收入结构和消费问题，而现在问题的重点正是在这一方面上。当然，对这方面问题的研究难度很大，我国经济学界也很少有人涉及这一问题，我在期待着……

何炼成谨序

2012年10月29日于西北大学

目录
CONTENTS

第一章 绪 论

从城镇居民收入结构变动的角度，将收入分为稳定性收入与不稳定性收入，研究城镇居民的消费问题能够抓住问题的核心。

第一节 现实意义及文献综述

一、现实背景

改革开放以来，中国经济一直保持高速增长，1978～2011年改革开放30多年，中国经济创造了经济增长的奇迹，GDP年均增长率达到9.9%，目前我国经济总量已超过德国成为世界第二大经济体。[1]由此可见，改革开放后，中国在GDP增长较快的同时经济得到了快速的发展，从理论上讲，投资、消费和出口被称为拉动经济增长的“三驾马车”，从各国经济发展的实践来看，消费需求的持续稳定增长是维持一国经济健康发展的重要因素。但是，改革开放以来中国投资和出口的发展势头越来越强劲，使得经济有过热的危险，而消费需求却持续萎靡不振，结构性矛盾日益突出，最终消费率急剧下降，其中，最终消费率由1978年的62.1%下降到2008年的48.6%；居民消费率由1978年的48.8%下降至2008年的35.3%。特别是进入新世纪以来，与投资率不断提高相伴随的是，我国最终消费率和居民消费率呈明显下降趋势。2001年后，我国最终消费率一直低于60%，远远低于世界70%～80%的平均水平。显而易见，中国过低的消费率使得国内需求相对不足，经济的增长并不能长期依赖于投资和出口，消费的力量至关重要，而消费增长的关键在于居民收入持续稳定地提高，尤其是以居民消费为主要经济增长点，而这又有依赖于居民收入结构的合理化及收入的稳定性。然而，长期以来，中国居民人均收入增长幅度缓慢，除个别年份城镇居民收入年增长高于GDP增长，绝大多数年份城镇居民收入年增长速度明显低于同期GDP的增长，同时改革开放30年，全社会职工工资总额占GDP的比例呈现不断下降趋势。因此，胡锦涛在十七大报告中指出：“要逐步提高居民收入在国民收入分配中的比重，提高劳动报酬在初次分配中的比重，着力提高低收入者收入，逐步提高扶贫标准和最低工资标准，建立企业职工工资正常增长机制和支付保障机制……”从而“坚持扩大国内需求特别是消费需求的方针，促进经济增长由主要依靠投资、出口拉动向依靠消费、投资、出口协调拉动转变”。[2]

现如今，我国经济对外依存度相当高，进出口总额已相当于 GDP2/3 左右，其中美国、欧盟、日本等发达国家和新兴经济体是我国的主要出口对象。而经融危机、欧债危机的影响，这些国家的经济走向衰退或增速放缓，从而对外需求降低，进出口萎缩。同时，国内需求不旺和预期收入降低等因素超过了价格效应的影响，国内进口也开始下降。可见，我国长期依靠投资和出口拉动经济的增长方式已难以为继，我国必须转变经济增长方式，要从主要靠出口和投资拉动转变到投资、消费、出口三者共同拉动，特别是依靠内需来促进经济的增长，而提高居民的消费率则是增加内需的重要手段。众所周知，收入是影响消费最重要的因素，《人民论坛》杂志日前一项调查显示，公众最期待的改革中，“收入分配改革”位居第一（占比 65.9%）。这一调查结果并不出人意料，此前，多种媒体的调查已有类似结论。近年，两会前夕的网络调查中，“收入分配改革”话题，始终位居前列。呼吁加速“收入分配体制改革”的声音，渐多渐强在媒体出现。(http://finance.jrj.com.cn/2012/05/03101112981547.shtml)。[3] 据相关专家的分析，要实现以居民消费为主导的经济增长，就应让居民有消费能力，增加居民的可支配收入。而城镇居民作为消费的主力军，研究城镇居民收入是如何影响消费的问题便成为一个非常重要的命题。目前，国内学者大多数都是在研究居民总体的收入状况与消费增长的关系。虽说居民收入水平影响着消费需求水平，但是不仅在于它的增长速度和居民间的收入数量上的绝对差距，而且更深层次的原因还在于收入的结构（居民个人收入的内在构成比例关系）。

改革开放以来，中国打破了旧的收入分配模式，分配方式由过去的按劳分配模式转变为按劳分配、多种分配方式并存，劳动、资本、技术和管理等生产要素按贡献参与分配的模式，国民的总体人均收入水平大幅提高，中国城镇居民家庭人均可支配收入提高也较为迅速。而伴随城镇居民收入的增长，城镇居民收入结构和收入的稳定性也发生了变化。在中国原有的计划经济体制下，城镇居民只是从其所在单位获得工资收入和单位的各项补贴，收入来源单一，而且经济虽然会波动，但是在大多数情况下，宏观经济的波动只会影响到国家财政收入和公共支出，而很少会涉及到个人收入，各企业职工的工资基本上都是非常稳定的。但是自改革开放以后，随着经济体制的改革和收入分配体制制度的完善，由于劳动、资本、技术和管理等生产要素参与分配，居民的收入来源逐渐多元化，原有单一的收入结构被打破，居民收入快速增长。但与此同时，个人收入的不稳定性却大大增强了，具体表现在：一是三资、民营企业和个体经济参与日益激烈的市场竞争，各类企业的经营状况出现明显的分化，个人收入与企业盈利能力的关系更加紧密。二是劳动力市场得以发展，劳动力价值经历了一个再发现过程，教育水平、个体能力均会引起劳动力价格的差异。拥有一技之长的人在可同时获得单位内和单位外的收入，而来自单位外收入极不稳定。三是资本市场取得长足发展，对经营者的激励机制通过期权、股权等方式得以实现，居民也可通过投资和财产经营获得收入。可以说，随着市场竞争机制的引入，收入分配转向按要素的贡献和劳动力质量进行分配，收入中的不稳定因素逐渐增强，这是转轨经济阶段的伴随现象，也是为提高经济效率付出的必要成本[4]。

由于对未来的不确定性感受，20 世纪 90 年代以来我国居民消费支出增长幅度呈现出下降趋势。1995～2010 年城镇居民人均生活消费支出年实际增长幅度在 10%以下，最高点在 2007 年为 9.7%，最低点在 2010 年为 2.58%。[1] 同时，从较长的一个时期观察，总居民消费占国内生产总值的比重，即我国居民的平均消费倾向，一直在下降，从而导致了我国居民消费率长期偏低的现象。20 世纪 90 年代以前，居民消费率在 50%～55%之间，1990 年至 2000 年逐渐下降，维持在 45%～50%之间，自 2000 年开始快速下降，居民消费率从 2000 年的 46%下降到 2010 年的 33.22%，而发达国家和许多发展中国家的消费率一般为70%～80%左右。同时，与居民消费相对的储蓄存款增长却很快，城镇居民储蓄存款余额从 1978 年末的 154.9 亿元增长到 2010 年末的 303302.5 亿元，年均增长率约 30 左右，远远高于经济增长速度和城镇居民收入增长速度。为了缓解居民消费需求的持续低迷、银行储蓄持续大幅上升的状况，中国政府采取了一系列措施，如在 1996 年到 2002 年之间连续八次下调利率、开征个人利息所得税、取消保值储蓄以及实行存款实名制等，希望能够分流部分储蓄存款，刺激消费，推动经济快速稳定增长。但这些措施在刺激消费和分流储蓄存款上的效果并不明显，国民消费仍然迟迟难以旺盛起来。

本书认为，我国城镇居民消费率不断下降的原因一方面在于我国城镇居民所面临的不确定性的增强，这由于国有企业的改革，不仅使一部人失去了工作，即使在职人员也面临着失业的风险，同时原来由国家、政府或企业承担的住房、医疗、教育、养老保险等支出项目也转为由个人承担，对未来支出的不确定性感受，增加了居民的储蓄动机，造成了消费支出增长的下降。另一方面在于居民收入结构的变化。伴随着收入分配体制的改革，多种要素按贡献参与分配制度的逐渐完善，我国城镇居民收入中稳定性收入比例逐渐降低，而依据理性预期理论，来自于稳定性收入的边际消费倾向一般会高于来自不稳定性收入的边际消费倾向。如果稳定性收入在居民总收入中所占比例减小，同等收入中居民的边际消费倾向就会偏低。数据显示，工薪收入占总收入的比例从1990年的76%降至2010年的65%。所以，90年代以来，我国城镇居民的消费倾向也由84.7%降至70%，这完全符合理性预期消费理论的相关描述。

可见，从城镇居民收入结构变动的角度，并将其分为稳定性收入与不稳定性收入的方法来研究城镇居民的消费问题，能够抓住问题的实质与关键。同时，通过对城镇居民收入结构随经济体制改革不断变化而影响其消费行为的实证分析，并利用调查问卷做实际考察，探索性的研究稳定性收入与不稳定性收入比例合理性问题，分析不同收入类型对消费的不同影响，有利于为不断调整和优化收入结构提供决策依据与理论依据。本书正是基于本研究具有上述理论与实践意义，故将城镇居民收入结构、不稳定性与消费增长问题作为博士学位论文的研究内容。

二、国内外研究文献综述

（一）收入分配与消费问题

改革开放30年以来，中国经济飞速发展，居民的生活水平显著提高，综合国力也明显加强。但是中国居民的消费率并没有随着经济发展同步提高，相反还在持续降低。凯恩斯消费理论认为，消费主要取决于收入，居民收入增长速度直接关系到消费增长速度。马倩（2003）[24]通过分析指出我国居民收入增长幅度低于GDP的增长幅度，居民收入总体水平偏低导致我国居民消费率偏低。而收入分配问题对于消费的影响过去经常被人们忽视，但这个因素的作用已经变得越来越重要，近些年来，已有很多学者对此作了研究。段晓强（2004）[25]分析指出在收入水平总体偏低的情况下，收入分配差距不断扩大也降低了决定着积极财政乘数效应的边际消费倾向。

胡少维（1999）[26]从居民收入差距方面研究，指出不同居民群体的收入存在着明显的差距，以城镇居民为例，由于个人收入分配制度的一系列调整，城镇居民收入在总量不断增长的基础上差距逐步拉大，从1987年开始，城镇居民收入的基尼系数超过0.2，并逐年加大，到1994年猛增到0.3，这几年基本保持稳定，接近于0.3。另外，他还注意到城镇居民储蓄增加额和当年居民消费水平之和又明显大于抽样统计中的城镇居民的人均可支配收入，这表明，城镇居民人均可支配收入水平是低估的，而这低估中又更多地表现为对高收入阶层的收入低估，因为高收入阶层的收入渠道较多，灰色收入所占比重较大。如果考虑灰色收入，贫富差距更大，由此形成购买力的巨大悬殊，社会财富正在向消费率低的高收入阶层集中，这又进一步降低了总体消费倾向。

杨天宇（2009）[27]指出分别占城镇总人口20%，60%，20%的低收入户、中等收入户和高收入户的收入，1985 年在居民总收入中所占比重分别为 15%、59% 和 26%，而他们的消费率分别为 96%、91% 和 88%。随着收入差距的扩大，各项指标此消彼长，2005 年城镇低、中、高三大阶层收入所占比重分别是 9%、54% 和 37%，而他们的消费率则分别是 93%、75% 和 65%。在此基础上，用 1985 到 2005 年共 21 年的总量数据，分析最高 20% 与最低 20% 收入组的收入与消费问题，建立收入与消费模型，指出城镇居民内部收入差距抑制消费需求的强度更大，是我国当前消费不足的重要影响因素，臧旭恒，张继海（2005）[28]根据 1986～2003 年《中国统计年鉴》，收集、整理出 1985～2002 年按收入等级分类的中国城镇居民家庭平均每人年可支配收入和年消费性支出，通过计量分析，实证研究结果表明，在我国，收入差距与总消费是显著负相关的，收入差距扩大将降低总消费。以上分析表明，我国的总消费与收入分配之间有密切的关系。朱国林，范建勇，严燕（2002）[29]同时也认为当一小部分高收入阶层拥有极高比例的财富（收入），而另外大部分人都只拥有少量的财富时，社会总消费就会不振。

由此可见，已有对中国城镇居民收入与消费数据进行的实证研究结果大都表明，边际消费倾向同收入水平之间存在负相关关系，改善收入分配状况，确实会提高居民的平均消费倾向，从而提高总消费和有效需求。但吴晓明，吴栋（2007）[30]认为这些计量研究工作仍存在种种不足，指出设定的计量模型缺乏严格的数学推导。可能存在引入解释变量的合理性问题，并且已有研究的数据都是时间序列数据，但这些研究并没有对数据的平稳性进行检验，因此可能存在着“伪回归”问题，从而影响到实证的结论。因此，他们在消费理论微观模型推导的基础上，对我国城镇居民的收入分配状况与平均消费倾向之间的关系进行再研究。并运用我国 1985～2004 年城镇居民消费、收入及其他相关数据，通过误差修正模型和对数线性模型分别对数据进行了计量分析，发现在我国现阶段，城镇居民收入分配差距的扩大引起了居民平均消费倾向的减小，且其长期影响尤为显著。这一结论的隐喻表明：在我国现阶段，边际消费倾向递减规律很可能是在起作用的，高收入阶层增加的收入中，用于消费的比例较低，而低收入阶层所增加的收入中用于消费的比例较高。

（二）收入不确定性因素对消费的影响

综上所述，在我国收入因素仍是制约消费需求的最主要因素，而通过进一步的分析表明，收入的不确定性因素对消费的影响是相当大的。罗楚亮（2008）[31]认为不确定性一般是不可能直接观测的，需要通过某种方式得到其代理变量。他用中国社会科学院经济研究所收入分配课题组在 1995、1999、2002 年对全国城镇居民的住户调查数据，这些调查的内容涉及住户成员个人特征及收入、家庭资产、家庭支出、家庭规模等内容，从而将家庭面临的不确定性分为收入、医疗与教育三个方面。他还进一步指出收入不确定性主要包括收入的波动性与失业概率，由三个变量来体现。最后指出，自20世纪90年代后期以来，由于居民就业机会的下降、收入不稳定性的增加及医疗、教育等支出的增长对居民消费水平产生了严重的负面影响。但同时也观察到，如果相关的收入下降或支出增长因素被居民所预期，它们对消费所产生的负面影响相对而言要小得多，甚至可能会没有显著的影响。这一点是非常值得关注的。

龙志和、周浩明（2000）利用预防性储蓄模型分析了我国的消费和储蓄，并采用收入的增长率、通货膨胀率作为工具变量，运用广义矩估计方法分析了1991～1998年各个地区的消费截面数据，估算了中国城镇居民预防性储蓄对消费的影响。其分析结果说明消费增长率的平方项对平均消费增长率的影响是显著的，而且相对谨慎系数δ较大，为5.0834，相当于预期消费增长率的平方项每增加1%，就会导致平均消费增长率下降2.54%。这充分说明我国消费者的预防性储蓄对消费的影响是比较大的。

庄佳（2006）[32]分析了1994～2004年内地29个省级行政单位（未包含西藏重庆）的相关数据，并进行计量回归，用人均可支配收入增长率偏离平均增长率的平方作为收入不确定性的代理变量，结果表明，居民收入的不确定性和消费显著负相关，各方程的估计结果也表明不确定性已显著影响了我国居民的消费行为。他同时还指出大部分居民已经生活在温饱水平以上，家庭消费决策的灵活性将大大提高，这使得居民具备了跨时消费的可能，收入以外的其他相关经济变量将会影响到居民对当期及未来消费的规划。万广华等（2001）[33]对1964～1998年的数据分析也说明了改革开放以后不确定性对居民消费产生了较大的影响。这些研究表明，我国自改革开放以来，特别是90年代以来，随着就业制度、教育制度以及医疗制度、住房制度等多方面改革的不断推进，城镇居民对未来消费波动的不确定性上升，导致了预防性储蓄大幅增加，而且预期消费物价指数与预期消费增长率呈正比，预期未来物价越高，意味着预期未来真实收入会下降，人们就越会减少当期消费而将货币储存起来以用于未来消费。从而导致近些年来消费率的逐年下降。而正是由于居民的悲观预期，使得我国在1996年到2002年之间连续八次下调利率刺激消费效果不明显的实际情况。赵晓英，曾令华，徐国梁（2007）[34]用欧拉方程建立计量模型，他们假设个体的行为目标是使预期消费效用最大化，并设个体效用函数满足CRRA形式，采用无限期离散模型。模型结果分析表明利率下调1%，预期消费增长率仅仅降低即现期消费仅仅增加不到0.035%，这充分说明了消费波动的不确定性在很大程度上是造成我国居民消费需求不足的原因，消费增长率偏离其趋势值的平方每增加 1% 将导致预期消费增长率增加 3.8%；不同收入组人均年消费增长率方差每增加 1% 将导致预期消费增长率增加 5.4%。

任太增（2004）[35]则认为导致我国消费者对未来作出悲观性预期的原因在于消费者对未来收入支出判断的不确定性。而我国经济转型期出现的这种特殊的不确定性，更容易使消费者形成相对一致的悲观性预期。汪浩瀚（2006）[36]指出我国居民不仅面临市场的不确定性，更重要的是面临制度的不确定性。合理的制度安排首先要能保证不确定性的存在，然后要能实现在合理范围和合理程度上存在不确定性，还应能有效地利用不确定性。这说明消费者的选择行为渗透了制度因素的影响与制约，所以，只有将制度变量纳入到消费者的选择模型，才能较充分地解释消费者的选择行为。

（三）持久收入、暂时收入与消费

依照弗里德曼的消费理论，消费者的收入包括暂时收入和持久收入两部分，而这两部分对消费行为的影响是不同的，即消费同持久收人成固定比例，与暂时收人的相关程度则较低，这主要是由于暂时收入的性质，因为这种收入是没有保证的，是不稳定的。相对而言，持久收入是收入中较稳定的部分。对于中国的实际情况，中国的学者也做了一些研究，臧旭恒以 1978 年经济体制改革为标志划分为前后两个时期：1952～1977 年和 1978～1991 年。他指出在 1952～1977 年阶段，在传统社会主义经济体制下，消费者收入不仅从整体上看是稳定的，而且暂时收入的波动也不太大；相比较而言，1978～1991 年，在向市场经济过渡过程中，经济体制改革措施出台的间断性等因素使收入中的暂时性部分的波动加大。通过计量分析得出，在 1978～1091 年期间，持久收入每变化 1%，消费变化 0.783%，暂时收人每变化 1%，消费变化 0.127%。从而得出结论，消费与持久收入的相关程度较高，而对暂时收入的敏感性较弱，表明消费主要取决于收入中的持久收入部分[37]。这一结果与弗里德曼的观点是一致的，但问题在于他没有区分城镇居民与农村居民，而且数据也比较早，对于现在的指导意义不大。姚伟纲（2006）[38]分析了 1982 年至 2003 年的数据，分别对城镇居民与农村居民的数据建立计量模型，得出在 1982 至 2003 年期间，城镇居民的持久收入每变动 1%，消费就变动 0.827%；而暂时收入每变动 1%，消费变动 0.121%，可见暂时收入弹性远远低于持久收入弹性。因此我国城镇居民消费对持久收入的敏感性较强，弹性为 0.827，即两者相关程度较高；消费对暂时收入的敏感性较弱，弹性仅为 0.121。

梁纪尧，董长瑞（2006）[39]则通过前期收入、现期收入与消费的关系，研究了暂时收入与持久收入对消费的影响，他们分析了 1980～2003 年城镇居民的收入与消费数据，分析指出无论从最小二乘的直线回归还是从消除了非线性因素影响的双对数回归结果看，前期消费对现期消费的影响很大，其相关性较强；现期暂时收入对现期消费的影响很小，其相关性较弱。因此，就前期消费、现期暂时收入而言，现期消费主要取决于前期消费。这在一方面证明了杜森贝利的“棘轮效应”的存在性及其在中国的适应性；另一方面，同时运用中国的具体数据验证了弗里德曼持久收入假说中关于暂时收入论述的科学性、合理性。

可见，以上研究具有很好的现实意义，在制定刺激消费的政策时，若只是通过暂时减免税收、增加暂时收入不能很好地起到刺激消费的作用。想要制定有效的刺激消费的政策，首先要解决的是就业问题，稳定居民收入。再者是要鼓励自主创业，完善各种机制与政策，大力发展服务业技术培训中介机构，培养和强化从业者服务意识和业务素养。第三要建立合理工资增长机制，稳定居民收入预期，并产生明显放大效应，增强消费信心。

（四）收入结构对消费的影响

胡放之（2000）[40]认为在长期以来，我国居民消费率长期偏低并不断降低的主要原因在于居民的收入因素，他在文中提到了收入结构这一概念，但他主要是从三个方面进行讨论收入结构的：一是城乡居民的人均收入与国民收入相比，其增速远低于国民收入的增长速度，二是高收入层和低收入层的人数比重不断加大，而中等收入的消费者比重减少，三是收入体制的问题，原先由国家返还的福利支出部分，现在转为个人支出，实际上使个人收人降低，预期支出增加。这些综合因素造成了居民消费率的长期低下。曾海兴、刘志生（2002）[41]认为我国经济的增长受到消费需求不足的严重制约，而消费不足主要影响因素是收入，收入水平影响着消费需求水平，不仅在于收入的增长速度和居民间收入数量上的绝对差距，其更深层次的原因还在于收入的结构。并从城乡居民的二元收入结构、地区收入结构、居民高、中、低收入结构、居民个人收入的内在构成、行业间收入与消费需求分别进行了探讨，从而指出由于历史与现实原因，我国居民收入结构的不合理状态，降低了居民的平均消费倾向和消费率，致使社会边际消费倾向偏低，抑制了居民的消费需求削弱了积极财政政策拉动内需作用。

可见，从现有的文献资料看，研究收入结构问题的学者比较少，且研究领域多限于收入结构的表层分析，而对于城镇居民内在收入结构问题的讨论则更少，现有的研究主要偏重于对个人收入总量与消费问题的研究，但是随着我国市场化改革的不断深入及收入分配体制的不断完善，城镇居民内在的收入结构发生了很大的变化，呈现出多元化的趋势，而不同的收入来源对于消费的影响是不同的，同时由于计划经济时代城镇居民由国家或企业承担的全方位的社会保障制度，使得居民对国家和单位形成了一种严重的依赖心理，抵御风险、应对不确定性的能力被严重削弱。当开始从计划经济到市场经济的改革时，原本在市场经济条件下非常正常的事情，均会引起城镇居民的不安，这种对未来的不确定性感受也影响消费的消费决策行为。因此，本书在考虑城镇居民对未来收入的不稳定性感受的同时，根据收入来源性质的不同，将收入分为稳定性收入与不稳定性收入，讨论收入结构、不稳定性和消费三者之间的关系。

第二节　本书的结构安排和主要特点

一、本书的主要结构安排

本书根据《中国统计年鉴数据》《中国城市（镇）生活与价格年鉴》中的数据和问卷调查资料对中国城镇居民的收入结构及居民消费支出行为进行经验研究，主要强调具有不同稳定性的收入对居民的消费支出行为也是不同的。在分析原有计划经济和改革初期收入结构与消费支出行为的基础上，主要研究90年代以后随着城市化改革的推进，居民在面临各种不确定性因素的同时，收入的结构与稳定性也发生了变化，这些因素都影响到了居民的消费决策。本文试图通过将城镇居民收入分为稳定性收入与不稳定性收入，分别研究其对消费的不同影响，找到如何优化收入结构，提高城镇居民消费支出的方法与途径。

全文共分十一章，各部分的主要内容大体如下：

第一章：绪论。主要提出研究中国城镇居民收入结构的背景与意义，明确本书研究的目的、方法和结构框架。

第二章：消费理论回顾。本章主要对西方消费理论做了系统的梳理，以确定性和不确定性为线索，对主流消费理论进行了详细阐述。同时也介绍了非主流的消费分层等理论，进而对相关的经验研究做了论述及评价。

第三章：收入分配理论的演进及其发展。本章首先回顾了西方经济学说中主要的分配理论，对马克思主义学说中的收入分配理论进行了详细阐述，最后论述了我国社会主义收入分配思想的发展及其演变。

第四章：中国收入分配制度的历史沿革和特点。本章分析中国收入分配制度历史沿革的基础上，详细论述了现阶段我国收入分配制度的源起与现实背景。

第五章：收入结构影响消费的机理分析。本章对收入结构的概念进行界定，指出本文所指的收入结构不同于统计年鉴中对收入的分类，也不同于弗里德曼所提出的持久收入与暂时收入，而是根据收入稳定性不同将其分为稳定性收入与不稳定性收入。在此基础上，分析指出收入结构大小的不同会影响到整体的稳定性，而收入结构整体的稳定性则会影响居民的消费行为。

第六章：收入结构影响消费的分析框架。本章在分析城镇居民面临不确定因素对消费影响的基础上，分别讨论了在不同的经济发展阶段中国城镇居民稳定性收入与不稳定性收入对消费的不同影响。同时借鉴弗里德曼对收入进行分类的方法与思路，将城镇居民的收入分为稳定性收入与不稳定性收入，并建立与消费之间关系的理论模型。

第七章：中国城镇居民收入结构变动的态势描述。本章按照时间序列分析了中国城镇居民在不同历史时期不同的收入结构与消费行为，重点讨论了改革开放后，特别是90年代城市化改革后，随着城镇居民收入结构逐渐多元化，城镇居民收入的稳定性不断降低，稳定性收入与不稳定性收入比例下降，从而导致了中国居民边际消费倾向偏低。

第八章：中国城镇居民收入结构对消费影响的实证分析。本章的数据均来自于《中国城市（镇）生活与价格年鉴》及针对本文所做的调查问卷，应用eviews、spss软件对第四章所建立的模型进行计量，并对计量结果进行原因分析。在此基础上，应用ELES模型分析稳定性收入与不稳定性收入主要的消费支出项目，计算出稳定性收入与不稳定性收入的边际消费倾向，结果发现不稳定性收入具有较高的消费倾向。

第九章：中国城镇居民各阶层收入与消费的总体状况分析。主要分析了中国城镇居民各收入阶层形成的历史原因和必然性，并对各收入阶层的形成进行了动态分析，用《中国城市（镇）生活与价格年鉴》1995~2010年各阶层的收入与消费数据进行了协整检验并建立了误差修正模型。

第十章：城镇居民各阶层收入结构与消费实证问题研究。本章将中国城镇居民分为低收入阶层、中等收入阶层和高收入阶层，并应用《中国城市（镇）生活与价格年鉴》的数据，根据收入来源与特点，将不同阶层收入分为稳定性与不稳定性收入，在eviews中建立收入与消费的回归模型，分析各阶层稳定性与不稳定性收入对消费的影响。

第十一章：改进收入结构，促进消费增长的路径选择与政策建议。本章根据前文分析的结果，提出了如何优化收入结构的对策，找到了促进消费增长的路径与政策选择。

二、研究方法和创新

（一）本书的研究方法

中国居民收入结构与消费问题研究，是一个涉及经济、社会、制度、城市等众多方面和众多领域的复杂问题，为保证研究结论的科学合理性，在写作过程中拟采用多种分析研究方法：

1. 历史分析法：拟通过回顾改革开放以来我国城镇居民收入结构与消费的演变历程及阶段性特征，来了解城镇居民收入结构与消费状况以及发展过程，为分析当前的收入结构与消费状况奠定基础。

2. 实证分析与规范分析相结合：拟描述城镇居民收入结构与消费增长现状“是什么”，分析收入结构中的不稳定因素，解释“为什么”消费增长缓慢的原因，提出促进城镇居民消费对策的建议。

3. 定性分析与定量分析相结合：拟对中国城镇居民收入结构与消费问题进行分析、判断、以及政策分析和决策都属于定性分析，而对各种数量指标的分析则属于定量分析。

4. 理论分析与实践分析相结合：文中拟将一般与特殊、整体与个体相结合，既强调理论分析，又强化实用性与可操作性的运用。

5. 文献资料检索归纳法充分利用 CNKI、维普、万方、elsvier 等信息化的网络资源和图书资料，认真研读相关论文专著，立足前人的研究成果，注意国外和国内关于收入与消费问题的最新研究动态，加深对自己所要研究问题的理解，在借鉴已有研究成果的基础上确定本论文所要研究的重点和可能实现的突破。

（二）创新和不足

本研究应用西方新古典消费经济理论、马克思主义消费理论和中国的消费理论采用实证研究和规范研究，并结合对比分析和逻辑分析方法，系统研究中国城镇居民收入结构、稳定性与消费增长问题，做了定性分析和实证研究。本研究的创新主要包括以下几点：

1. 借鉴弗里德曼将收入分类的方法，将我国城镇居民收入根据来源与性质的不同，分为稳定性收入与不稳定性收入，分析指出稳定性收入与不稳定性收入占总收入比重的不同导致了收入结构稳定性的差异，从而造成了消费的区别。

2. 较为系统和完整地分析了中国不同经济发展阶段，城镇居民不同的收入结构和消费行为。并对 1995～2010 年的实证数据在 eviews 中建立模型，做了回归分析，同时应用 spss 对 2009 年所做的城镇居民收入结构与消费问题的调查问卷做了相关性分析，得出了相同的结论。在此基础上，提出了优化收入结构，促进消费增长的路径选择和政策建议。

同时，本研究还存在以下几点不足之处：

1. 限于数据资料可获得性的限制，仅仅分析了 1995～2010 年连续 15 年的数据做了仔细分析，其他年份的数据由于统计口径上的不同和缺失而无法做进一步的研究。

2. 本研究还仅限于分析问题的层面上，对于如何如何评判城镇居民消费行为的合理性没有涉及，这是以后需要进一步研究的问题。

第二章　消费理论回顾

消费者的消费水平由较长时限的收入因素以及直接影响消费的暂时性因素共同决定。

——米尔顿．弗里德曼

宏观经济学对于消费理论的研究，是从凯恩斯在《就业、利息与货币通论》中首次提出消费函数概念开始的。从那时起，消费理论一直是宏观经济学的重要组成部分。本章在介绍主流消费理论的同时，也介绍了非主流消费理论。以确定性和不确定性为线索，将消费理论分为确定条件下的消费理论和不确定性条件下的消费理论，最后介绍了非主流的消费分层理论，为下文做铺垫。

第一节　确定条件下的消费理论

一、宏观背景下的消费理论

一般认为，凯恩斯在《就业、利息和货币通论》中首先对居民消费函数进行了阐述，在凯恩斯之前，经济学家都是在价格理论的框架下研究微观的消费问题。凯恩斯首次在总量层面上研究消费与收入的关系，这是他巨大的贡献。但是在他的时代，可供分析的经济数据没有现在这么充足，也缺乏大量数据的高效率计算机系统，因此凯恩斯主要是通过推理和观察相结合的方法，提出他对消费函数的假设。其消费理论有三个重要的假设：一是“边际消费倾向”的假设；二是“平均消费倾向”的假设；三是决定消费因素的假设，即凯恩斯认为决定储蓄的基本力量是收入而不是利率，即利率在影响储蓄方面的作用不大。根据这些假说，消费增量与收入增量的比值将处于［0，1］之间，并且，不同收入阶层的边际消费倾向可能存在差异，即高收入者的边际消费倾向低于低收入者。在宏观经济学的分析中，通常不考虑收入差别的存在，消费函数可以写成：

$$C = C_0 + \beta Y \tag{2.1}$$

其中，C、Y 分别表示为消费与收入，C_0、β 分别为自主消费与边际消费倾向，$\beta \in [0, 1]$，为边际消费倾向（MPC）。凯恩斯认为，“无论从我们所知道的人类本性来看，还是从经验中的具体事实来看，我们可以具有很大的信心来时用一条基本心理规律。”[6]这个规律就是边际消费倾向递减规律，即（2.1）式中的

β 是递减的，Y 越高 β 越小。将（2.1）式两端同时除以 Y，可得到平均消费倾向：

$$APC = \frac{C}{Y} = \frac{a}{Y} + b \tag{2.2}$$

可以看出 APC > MPC，并且由于 C_0 是常数，β 又是递减的，所以边际消费倾向是随着收如入增加而减小的。这说明如果一个人的收入水平越高，收入中消费所占的比例越小，储蓄的比例越大。同时也表明如果采取“劫富济贫”式的收入再分配政策，整个社会的就会提高；而极端的收入分配不均则会使社会整体的边际消费倾向降低，产生消费需求不足。凯恩斯在《通论》第 22 章指出：“采取大胆果断的步骤，即以收入再分配或其他方法来提高消费倾向。”“真正的治疗方法是通过收入再分配或其他方法提高消费的倾向，从而，使维持一定水平的就业量所需要的现行投资量具有较小的数值。”这被认为是收入再分配可以刺激消费的理论基础。

凯恩斯的消费函数在早期的研究中取得了较大的成功，但是很快出现了两种异常现象：（1）第一种异常现象：依据凯恩斯的消费函数，随着收入的增加，消费在收入中的比例不断减少，储蓄的比例将不断上升。但是在二战后，美国居民收入提高了，高收入并没有引起消费的大幅度下降，储蓄也没有大幅度的提高。这样凯恩斯消费函数中平均储蓄倾向随着收入的增加而不断减少的猜测受到了挑战。（2）库茨涅兹（Kuzenets）通过对美国国民收入与消费统计资料，发现了三个问题：

a. 横截面的数据分析表明，MPC < APC。这说明在某一时点上，收入水平越高的人，其消费占其收入的比例越小。

b. 在短期内，如在一个经济周期内，也有 MPC < APC。

c. 在长期内，APC 稳定不变，是一个常数，根据他的统计分析，1863 年美国的 APC 大体上保持在 0.87 左右，因此必定有 MPC < APC。即平均消费倾向不是递减了，而是增加了。短期边际倾向不是稳定的，而是波动的。长期平均消费倾向是稳定的，而不是下降的。凯恩斯消费函数与结论的不一致，被称为凯恩斯消费函数之谜。但是也不难发现，库茨涅兹的研究仅局限于美国的数据，其他国家的数据未必是这样的结果，所以他并不足以否定绝对收入假说[7]。而众所周知，以上研究都是基于总量消费函数关于个人消费和收入之间的稳定关系上。然而，许多经验和关于总量消费函数的实证研究表明，总量消费和收入之间的这种稳定性关系是否真正存在和有效值得推敲。“消费之谜”与库茨涅兹研究的局限性，也恰恰就在于其缺乏微观基础。这也就成为了下一阶段理论创新的动力。

二、微观基础的消费理论

从西方宏观消费函数理论的微观基础来看，主要是基于对消费者行为选择的研究。由于凯恩斯消费理论一个明显的缺陷在于该理论是建立在对消费心理的主观判断上，因而也就缺乏微观经济基础。由于当期消费的变化会通过储蓄来影响未来的收入和消费，经济主体的消费行为必然是跨期最优选择的结果。生命周期假说（LCH，Life Cycle Hypothesis）与持久收入假说（PIH，Permanent Income Hypothesis）的基本框架表现为消费者在长期中的优化选择行为，这与寻求宏观经济学微观基础的理论思维相一致，LCH、PIH 及 Hall 引入理性预期（RE，Retional Expectation）的发展可以合成为 LCH-PIH-RE 分析框架。它们的共同特点是在比较理想化的条件下分析消费者长期动态决策，例如没有不确定性、没有信贷约束、效用函数跨期可分等。在这些条件下得到的消费行为与经验研究之间有一定的差别，而导致随后的研究不断地放松原有的假设。

（一）持久收入假说（PIH，Permanent Income Hypothesis）

首先，我们来看持久收入假说。弗里德曼（Friedman，1957）认为[8]，消费的目的是为了增加效用。所以，消费函数必须建立在消费者效用最大化的基础上。而作为一个理性的消费者不仅会根据他现期的收入，并且也会根据他一生的总收入来决定一生的总消费，这样才能达到长期效用最大化。而一生的总收入不仅包括现期收入，而且还包括预期的未来收入。因此，凯恩斯消费函数中仅包括现期收入和消费是一种“短视”的消费函数，并不符合经济人理性的要求。要研究理性基础上的消费函数，就必须在一个跨时最优化的模型中进行。弗里德曼假设：

$$U_i = U_i(C_0, \cdots C_t, \cdots, C_r) \tag{2.3}$$

式中，C_t 为第 t 期的消费。根据弗里德曼跨时最优化的理念，要达到最大化，必须要满足：

$$C_t = f(PV_t);\ f' > 0 \tag{2.4}$$

其中 V_t 为 t 时刻消费者现期收入和全部预期未来收入的现值和，也就是“一生的总收入”。需要注意的是，其中 $t \to \infty$，即消费者被假定为无限生命。而根据连续收入流现值和的计算方法（现值和 = 收益率/贴现率），则该消费者每年不变收益率为 $PV_t \cdot r$，r 为贴现率。弗里德曼将这个每年不变的收益率定义为“持久收入”，用公式表示为

$$Y_p = PV_t \cdot r \tag{2.5}$$

依照弗里德曼的理论，它是消费者可以预料到的带有常规性质的收入，例如

工资、利息和股息等。可以看出，持久收入实际上是将一生的总收入“平滑”地分配到每一年，这里面蕴含了他的跨时最优化的思想。并且，弗里德曼认为消费者除拥有了持久收入之外，还有“暂时收入”，它是指瞬时间的、非连续的、带有偶然性质的收入。与此相对应，消费也可分为持久消费和暂时消费，其中持久消费是指取决于持久收入的消费，而暂时消费由暂时收入决定，并且从长期的角度看，消费者的持久收入与持久消费保持一定的比例关系：$C_p = KY_p$，K 为稳定的常数。同时，弗里德曼还用美国 1897 ~ 1949 年的时间序列资料证明了他的理论，在此期间，除战争和大萧条之外的所有时间内，美国的 K 值稳定在 0. 827 ~ 0. 927之间，这也就解释了长期内 APC 的稳定性，同时也解决了库兹涅茨的“消费之谜”。

（二）生命周期假说（LCH，Life Cycle Hypothesis）

莫迪利安尼（Modigliani，1955）提出[9]的生命周期假说与弗里德曼的理论相似，都假定消费者是理性的经济人，他们可以根据效用最大化的原则来使用一生的收入，安排一生的储蓄和消费，这样，他们一生的收入等于消费，而不是凯恩斯所说的消费取决于现期收入，而是取决于一生的收入，同样也有 $C_t = f(PV_t)$；$f' > 0$。但是莫迪利安尼认为人的生命是有限的，可以划分为两个阶段：收入相对较低的青年时期和老年时期，以及收入相对较高的壮年时期。通常在青年时期和老年时期生产能力较低，属于消费超过收入的阶段，是负储蓄；在壮年时期生产能力较高，收入也较高，这时一方面可以偿还青年时期的借款，另一方面也可为老年时期储蓄，从而是正储蓄。所以，消费者要尽可能将消费“平滑”地分配到一生中的每一年，保证每年消费水平不变。因此生命周期假说的消费函数可以写成：

$$C = a \cdot WR + c \cdot \sum Y_P^L \tag{2.6}$$

式中 WR 表示财产收入（或非劳动收入）的现值和，也就是储蓄之和，是节省下来的劳动收入，a 表示财产收入的边际消费倾向，$\sum Y_P^L$ 是劳动收入的现值和，c 表示劳动收入的边际消费倾向。由于劳动收入与非劳动收入都是分别可观测的，两者是容易区分的，这使生命周期的持久收入假说更易于计量研究。同时，生命周期理论也能很好地解释库兹涅茨的三大消费现象。莫迪利安尼计算美国长期 APC 为 0. 71，而 1977 年的实际值为 0. 8，误差只有 9 个百分点。

综上所述，持久性收入假说与生命周期在基本假设、推导方法甚至是主要结论上都没有明显的区别，因此后续研究往往将两者并称、混用而不加区别。两者的相同点在于：（1）都认为消费者是前瞻的（Forward-looking），并根据其现在和未来的预期收入总和来决定一生的消费路径；（2）消费者会在一生中使消费轨迹尽可能地“平滑”。这些都是与凯恩斯的绝对收入假说完全不同的。持久收入假说和生命周期假说的区别主要在于是否假定生命有限，但这个区别是无关紧要的，因为可以把持久收入假说想象成无限延长的生命周期假说，这样生命周期假说的初期和末期都可以忽略不计，只剩下最重要的中间段，这和持久收入假说是一样的。

（三）LCH-PIH-RE 分析框架

如前所述，在 LCH 理论中，消费与收入关系的划分时期有三个有意义的阶段，即当期消费大于当期收入的幼年阶段；当期消费小于当期收入的青壮年阶段和当期消费大于当期收入的年老退休阶段；而在 PIH 中，时期的划分是无限的，当期消费与当期收入之间的关系也没有严格的意义，只要求整个时间域内的消费与收入在总量上相等。

而在 LCH-PIH-RE 框架中，当期消费与收入之间不具有严格的对应关系。这就要求有完备的信贷市场，消费者在既定的利率下可自由借贷。如果当期消费与当期收入不相等，一方面消费者可以调整消费（增加或减少消费），另一方面可以调整信贷（增加或减少储蓄，或通过信贷市场进行借贷），使得消费维持在一定的水平[10]。

由于消费者可以在长期中进行最优选择，同时又对将来的不确定性具有理性预期，从而对于外部环境所可能出现的冲击，消费者都能充分地调整其消费行为，以抵消暂时性冲击的影响。这表明消费的波动将小于收入的波动，即消费的时间序列特征比收入更为平滑。可以看出，在 LCH-PIH-RE 框架中，消费的解释变量主要是收入，并且其在分析框架的理论上、逻辑上具有一定程度的完美性，但对于经济现实却缺乏充分的解释力度。这时便出现了大量文献对 LCH-PIH-RE 分析框架的放松与修正，使得消费理论进入了一个新的发展阶段。

第二节　引入不确定性概念的消费理论

一、预防性储蓄理论

预防性储蓄理论与 LCH-PIH-RE 框架的主要区别在于对消费行为的主要解释变量由收入转向了不确定性，既包括收入的不确定性也包括支出的不确定性。经济学家很早就认识到了预防性动机的存在，但对预防性动机的规范研究主要在 20 世纪 90 年代获得了较大的发展。而且，预防性储蓄理论是对 LCH-PIH-RE 框架的发展，并不意味着它是对 LCH-PIH-RE 分析框架的根本否定，而是试图寻找影响居民消费的新的解释变量[11]。实际上，弗里德曼（1957）认为财产持有者的持有动机主要表现为：平滑消费、获得利息及为收入非预期性下降和支出非预期性上升等突发事件提供足够的储备，并认为不同的财富类型具有不同的储备功能。弗里德曼在解释持久性收入与暂时性收入时，认为持久性收入反映的是某概率分布下的收入期望值，而暂时性收入包括意外事件与偶然因素的作用及测量误差。所以，他的暂时性收入概念中实际上包含了不确定性因素的影响。由此可见，在持久性收入理论与预防性储蓄理论的思想之间可能具有某种传承关系。

在预防性储蓄理论中，目前缺乏统一的分析框架，主要有以下几个研究思路：一是从消费者偏好出发，认为消费者的偏好存在谨慎动机；二是由于资本市场不完全，消费者将面临借贷约束，为了克服借贷约束，消费者需要进行预防性储蓄；三是从经济中所存在的不确定性出发，认为经济中存在收入或者支出的不确定性，为了有效地化解经济中的不确定性对消费者可能造成的影响，消费者要进行预防性储蓄。也就是说，在存在不确定性的情况下，消费者将会选择比确定性情况下更多地储蓄，消费行为因而就变得更为谨慎。

（一）含谨慎动机的效用函数

尽管在关于消费的一般分析模型中，消费者的效用函数可以以一般形式给出，但在具体求解的过程中，一般都是基于特定形式的效用函数。Arrow 和 Pratt 根据效用函数的一阶和二阶导数的性质定义了消费者面临不确定性或风险时一种选择行为，但这种选择行为是建立在对跨时期的消费调整的基础上。因此，与消费者的风险回避特征不同，对预防性储蓄的特征的描述需要建立在消费的基础上，即消费对风险的调整，而在消费选择模型中，消费由效用函数的一阶导数特征与预算约束确定，类似于风险回避度量，预防性出现也将由消费函数的二阶条件描述，也就意味着预防性储蓄需要由效用函数的三阶导数特征来反映，以效用函数的三阶导数来描述谨慎性动机的强弱，是这一思路的基本特点。

Leland 和 Sandmo 等认为预防性储蓄对风险的反应与边际效用函数的凸性相关，当效用函数的三阶导数为正（即边际效用函数为凸函数）时，将产生预防性储蓄（Blanchard & Fisher，1989）。当边际效用函数为凸函数并且随机时，则有：

$$E(u'(C) > u'(E(C))$$

由于边际效用函数是关于消费的减函数，则存在 $\pi>0$ 使得：

$$E(u'(C) = u'(E(C) - \pi)$$

π 称为预防性等价，表示消费者为客服不确定性所愿意放弃的消费量，相应地，也就等于当期储蓄。

当效用函数表现出谨慎动机时，一般难以得到消费的显式解。在理论模型中，解决这一问题有两种基本方法，一是考虑比较特殊的效用函数。Caballero (1987) 在常数绝对风险回避（CARA）效用函数和收入服从正态分布的假设下得到了含风险因素的显式消费函数：

$$C_t = \frac{1}{T-t} + Y_t - \frac{a(T-t-1)\partial^2}{4}$$

其中，A、Y 份别表示非人力财富与劳动收入，a、∂^2 表示分别表示 CARA 系数和劳动力的方差，T 表示生命期长度。上式中的最后一项表示由于谨慎动机导致消费水平的降低。

另一种基本方法（Dyan，1993）则根据消费最优决策的一阶条件，可以得到边际效用表示的消费的跨时期欧拉方程：

$$\frac{1+r}{1+\rho}E[u'(C_{t+1})] = u'(C_t)$$

对该式进行 Taylor 展开，可以得到：

$$E_t\left(\frac{C_{t+1}-C_t}{C_t}\right) = \frac{1}{\vartheta}\left(\frac{\gamma-\rho}{1+\gamma}\right) + \frac{\eta}{2}E_t\left[\left(\frac{C_{t+1}-C_t}{C_t}\right)^2\right]$$

其中，$\vartheta = -C(u'/u')$ 为相对风险回避系数，$\eta = -C(u'/u')$ 定义为相对谨慎系数（Coefficient of Relative Prudence，Kimball，1990），$E_t\left[\left(\frac{C_{t+1}-C_t}{C_t}\right)^2\right]$ 为不确定性的测度变量。

由于对效用函数的三阶导数做了进一步的说明，因此对欧拉方程的展开也比通常情形多了一项，最后一项反映的是谨慎动机对消费（增长）的影响。在这种情形中，给出的不是消费函数的显式解，而是消费的动态路劲，即谨慎动机对消费动态路径的影响。与确定性等价（CEQ）相比较，可以得到预防性动机对消费或储蓄的影响方式。

（二）借贷约束与预防性储蓄

在 LCH-PIH-RE 框架中不存在借贷约束①，个人在给定的利率下可自由借贷，每个人的借贷利率都相等。当存在借贷约束是，个人的借贷能力受到了限制，如

① 即 Liquidity Constraint，通常被翻译成流动约束。但这种翻译过于字面化。由于现金或货币的典型特点是具有非常强的流动性，因此在经济学中流动性实际上成为了现金或货币的代名词。在通常情况下，特别是中国，人们使用这一术语想要表达的意思不是现金或持有货币不足，而是想描述收不抵支的状态。处于收不抵支状态的居民需要通过借贷行为弥补收支差额，如果不能实现这一目的则表明存在着约束，显然对这种现象的较为准确的描述应该为借贷约束，与“Credit Constraint”、“Borrowing Restriction”等同义。

果消费者预期到了这一限制，则会对消费进行相应的调整。为了抵消将来可能发生的借贷约束，消费者将会降低现期的消费水平，增加自我储蓄，即借贷约束的存在会提高居民的储蓄水平。

Romer（1999）试图将因借贷约束而导致的储蓄增加与预防性储蓄区分开来。Deaton（1992）则认为预防性动机因借贷约束的存在而强化，认为这两类储蓄既相似也有区别。Deaton、Carroll 与 Kimball（1996）等在借贷约束的基础上，通过缓冲存货（Buffer Stock）机制，得出了预防性储蓄。

含借贷约束的一般模型可以表示为①：

$$\max E\sum_{t=1}^{T}\left(\frac{1}{1+\rho}\right)'u(C_t)$$

$$\text{s. t}A_{t+1} = (1+r)A_t + Y_t - C_t$$

$$A_t \geqslant 0$$

其中，$A_t \geqslant 0$ 表示借贷约束（即必须拥有足够多的资产），并且有边界条件 $A_{t+1}=0$。消费者在 t 期决定 $t+1$ 期的消费水平。

由于含有不等式约束，需要使用 Kuhn- Tucher 定理求解，引入松弛变量（slack variable），欧拉方程可写为：

$$\frac{1+\gamma}{1+\rho}E[u'+(C_{t+1})] = u^1(C_t) + u_{t+1}$$

其中，u_{t+1}为 $t+1$ 期不等式约束的 Kuhn-Tucker 乘子，$u_{t+1}\geqslant 0$。当不等式约束是紧约束（Binding Constraint）时，$u_{t+1}>0$。

存在借贷约束的另一种情形是借贷利率与借款者的借贷数量或自有的资产数量相关，即利率水平具有差别性（discri- mination）。一般地，有$\frac{\partial\gamma}{\partial A}<0$。这时欧拉方程为：

$$\frac{1}{1+\rho}\left[(1+r) + A_{t+1}\frac{\partial\gamma}{\partial A_{t+1}}\right]E(u(C_{t+1}))' = u'(C_t)$$

显然，在以上两种情形中，如果 t 其消费不变，则 $t+1$ 期的消费与没有借贷约束的情形相比较都在下降，相应地储蓄增加。这一增加的储蓄也构成预防性储蓄。

在一些文献中，试图将由借贷约束造成的储蓄增加与预防性储蓄做出比较严

---

① 这一模型来源于 Attanasio（1999）。Deaton 与 Carroll 等人的模型都各有特点。Attanasio 的分析强调的是不等式约束下消费的影子价格的特征使得当期消费减少，Carroll 的分析目的在于强调借贷约束导致消费函数将是一个凹函数。

格的区分。但 Samwick（1995）曾证明借贷约束与不确定性一样会产生预防性动机。Deaton（1992）认为资产起缓冲存货的作用，为了维持一定的消费水平，当收入下降时居民可以减少资产的持有量，而当收入增加时则增加资产的持有量。缓冲存货机制表明，消费者的消费行为遵循（S，s）规则。S 为理想的财富/收入比率（desired wealth-income ration），s 为储蓄。当实际的财富/收入比率低于理想的财富/收入比率时，消费者将增加储蓄，而当实际的财富/收入比率高于理想的财富比率是，消费者将不会再增加储蓄。

Zeldes（1989）等用数值模拟得到借贷约束将产生预防性储蓄，数值模拟技术难以得出借贷约束与预防性储蓄作用的机制。Carroll 与 Kimball（2001）则进一步讨论了借贷约束与预防性储蓄的联系机制。他们认为，即使效用函数是二次型，借贷约束与预防性储蓄的联系机制。他们认为，即使效用函数是二次型，借贷约束将导致消费函数是凹函数。由消费函数的凹形，将会产生谨慎的消费行为，从而产生预防性储蓄。但他们同时又认为，借贷约束也有可能降低预防性储蓄。但他们同时又认为，借贷约束也有可能降低预防性储蓄动机，因为新的约束或风险可能掩盖业已存在的约束或风险的作用。Carroll 等（1997）认为，消费中的三个特征实施（stylized facts）是凯恩斯消费函数、LCH/PIH、Campell&Mankiw (1991)① 等消费函数模型所不能解释的，但缓冲存货模型可以做出解释，他们之间的比较可见表 1－1。

表 1－1

	消费收入平行＊	消费收入离散＊＊	财富的持有量＊＊＊
凯恩斯模型：$C=C_0+\beta Y$	一致 长时期的总量数据显示 β 接近于 1	不一致 短期的家庭数据显示 β 远小于 1	不一致 没有说明
LCH/PIH：$C=k(W+H)$	不一致 消费应当与收入的生命周期特征无关	不一致 暂时性收入的边际消费倾向过高	不一致 没有说明
Campell-Mankiw：$C=\lambda Y+(1-\lambda)k(W+H)$	不一致 $\Lambda=1$，而不是 0.5	不一致 家庭数据中 $\lambda=0.2$	不一致 没有说明

① 即 λ 模型。他们将消费者分为两种类型，一类消费者的行为符合绝对收入假说，另一类消费者的行为则符合持久性收入假说或生命周期假说。

续表

	消费收入平行*	消费收入离散**	财富的持有量***
缓冲存货模型***	一致 消费者缺乏耐心，不愿意借贷	一致 数值模拟结果	一致 一致化解收入的随机冲击

注：*指经过分组后以组为单位汇总的消费（或总量消费）增长与收入增长在某些时期内具有一致性。

**指单个居民（户）的消费与当前收入有很大的差异性（divergence）。

***指居民的财富持有形式，包括财富收入比率较高、流动性财富的持有量有很大的差异性等特征。

****缓冲存货模型在解释这些现象所使用的方法都是数值模拟。

资料来源：Carroll（1997）

二、不确定性与预防性储蓄

在理性预期（RE）与消费资本资产定价（CCAPM）模型中，虽然已经开始考虑不确定性问题，但是在 RE 中，只以非常一般化的形式考虑了不确定性，没有考虑造成不确定性的具体原因，所得到的消费函数表现为一系列的随机冲击的结果。在 CCAPM 中，也只考虑了利率的随机变化，所得出的结论表现为资产价格与消费的关系。这两种方式与预防性储蓄理论中的不确定性思路之间存在较大的差异。预防性储蓄理论中的不确定性思路主要强调的是具体的收支行为特征中的不确定性，而前两种思路中对不确定性的分析则一般非常笼统，而在预防性储蓄中，通常希望得到消费水平的函数形式（尽管只有在非常严格的条件下才能得到消费函数的显式解）。

预防性储蓄同样也是对不确定性条件下的消费决策的分析。但这一思路汇总，强调收入与支出及生命期（lifetime）的不确定性对消费/储蓄的影响。收入的不确定性可以具体地归结为失业风险等；支出的不确定性则主要来源于医疗健康支出等。

以不确定性来解释预防性储蓄的基本模型可以描述为：

$$\max E\sum_{t=1}^{T}\left(\frac{1}{1+p}\right)^{t}u(C_t)$$

$$\text{s.t. } A_{t+1} = (1+r)A_t + \tilde{Y}_t - C_t - \tilde{X}_t$$

其中，C_t 表示消费支出，$\tilde{Y}_t$、$\tilde{X}_t$分别表示收入与其他支出的随机变化。由此可以得到消费的欧拉方程为：

$$C_{t+1} = F[C_t, \text{var}(\tilde{Y}), \text{var}(\tilde{X})]$$

其中，$\text{var}(\tilde{Y})$、$\text{var}(\tilde{X})$ 分别表示随机性收入与支出方差，反映收入与支出

的不确定性。Caballerro（1987）将时期 t 的收入流量表示成确定性部分与随机部分之和，对随机性收入的分布函数做出适当假定（对数正态分布），并在特定的效用函数（ARRA），得出随即收入的风险对消费的副作用，即收入风险（不确定性）降低了当期的消费水平。Atella、Risati 与 Rossi（2002）分析了收入与支出（健康支出）同时随机变化的情形。

遵循这一思路的主要是经验研究。在经验研究中，通常以收入方差和就业的随机变化作为收入不确定性的代理变量，以医疗健康支出等作为随机性支出的代理变量。由于理论研究中得不到一般性的解析解，这就意味着经验研究具有相当大的灵活性。无论是解释变量的选取还是被解释变量的限定、控制变量及函数形式的选择等，也都具有一定的差异性。

第三节　消费分层理论

一、韦伯的阶层地位消费假说

韦伯的消费思想主要体现在他的名著《经济与社会》上卷第四章“地位群体和阶级”和下卷“政治共同体内的权力分配：阶级、地位群体、政党”一节。他认为在一个共同体中，社会分化表现在经济、声望、权力三个纬度的划分上，与经济标准相联系的则是政治领域的政党。从这三个维度出发，韦伯认为社会上实实在在地存在的群体是地位群体，而不是阶级，虽然市场机会产生了阶级差异，但最终是消费方式使潜在的阶级差别显性化，形成了不同、生活方式不同的地位群体。

地位群体是社会评价高低不同、生活方式不同的社会群体。韦伯认为经济条件虽然对个人的阶层地位有很大的影响，但它并不是唯一的决定的因素。经济地位相同的人不一定属于同样的地位群体，经济地位相当，但是社会声望、生活方式不同的人属于不同的阶层。“地位的社会分层是与对于观念的和物质的产品和机会的垄断并存的。……此类（垄断的）收羡慕的可能包括若干特权，如穿特殊衣服，吃特殊的对外人来说是禁忌的食物，携带武器”。[①] 按照上述观点，社会评价和个人生活风格的区别，导致了不同地位群体的人属于不同的生活圈子。这种小圈子里的人，通过特定的生活方式限制外人进入，以此作为自己与他人区分或者群体内部认同标志。而从韦伯的论述中可以看出，生活方式是与消费方式

① Weber Max 1968. Economic Society Berkley: University of Californian Press, Vol. I, p937

相联系的，不同的生活方式有不同的消费模式和消费偏好。对上层社会的人来说，特定的消费方式是上层社会保持和区别身份的手段。

虽然在韦伯看来生活方式是区别个人阶层地位的主要标志，但他并没有从根本上否定经济决定论，他非常看重经济地位对个人阶层归属和消费的影响。如他认为："财产的标准并不总是作为取得地位的资格，但是从长期来看财产却总是取得地位的资格。……在废除了明确规定的等级特权，即所谓纯粹现代民主制中，可能只是来自相近的纳税等级的家庭才在一起跳舞。"① 此外，微博还强调其他社会因素对地位群体的影响，包括可以继承的社会声望、职业、政治地位等等。

总的来看，韦伯的理论是一种有限的经济决定论，经济地位社会声望以及其他非经济因素等通过影响个人的消费和生活方式，最终决定了其阶层归属。体现社会地位的生活方式既收到经济条件的制约，又受到诸如社会声望、职业、政治地位的影响。因此，地位分层是多中影响因素综合作用的结果，但地位群体的主要区别是消费和生活方式。

韦伯在学说史上首次将消费和阶层地位明确地联系起来，这是他的主要贡献。但是，他忽略了现代生活方式的巨大变化。韦伯认为地位群体在消费和生活方式上具有排他性，倾向于形成封闭的圈子。但事实上，现代社会中的模仿消费和炫耀性消费之外，韦伯对消费与社会群体的关系、经济地位与社会地位、消费方式的关联也缺乏明确而具体的论证，只有一些模糊的现象描述。这些都为后来的西方社会学家研究消费问题提供了广阔的发展空间。

二、消费与分层的西美尔——凡勃伦解释模式

（一）西美尔的时尚消费理论

西美尔的消费思想主要体现在他对时尚的论述中，他的思想为模仿消费提供了一个很好的解释。西美尔认为，现代社会中货币及其制度化的发展，对生活方式产生了深远的影响。由于货币可以掩盖一切事实的实质、特点和形态，而代之以一种数量大小的计算，而且原则上人人都可以拥有和使用货币，因此就导致了生活的"无风格化"。换句话说，只要有货币，任何消费者都可以获得任何商品，这就使韦伯所说的通过垄断来维持的某种消费特权瓦解了。但是，社会群体的地位差别仍然需要以不同的风格来加以区分，这就导致人们对风格的渴望，并通过不断更新所消费的商品体现独特的风格。人们对消费品永不满足，是因为风

① 同上，第932页。

格的保持需要通过不断的弃旧更新来实现。这样，对风格的追求就引起时尚短暂而频繁地流行。

西美尔认为时尚是有等级性的，每一种时尚在本质上都是社会阶层的时尚。时尚象征着某种社会阶层的特征，以统一的外表表现其内在的统一性，并对外区别于其他阶层。对于社会上占主导地位的阶层来说，频繁地推出新时尚是非常必要的。因为较高社会阶层的时尚把他们自己与较低阶层区分开来，但他们又是较低阶层模仿的对象。一旦地位较低的阶层试图跟从较高阶层的时尚并模仿他们是，后者就会扔掉旧时尚。只要存在时尚的地方，他们无一例外地被用于展现社会的区别。①

西美尔所说的时尚是开放的、流动的，而不是像韦伯认为的那样，消费方式是排他的、封闭的。较低阶层模仿较高阶层的时尚，较高阶层不停地启用新时尚，时尚在阶层之间是流动的、不停变换地。“一个阶层越是接近其他阶层，来自较下层的对模仿的寻求与较上层的对新奇的向往就会变得越加狂热”。② 可以说，西美尔对较上层的解释建立在货币经济普遍性的基础上的，社会地位较高的阶层不是通过垄断而保持消费上的优势，而是通过不断追求新奇达到这一目标。

（二） 凡勃伦的炫耀性消费理论

凡勃伦是美国制度经济学的创始人，但他同时也是一位社会学家。他认为，现代社会中存在所谓“有闲阶级”，其特点是不直接从事生产劳动。有闲阶级之所以能够存在，是与该阶级拥有的财富联系在一起的。财富不仅保证了这个阶段即使不参加生产劳动还能做到“有闲”，而且能够给它的拥有者带来荣耀。这种财富博取荣誉的作用只能通过消费才能发挥。所谓炫耀性消费，正式上层阶级现实其社会地位的必要手段。这种消费的一个特点是“浪费”，但浪费是必要的。社会上层成员只有通过这种消耗时间和金钱的浪费，才能向其他成员展示自己的财富，并获得与自己的财富相当的社会地位。现代人在消费方面的奢侈实际上是“想在所消费财物的数量与等级方面达到习惯的礼仪标准”，“某个人的生活水准应当是怎样的，这一点大部分决定于他所隶属的那个社会或那个阶级所公认的消费水准”。③

这样，一个人的消费标准实际上成了他所隶属的那个阶层的对应物，如果某人的消费水准达不到那个阶层公认的合乎礼仪的标准，他就受到轻视或排斥。凡勃伦还区分了炫耀性消费的两种动机：一种是歧视性对比，一种是金钱竞赛。前

---

① 西美尔·货币哲学［M］. 北京：华夏出版社，2002：374

② 西美尔·时尚的哲学［M］. 北京：文化艺术出版社，2001：74

③ 凡勃伦. 优先阶级论［M］. 北京：商务印书馆，1964：82.

者指财富水平较高的阶层通过炫耀性消费来力争区别于财富水平较低的阶层，而后者则指财富水平较低的阶层力图通过炫耀性消费来模仿财富水平较高的阶层以期被认为是其中一员。[①] 至此，凡勃伦就在消费与社会地位之间建立了联系。

西美尔对模仿消费的解释和凡勃伦对炫耀性消费的解释，可以结合起来形成一个相对完整的解释模式：（1）消费在本质上是一个他者引导的活动；（2）对消费起支配作用的是社会地位的保持和提高；（3）低阶层的人倾向于模仿高阶层的消费方式；（4）精英阶层为了维持他们的优越地位，必须不断地接受新奇的商品。[②] 这就是消费理论的西美尔－凡勃伦模式。这一理论模式解释了社会地位是如何影响消费的。但他们把社会地位对消费的影响原因归结为心理上的模仿和争胜动机，缺乏社会结构如何影响人的微观心理过渡，因此是由缺陷的。[③]

（三）布迪厄的资本——场域——惯习分析框架

韦伯关于消费和生活方式与社会阶层之间的关系，在布迪厄的《区隔》一书中得到了深入详尽的阐释。布迪厄在韦伯命题的基础上，运用资本（Captial）、场域（Field）、惯习（Habitus）等概念工具，分析了消费如何在阶层分化中扮演了区分的作用。在消费社会学中，布迪厄的研究具有划时代的意义。

1. 资本、场域与社会空间。资本是布迪厄理论中一个非常重要的概念，与经济学中对资本的界定不同，布迪厄把资本分为三类：经济资本、社会资本和文化资本。资本首先是指个人可以动用的全部资源，从那些拥有最多经济资本和文化资本的阶层，到哪些最大程度地被剥夺了这两类资本的阶层，就形成了一个等级的体系。而场域则是由各种客观关系构成的“社会空间”，这一空间的性质由各种拥有不同资本的行动者之间的行动所界定，即资本在宏观层面上决定了社会空间的结构和关系。具体到我们关心的消费领域，布迪厄指出，当消费被置于社会空间结构之中分析时，消费与社会地位的相关性就很清楚了：

“那些具有高收入和高教育水平的专业人员，他们常（52.9%）来支配阶级（专业人士和高级管理人员），他们获得并消费了大量的物质和文化商品。他们几乎在所有方面都与办公室职员相反。办公室职员的受教育水平低，常常来自工人阶级或中产阶级，他们获得和消费的都很少，大部分时间都用于维持汽车费用和提高生活水平；而他们与那些技术、半技术工人以及那些非技术工人或者农场

---

① 凡勃伦．优先阶级论［M］．北京：商务印书馆，1964：21～29

② 柯林·坎贝尔．求新的渴望［A］//罗钢，主编，消费文化读本［C］．北京：中国社会科学出版社，2003：270

③ 赵卫华．当代中国居民消费分化的社会学分析［D］．中国社会科学院社会学研究所2004年博士论文：25

工人又很不同。

后者的收入最低，没受多少教育，几乎全部（90.5%的农场工人，84.5%的非熟练工人）来自工人阶级”。[①]

由此可见，家庭背景、教育水平以及个人在社会结构中位置在很大程度上决定了其消费多少，如何消费。个人在社会结构中的位置与其消费方式在很大程度上是一致的。

2. 惯习。惯习这一概念是连接行动者实践与客观社会结构（即场域）的中介变量，也是布迪厄分析消费口味差异时援引的一个重要分析工具。布迪厄指出：“两种能力定义了惯习，一种是生产分类型实践和作品的能力，一种是区分和鉴赏这些实践和作品的能力（口味），正是这两种能力之间的关系中，一个想象的社会世界如生活方式的空间被构建起来”。[②] 这里布迪厄指出了惯习的两个基本特定，即惯习是客观力量导致的结果，又是区分这种客观结果的能力。这与韦伯和西美尔、凡勃伦有明显区别。韦伯认为阶层地位是由客观力量（经济、声望、权力）决定的，这相当于“生产分类性实践和作品的能力”，而西美尔和凡勃伦则认为阶层地位的区分源于人们心理上的模仿和争胜动机，这可以被理解为“区分和鉴赏这些实践和作品的能力”，布迪厄则把先辈的两种思路结合了起来。在布迪厄看来，各个阶层所表现出来的生活方式差异，是由其背后各种惯习决定的。而惯习本身又是在场域中被塑造的，具有相似惯习的行动者，就具有相似的实践。在关系作用下，一些日常的实践活动如姿态、走路、吃饭或说话的方式，都体现了社会评价原则和结构原则，体现了诸如不同阶段、年龄、性别之间的各种社会化，即生活方式差别。换句话说，惯习是一种被打上了阶层烙印的生活经验知识。

3. 资本、场域、惯习和消费口味。在资本——场域——惯习分析框架下，就是可以分析消费口味与阶层之间的关系。布迪厄认为口味是处于既定位置上建立和标志区别的手段，社会阶层在消费方面都表现与其阶层相一致的口味。口味赋予物品以不同的意义，它的作用如同一种“社会定向”（Social Orientation），一种对“自己位置的感觉”，会把空间结构中既定位置上的人导向与其财产相适应的社会位置和与其位置相适应的消费模式。

文化资本对口味的形成起至关重要的作用。尽管经济资本（收入）是社会分层的一个重要纬度，也是经济学中影响消费决定性因素，但布迪厄在分析消费

---

① Bourdieu P. Distinction: A Social Critique of the Judgment of Taste. London: Routiedge, 1984: 114.

② Bourdieu P. Distinction: A Social Critique of the Judgment of Taste. London: Routiedge, 1984: 170

时，更强调文化资本对消费口味的影响。文化资本即是学校教育的结果也是与家庭出身有关，“文化需求是培养和教育的产物，调查表明，所有文化实践（参观博物，听音乐会、读书等），以及在文学、绘画或者音乐方面的偏好都是与教育水平密切相关，其次与家庭出身相关。”①

不同的消费口味与场域和惯习也是密切相关的。由于各种文化知识的等级体系与消费者的社会等级体系是一致的，文化及口味的形成机制决定了口味是“阶级”标志。布迪厄根据调查，将口味分为与教育水平和社会阶层相一致的三个区域：（1）正统口味，这一区域主要属于支配阶级上层中文化资本拥有最多的群体，文化资本越多，就越具有这种文化口味。（2）中间口味，这一区域中产阶级居多，支配阶级和劳动阶级相对较少。（3）大众口味，这一区域大多是劳动阶级，并且与文化资本的拥有量成反比。② 在这种消费活动中，不同阶层都处于一个明显的等级体系中。这样，布迪厄把消费实践中的口味差异与阶层之间的惯习置于资本、场域与惯习的理论框架中，解释了消费社会区分功能，即不同阶层为什么会由不同的消费。

第四节　消费理论的经验研究

在消费理论的不断发展完善中，经验研究起了重要的作用，无论是先前的LCH-PIH-RE分析框架，还是后来的预防性储蓄理论等，都以经验结论与理论之间的不一致性为首要推动力。LCH-PIH虽然在理论上可以对凯恩斯消费理论与库茨涅兹的经验研究结论之间的矛盾作出了一些解释，但在经验验证中，也出现了争议。预防性储蓄理论虽然在理论上具有比较完美的形式，但经验检验并没有给出明确的结论。

一、对理性预期——持久收入假说的经验研究

理性预期的持久收入假说又叫做随机行走假说，它的创立者是霍尔（Hall，1982），从消费者的微观效用最大化模型出发，推导出显式的消费函数，这与持久收入假说、生命周期假说中消费函数是隐函数的形式不同[12]。霍尔的随机行走假说的基本形式为：

$$C_{t+1} = C_t + \varepsilon_{t+1} \qquad (2.7)$$

① Bourdieu P. Distinction：A Social Critique of the Judgment of Taste. London：Routiedge，1984：2

② Bourdieu P. Distinction：A Social Critique of the Judgment of Taste. London：Routiedge，1984：16

即追求效用最大化的消费者的消费轨迹是一个随机行走的过程。这个结论乍看起来好像是消费与持久收入无关。但实际上二者并无本质区别。因为根据持久收入假说的结论 $C_p = KY_p$，如果考虑到不确定因素，可改写为：

$$C_p = KE_t Y_p \tag{2.8}$$

这样各期有关未来收入水平信息都是不确定的，因此最优消费路径也是不确定的。可见，持久收入假说与随机行走假说并不矛盾，二者在逻辑上相容。前者认为只有持久收入的变化才能影响最优消费路径，既然认为持久收入是固定的，最优消费路径也应该是固定的。而后者则认为只有未预期到的持久收入变化才能影响最优消费路径，因此最优消费路径无法在事先确定。所以，随机行走假说实际上是把理性预期运用于持久收入的自然结果。即消费的变化仍然与对持久收入的预期有关，只不过是在表像上是一个随机行走而已。为了证明他的观点，霍尔经行了一系列的检验，并指出由于过去的信息和财富无助于预测未来持久收入和消费的变化，消费者对第 t 期以前的滞后变量无关。这意味着，霍尔的检验只能在第 t 期的信息等价于第 t 期的变量，而不包括第 t 期以前的变量才能成立。这为消费理论的进一步发展提供了机会。[13]

二、过度敏感性和过度平滑性

弗莱文（Flavin，1981）为了解决霍尔检验中的问题，[14]她假定美国宏观个人可支配收入的变化过程遵循一个平稳的自回归过程，并得出结论，说明第 t 期或第 t 期以前的收入变化有助于预测未来的消费变化，这与随机行走假说的推论不合。这种现象又叫做“过度敏感性”。弗莱文的计量结果引起了很多争议。曼昆和夏皮罗（Mankiw&Shapiro，1985）[15]与纳尔逊（Nelson，1987）[16]认为，弗莱文的计量结果可能来源于她计量方法的缺陷。因为弗莱文为了将收入的时间序列变成平稳序列，对该序列进行了“去势”处理，这样才能应用 OLS 分析。但是现代计量经济学的发展已经证明，这种方法只对没有单位过程的确定性时间趋势有效，而对带单位根过程的时间趋势“去势”处理，将极大地歪曲数据并产生错误的结果。因此曼昆、夏皮罗等人认为，如果弗莱文的收入数据服从单位根过程，则她所采取的时间趋势很可能导致消费和收入本身产生周期性，从而使得随机行走假说遭到拒绝。而由于“去势”问题只存在于时间序列中，所以可以用横截面数据来安全地检验过度敏感性。霍尔和米什金（Hall&Mishkin，1982）[12]和早志文夫（Hayashi，1985）[17]分别利用美国和日本的横截面数据进行了检验，结果证明了过度敏感性确实存在。

此外，坎贝尔（Camball，1990）[18]试图从一个不同于霍尔和弗莱文的角度检验随机行走假说。他们用一个随机过程拟合劳动收入，然后根据随机行走假说估计消费对劳动收入冲击的反应，并与消费的实际波动相比较。结果表明美国二战后消费波动的标准差仅为27.3，远远小于估计值。迪顿（Deaton，1986）[19]把这种消费的实际波动小于理论估计的现象称为消费的“过度平滑性”。

过度敏感性与过度平滑性构成了对RE-PIH的挑战，因此出现了许多新假说以弥补原有消费理论的缺陷。其中主要有预防性储蓄假说、流动性约束假说和λ假说。

三、对预防性储蓄的经验研究

预防性储蓄是指风险厌恶（risk aversion）的消费者为预防未来不确定性导致消费水平的急剧下降而进行的储蓄。对预防性储蓄的检验主要有两种方式：一是数值模拟，二是计量分析。Skinner（1988）[20]首先用欧拉方程通过数值模拟，认为预防性储蓄可以解释储蓄的56%，预防性储蓄的大小与收入的随机过程特征相关，收入越接近于随机行走则预防性储蓄越高。同时，他还做了一个经验研究来分析不同职业类型的储蓄行为，发现高风险的职业储蓄水平更低，这显然是两个相互矛盾的结论。Dardanoni（1991）使用英国家庭的数据，将相同职业、行业、职位的家庭户主归为一类，以收入方差作为不确定性的代理变量分析其对消费的影响，发现在不同职业和行业分组中平均消费随收入方差的变大而降低。Dardanoni和Skinner都是使用横截面数据进行研究的。区别在于前者的数据是基于不同类型家庭的分类数据，而后者用的是虚拟变量，考虑的是不同类型家庭储蓄行为的差异性，显然，前者的分析似乎更具有宏观意义。

Guiso、Jappelli和Terlizzese（1992）利用意大利家庭户的资料，以消费者对未来收入风险的主观评价作为不确定性的代理变量，发现那些报告他们来年预期有一个较大收入波动的人消费只略微低一点，同时财产积累略微高一点。但用类似的方法，Lusardi却发现收入不确定性对资产积累有一定的解释力。

Carroll（1997）[21]使用美国收入动态的分组统计数据，指出收入不确定性对居民消费具有统计上与数值上的重要性。并将收入的不确定性分解为暂时性冲击与持久性冲击，发现这些不确定性代理变量对预测三种类型的财富（高度流动的财富、房产以外的财富与全部净财富）数量都具有统计上的显著性，财富的1/3可以归结为家庭所面临的不确定性。

四、流动性约束假说

当消费者在低收入时期不能通过提取金融资产或借款以保持正常的消费水平

时，我们称这些消费者面临着流动性约束。有大量证据表明，流动性约束有助于解释消费对收入的过度敏感性和过度平滑性。由于面临流动性约束，消费水平将不再是持久收入的函数，它事实上仅仅取决于消费者最近几期的滞后收入和资产规模。因为，银行一般是根据消费者最近几期的滞后收入和资产规模来决定是否贷款，而不是根据其持久收入水平。Flavin（1985）利用美国宏观经济数据进行定量分析发现，当消费者面临收入暂时下降时，由于不能或只能较少地从信贷市场借钱平滑消费，那么他们只能依据当前收入行事，所以，流动性约束使得当前收入对消费的重要性比持久收入假说预言的更大[22]。因此过度敏感性必然存在。

如果引入不确定性，会得出另外的结论。理论上对于资产较少的消费者，他们可能面临流动性约束，流动性约束将导致他们的储蓄为零。但在实际中，很难想象这些消费者会将所有的财富用于消费。迪顿（Deaton，1991）指出，如果将不确定性引入流动性约束假说，则预防性储蓄动机会激励那些面对流动性约束的消费者进行储蓄，他把这种储蓄称为“缓冲流动性约束”。卡罗尔（Carroll，1992，1997）与卡罗尔和萨姆维克（Carroll&Samiwick，1997）对缓冲存货储蓄做了进一步研究，该理论也成为预防性储蓄理论的一个流派。

需要指出的是，流动性约束本身就是引起预防性储蓄的一个重要原因，因此在计量时无法区分这两种动机。如果同时以预防性储蓄和流动性约束作为解释变量，则两个变量相关导致的多重共线性问题使回归无效。

纵观西方消费理论研究和经验研究的发展，可以看出西方消费经济理论基本上是在假定社会制度相对稳定的情况下进行研究的，消费函数的建立是对收入与消费关系的抽象概括，对于制度变动、收入差异等因素在理论模型中并未提及，但在实际中，不同的制度、不同的国度以及不同的经济发展水平下人们消费的心理及其他影响消费的因素也是不同的[23]。因此，中国有许多学者认为，西方传统的消费理论无法解释中国的消费额者的行为特征，他们便试图从某种经济学理论出发，结合中国的经济及制度特点，建立一套具有中国消费者行为特征的消费者行为假说。

第三章　西方收入分配理论的演进及其发展

政治经济学的研究主题应该是土地产品在参与生产过程的各阶级间的分配规律。

——李嘉图

西方经济学界对于收入分配问题的思考由来已久，古典经济学家曾把分配理论视为经济理论的核心部分。① 随着各国经济的发展，关于收入分配研究的经济理论不断丰富，收入分配问题也进行梳理和评析，这对于研究我国收入分配中存在的矛盾和问题具有重要的借鉴意义，也为本课题报告的写作构筑理论支点。

第一节　西方经济学说中的收入分配理论

收入分配是西方经济学的重要命题，通观西方经济学的理论发展，各学派都从不同的角度对收入分配问题进行了分析。按时期特征分，西方收入分配理论主要包括：以亚当·斯密、李嘉图等为代表的古典收入分配理论，以克拉克、马歇尔等为代表的新古典收入分配理论，以及福利经济学、制度经济学派等当代收入分配理论等等。

一、古典主义的收入分配理论

古典主义的收入分配理论从讨论农业开始，侧重研究劳动、土地、资本三种生产要素之间的分配。这种理论的产生是与收入来源的理论密切相关的。在15～17世纪初，西方国家利用商人进行对外扩张、掠夺资源开始原始资本积累，当时的重商主义收入分配理论认为，财富和一切收入都是从流通领域来的，商人是最大的财富创造者，也应该是收入最多的人。一些国家（特别是法国）由于重商轻农，不惜以牺牲农业为代价来支援国内制造业和扩张对外贸易，带来了许多不良后果。之后出现的"中农学派"认为，商业虽然可以使一部分人的财富减少，使另一部分人的财富增加，但是无法增加财富的总量；在个经济部门中，只有农业依靠土地才能创造物质，才能使物质财富的数量增加，所以，只有农业

① 古典经济学的代表人物李嘉图曾经认为"政治经济学的研究主题应该是土地产品在参与生产过程的各阶级间的分配规律"。

才能生产收入，从事农业的人应该得到的收入最多。产业革命后，土地并没有增加，社会财富却不断增长，这使很多经济学家对劳动有了全新的认识：财富实际上是人们用劳动适应人的需要、改造自然得到的，于是提出了劳动价值论。

劳动价值论的初步观点，最早见于被马克思称为“政治经济学之父”的威廉·配第，配第为讨论地租为何而来，引出了劳动价值论，并进一步涉及谁获取这部分劳动剩余的问题。配第在《赋税论》中认为：农产品的生产费用是由工资和种子构成的，从总产品中扣除了生产费用的剩余部分就是地租。地租就是农业工人所生产出来的超过工资和种子的那部分剩余，有就是全部剩余价值。而工资只是劳动产品的一部分，工人的劳动剩余是社会收入的源泉①。古典经济学的创始人亚当·斯密的《国民财富的性质与原因问题的研究》，最早比较系统地阐述了劳动价值理论，用劳动说明了人类财富的主要来源，承认劳动者是生产中创造财富的作用。斯密从劳动价值论出发，认为商品价值是劳动创造的，劳动的全部产品就是劳动的自然报酬。他认为，在社会的“原始状态”里，劳动者的工资等一其全部劳动生产物，但从资本积累和土地似有发生之后，劳动者的工资等于其全部劳动生产物，但从资本积累和土地私有发生之后，劳动者的工资等于其全部劳动生产物，但自从资本积累和土地私有发生之后，劳动者的工资等于其全部劳动生产物，但从资本积累和土地私有发生之后，劳动者就必须和资本家、地主分享劳动产品，工资只是劳动产品中的部分，其他部分要作为利润、地租被资本家和地主占有，利润是对劳动生产的扣除。在这种情况下，劳动者对原材料增加的价值就分为两部分，其中一部分支付劳动者的工资，另一部分支付雇主的利润。斯密直接从工人剩余劳动中引申出利润，他实际上已经明确地认识到利润正是工人加到劳动资料上价值的扣除部分。劳动者独享全部劳动剩余物的这种原始状态，到了土地私有和资本积累时期，就宣告终结。可见，斯密把利润视为一个历史范畴，它是在私有制和资本积累出现以后才产生的，即利润赖以产生的前提条件是直接生产者与劳动条件相分离。斯密还着重从量的角度考察资本主义地租，他指出，作为使用土地代价的地租，是租地人按照土地实际情况所支付的最高价格。在决定租约条件时，租地人设法使其所得的土地生产物份额能够补偿他用提供种子、支付工资、购置和维持耕蓄等农业资本，并得到当地农业资本的普通利润；地主则设法把超过额留给自己，作为地租。斯密这里的地租是全部劳动产品的价值中扣除生产资料的价值、工资利润以后的余额。斯密还认为，随着社会生存分工的发展，对劳动的需求会增加，工资会上涨，上涨的幅度取决于资本

---

① 配第：《赋税论》，商务印书馆 1972 年版，第 43 页

积累水平。他认为："使劳动工资提高的，不是庞大的现有国民财富，而是不断增加的国民财富。一次，最高的劳动工资不是在最富的国家里，却在最繁荣，即最快变化得富裕国家出现。"① 只有资本积累不断扩大，才能有更多的利润转化为资本，工资才会上涨。斯密同时认为，利润是资本的"自然报酬"，具有天然合理性。因此，斯密的劳动价值论以开始就是含糊不清的。

古典主义的一个代表人物李嘉图的分配理论修正并贯彻了劳动价值论，把价值归结为劳动，并认为价值的生产先于价值的分配。他认为劳动者在生产中所创造的价值是各种所得的唯一源泉，生产物的价值分解为工资、利润、地租等所得的情况下，并不能动摇生产中消耗的劳动量决定商品价值量这一原理的正确性。劳动像其他商品一样有自然价格和市场价格。劳动的自然价格是让劳动者大体能生活下去并不增不减地延续其后裔所必须的价格，劳动的自然价格取决于劳动者维持其自身与其家庭所需的食物、必需品和享用品的价格。而劳动的市场价格是根据供求关系而实际支付的价格，工人人口自然繁殖率的变化会自动调节工资水平，使工资必然只等于工人最低生活资料的价值。因此，不论劳动的市场价格如何与其自然价格相背离，总有一种趋势使得劳动的市场价格与其自然价格相应。李嘉图在劳动价值论的基础上分析利润，发展了斯密利润理论中的科学因素。他认为，工人以工资的形式得到的，不过是他在劳动过程中创造价值的一部分，其余的价值工资的形式得到的，不过是他在劳动过程中创造价值的一部分，其余的价值被资本家占有，成为资本家的利润。关于地租的性质，李嘉图认为地租是为使用土地原有的不可摧毁的生产力而付给地主的那一部分土地产品。地租是商品价值超过工资加利润的余额，是农产品的由最大劳动耗费所决定的社会价值超过个别价值之上的超额利润。但他所研究的地租实际上仅限于资本主义社会的级差地租。他还从分配的角度，揭示了资本主义社会中三大阶级之间的矛盾。他认为在分配方面，最重要的是各阶级所得比例关系。在资本主义社会中，这种关系是相互对立的关系，工资与利润的变化是成反比例的，工资增加，利润就会减少。地租同利润的变化也是反比例的，地租的增长，会影响到货币工资的提高，进而会使利润降低，这样，就把工人、资本家和土地占有者这三大阶级摆在了对立的地位，揭示了他们在经济厉害上的矛盾。

以萨伊为代表的一部分经济学家则沿着斯密价值理论的另一条思路创立了效用价值论，提出了"三位一体"公式及与之相联系的收入分配理论。萨伊认为，生产过程可归结为一般的物质资料生产过程，这个过程有三个一般要素：劳动、

---

① 亚当·斯密：《国民财富的性质和原因的研究》，北京商务印书馆1983年版，第47页

资本和土地。物质资料生产过程是通过各种要素协同活动使自然界本身就有的各种物质适宜于用来满足人们需要的过程。生产不是创造物质，而是创造效用（使用价值）；而效用又是商品价值的基础，商品价值的大小取决于其效用。由此，他就把劳动、资本、土地这三个生产要素既看作是创造商品使用价值的要素，又看作是创造商品价值的要素。基于这个理论，萨伊认为：各种要素的所有者都应该依据自己所提供的生存性服务，取得各自的收入，以作为自身耗费的补偿。具体来说，工人应该得到工资，资本家应该得到利息，土地所有者应得到地租。工人、资本家、土地所有者的收入都是各自应该得到利息，另一部分是对使用资本家的企业家“劳动”的“报酬”，即企业家本人的工资。

总之，以斯密、李嘉图等为代表的古典收入分配理论主要论述收入的功能性分配。在他们看来，生产是创造价值的过程，更是创造剩余价值的过程。他们从成本的角度理解价值，认为工资由生活费用或者说生存工资水平决定，资本是生产的核心要素。其主要目的在于解释随着经济的增长，社会总产品在各生产要素及要素所有者之间的分配规律。

二、新古典主义的收入分配理论

与古典主义的收入分配理论不同，新古典主义从需求的角度理解、分析价值，并将资本、劳动和土地作为平等的生产要素纳入其生产函数之中。他们不是研究收入如何在地租、工资和利润间进行分配，而是研究假定在完全竞争的条件下，如何根据生产要素对生产的边际贡献大小来将收入在生产要素间进行分配。

新古典的收入分配理论是以萨伊的生产要素论、效用价值论为基础展开的。萨伊的“三位一体”公式把三个要素的所有者，即工人、资本家和地主都看成是创造效用和价值的劳动者，并把生产的要素及相应的收入看做是永恒存在的。这个分配公式直接论证各生产要素对资本主义经济增长和发展的重要作用，从而为生产活动中劳动以外的要素获得收入提供了合法依据。“边际革命”之后，萨伊的三要素论发展为完善的要素分配论。边际学派提出边际效用决定价值，认为商品的价值决定于商品的边际效用。“边际革命”的发起人之一，奥地利学派的创始人卡尔·门格认为，生产资料的价值决定于最终制成品的边际效用，其价值是以最终制成品的效用逐级传递到一切作用于最终制成品的边际效用，其价值生产资料的价值都由其下一级生产性产品的价值来衡量，直到最终制成的消费品。奥地利学派的另一代表人物维塞尔认为，产品在各生产要素之间的分配就是各生产要素在社会所得中应占的份额问题，生产资料价值决定的理论就是分配理论。塞维尔根据门格尔的思路，提出归算方法，用方程式的方法计算生产资料的价值。

19世纪末20世纪初，美国经济学家克拉克提出了边际分配论，进一步发展和完善了要素分配理论。克拉克指出，每个生产要素在参加生产过程中都有其独特的贡献，也都有相应的报酬，这就是分配的自然规律。克拉克把土地报酬递减规律扩展应用到土地以外的各个生产要素，提出了一个一般的生产力递减律，也都有相应的报酬，这就是分配的自然规律。克拉克把土地报酬递减规律扩展应用到土地以外的各个生产要素，提出了一个一般的生产力递减律，他把边际分析方法加进了生产力递减律，形成了边际生产力分配论，认为边际生产力决定生产要素之间的收入分配，工资和利息决定于劳动和资本的边际生产率，在自由竞争条件下，工资等于边际劳动力和利息等与资本边际生产力就是收入分配的自然规律。这种在竞争市场条件下，按工人和投资者创造价值的大小来支付报酬的边际生产力理论，通俗地说就是投入和投资者创造价值的大小来支付报酬的边际生产力理论，通俗地说就是投入多少便获得多少，被认为是“收入分配中的自然规律”，“而这个规律如果能够顺利地发生作用，那么，每一个生产要素创造多少财富就得到多少财富。”[①] 这个分配理论曾在20世纪初，被当时的社会思想家惊呼为对竞争经济公正原则的神的昭示。

马歇尔则以均衡价格理论为基础，用供给和需求说明价格的决定关系。马歇尔综合了原有的只侧重生产（供给）方面或者只侧重消费（需求）方面的价值理论，创建均衡价格框架下阐述了一套完整的所谓公平合理的收入分配理论。同萨伊一样，马歇尔把分配与生产要素的投入联系起来考虑因而坚持了萨伊的要素分配理论。不仅如此，马歇尔还发展了萨伊的三要素说，提出了四要素说。在劳动、资本、土地三要素的基础上，马歇尔加上了“企业家能力”这第四个要素。他认为，国民收入是各生产要素共同努力所创造创造出来的，在创造国民收入的过程中，各生产要素相互处于一种共同合作与彼此依赖的关系。所以，国民收入是一国全部生产要素共同努力创造出来的，在创造国民收入的过程中，各生产要素相互间处于一种共同合作与彼此依赖的关系。所以，国民会收入是一国全部生产要素的纯生产总额，同时也是一国全部生产要素之所得的的唯一源泉。生产要素各自所得的份额，就是他们各自的价格。生产要素价格的确定原则和方法，马歇尔认为与一般商品的价格决定相同，取决于各个生产要素的确定原则和方法，马歇尔认为与一般商品的价格决定相同，取决于各个生产要素的供给和需求。分配份额的大小实际上是各生产要素的价格问题。在市场经济条件下，要生产就必须购买生产要素，从而付出生产要素的价格或生产成本，生产要素的购买者当然在收入分配中要收回他所付出的

① 克拉克：《财富的分配》，商务印书馆1983年版，第67页

价格或生产成本，并在生产成本之上再获取一份投资利润。而且，“在其他条件不变的情况下，国民收益愈大，则它们各自的份额也愈大。”①

综上所述，新古典经济学家关注的是既定资源的最优配置问题，价格及其分配都围绕这一核心展开，并将分配问题完全转化成要素的定价问题。用一句话话加以概括，即一个人所得到的，恰恰是他所应该得到的。

三、西方当代收入分配理论

（一）福利经济学收入分配理论

20 世纪初，意大利经济学家基尼，根据洛仑兹曲线找到了判断分配平等程度的指标，即基尼系数。② 尽管基尼系数没有分辨收入差距或收入分配不平等的原因，但这种计量化技术的产生，使原先很难表述清楚的社会分配是否平等问题，变成一种简化的技术数据。基尼系数的产生，解决了衡量社会分配公平与否的标准，但还不能解决实际生活中的收入分配不平等。洛桑学派创建人维尔费雷多·帕累托，则通过定量计算的技术概念，使个人收入分配均等问题变迁为福利问题，又使福利问题转变成立社会总量增进的效率问题。由此得出，生产和交换的最有条件，就是使社会福利事业达到最大限度的条件。③ 根据这个原理，当社会资源的重新配置使每个人的处境变好或至少使一个人的处境变好而没有使任何一个人的处境变坏，就意味着福利的改进，即实现了帕累托最优。

正是以帕累托最优为起点，西方国家出现了专门解决实际生活中分配不平等的福利经济学，并在此基础上诞生了福利国家。福利经济学创始人阿瑟·塞西尔·庇古认为，衡量社会经济福利的尺度是“国民收入”，它包括国民收入的数量及其在社会成员之间的分配状况。庇古的福利经济学由两大基本原来组成：第一，一国经济福利可以用国民收入的多少来表示，即一国的国民收入量越大，则经济福利也越大。经济福利的增加表现为国民收入量的增加。第二，一国的经济福利是国民中每个人的经济福利的总和，而每个人的经济福利由他所得到物品的效用构成。同时根据边际效用原理，同等数量的收入或货币，对于穷人的边际效用要比富人大。因此，一国政府可以采取国民收入的再分配政策，如实行累进税

---

① 马歇尔：《经济学原理（下卷）》，北京商务印书馆 1965 年版，第 208 页

② 基尼系数的经济含义是：在全部居民收入中，用于进行不平均分配的那部分收入占总收入的百分比。基尼系数最大为“1”，最小等于“0”。前者表示居民之间的收入分配绝对不平等，即 100% 的收入被一个单位的人全部占有了；而后者则表示居民之间的收入分配绝对平均，即人与人之间收入完全平等，没有任何差异。但这两者情况只是在理论上的绝对化形式，在实际生活中一般不会出现。因此，基尼系数的实际数值只能介于 0 ~ 1 之间。

③ 厉以宁等：《当代西方经济学说（上）》，北京大学出版社 1989 年版，第 381、383 页

以实现国民收入再分配；把富人缴纳的一部分税款转让给包括老年人在内的低收入者，实行收入相对均衡以达到社会福利的均等化和极大化。

庇古的福利经济学使得收入分配问题演变为增进社会经济总量问题；也促使个人收入分配问题理论探讨向政策化、制度化转变。这既是福利经济学区别于以往的个人收入分配理论的显著特点，也成为社会福利制度建立和完善福利国家产生的理论基础。以庇古为代表的福利经济理论后来被广泛地应用于政府干预经济政策活动之中。应当说，就经济增长的目的是为了发展与提高社会福利经济这一目标而言，在增长过程中，通过运用政府的收入均等化政策来缩小收入差距，对于改善福利、促进增长无疑具有十分重要的意义。但是，是否应该采取庇古的政策调节思路和均等化分配政策则还有待于进一步研究，因为通过这种强制转移收入的办法必然会压抑社会成员的积极性和效率，难免有“劫富济贫”之嫌。其实改善社会福利的收入均等化政策应该有多种多样，经济增长中只有首先保持较高的效率和活力，才能保持经济持续增长，也才能奠定收入分配的物质基础。因此，当代新自由主义代表人物弗里德曼认为，清楚贫困，对生活困难的人群予以补助是政府应尽的职责。但同时指出，如果一个国家向贫困开战，必须选择一种最有效而又简洁的无期。即使市政府推进公共福利，也可以通过市场运作来提高增进福利的效率。他提出了教育券理论，该理论认为，应该改变目前对公立学校的直接补助的教育投入方式，政府可以向学生家长直接发放教育券（School Voucher)，即政府把本该投入到教育中的资金经过折算以教育券形式发给每一位学生，学生可以凭券进行自在选择到公立学校还是私立学校就读。

而以凯恩斯为代表的宏观经济理论，虽然未直接探讨个人收入分配均等问题，但是凯恩斯的有效需求理论以及如何增进有效需求而设计的宏观经济政策，间接地指明了这样一个事实：通过提高居民收入而增加的有效需求，能够促进一国经济增长和国民财富增加。凯恩斯理论的核心在于指出了消费及投资的有效需求不足是造成经济危机的直接原因。凯恩斯主张以国家干预经济的方式，配合一些政策措施，以增加全社会所有要素的收入，来刺激和促进消费。比如以政府直接举办公共工程解决充分就业不足问题；以赤字解决当前投资不足而进而影响就业不足的问题；以改变国家税收体系，即用累进税制来实行转移支付，缩小收入差距，刺激消费需求和提高就业水平。从表明上看，凯恩斯主义研究的是生产问题，但是实质上探讨了如何促进收入增长的问题，以建立宏观调节个人收入差距的经济制度来改进福利增长。

（二）发展经济学的收入分配理论

20 世纪 50 年代以来，收入分配的研究重心转向以个人收入分配为主的规模性收入分配，并重点对经济增长过程中的收入分配长期变动趋势和收入变动对经济发展的影响进行了实证分析，这一时期的代表人物主要有研究发展经济学的库兹涅茨和刘易斯等人。对社会经济发展阶段与收入分配状况相关关系进行实证分析，是发展经济学研究的一个重要内容。

美国著名经济学家、统计学家库兹涅茨在1955年发表的《经济发展与收入不平等》的论文中，提出了著名的收入差距的“倒U型假说”。库兹涅茨通过对二战后一些发达国家和发展中国家的收入分配状况的实证分析得出经济发展与收入结构不均等的长期变动特征是：“在经济增长的早期阶段，持久收入结构的不均等的长期变动特征是：“在经济增长的早期阶段，持久收入结构的不均等会不断扩大，当一个社会从前工业文明转变的时候，不均等的扩大会更迅速，随后出现一个稳定时期，在后一阶段不均等缩小”，即在长期的经济增长过程中，个人收入分配不均等的变化趋势，遵循着一种“倒U”型轨迹。该假说提出后，随着分析方法的完善和实证资料的完备，该假说基本得到了大多数经济学家的认同。

刘易斯在他的二元经济结构理论中，得出与库兹涅茨一直的看法。以刘易斯为代表的“二元经济论”对经济结构的演进过程与居民收入差距的变动状况关系进行了研究，其结果表明：发展中国家存在传统农业和现代两大部门，由于大量过剩劳动力等因素的存在，农业只是一个“糊口”的部门，农民收入低；而现代工业则是一个盈利部门，其劳动者收入较高。如果劳动力可以自由流动，大量农业剩余劳动力必然向工业部门转移。这样，发展中国家在工业化初期，现代工业部门能在不变的工资水平上获得大量廉价劳动力，从而使其资本积累不断扩大。现代工业部门的扩张，最终所有剩余劳动力都将被现代工业部门所吸收，以至于劳动力逐渐成为稀缺要素致使劳动者的工资水平上升，而资本则变为相对宽裕的要素，导致资本效益下降，于是城乡居民收入差距由原来趋于扩大变为趋于缩小。

（三）新制度经济学的收入分配理论

20世纪80年代中期以来，新制度经济学的兴起为现代经济理论创新和发展注入了新活力。制度分析早在其产生之前就已经有马克思、凡勃伦、康芒斯等人开创性的研究，只是他们的研究大多都未从一般意义上说明制度与收入分配的关系。新制度经济学科斯、诺斯等人则从更一般意义上说明制度与收入分配的关系。新制度经济学家科斯、诺斯等人则从更一般意义上对制度创新与变迁、制度与经济发展等坐了深入分析和研究。

按照新制度经济学家的看法，“制度是一个社会中的一些游戏规则‘或者更规范地说，它们决定人们相互关系是人为设定的一些制度。”[①] 诺斯还认为：“制

① 诺斯：《制度、制度变迁和经济绩效》，上海三联书店1994年版，第3页

度是一系列被认为制定出的规则、守法秩序、行为道德和伦理规范，它的存在可以约束那些旨在追求利益或效用最大化的个人行为。”① 制度的基本功能就在于它通过法律、归法或者习惯、道德调节人们之间的利益关系，从而对追求利用最大化的个体行为进行有效约束。新制度经济学指出，在各种经济因素和条件下，制度是最重要的，无论是生产性制度，还是一种分配性制度安排，或者其他制度安排，都是决定经济效益和社会进步的最重要的因素。就收入分配制度而言，都是决定经济效益和社会进步的最重要的因素。就收入分配制度而言，有效率的制度安排应当以多数人追求自身利益为前提，这才有利于促进经济增长。有效率、合理的收入分配制度也可为每个经济行为主体提供充分的利益激励，并使人们最大限度地从事生产性活动，同时又有一定的约束条件。这就是所谓有效的激励和约束机制的形成。相反，一种不合理的收入分配制度既无法为利用主体提供有效的激励，又不能形成一定的约束条件，无法确保经济高效率地增长。从动态的、发展的角度看，合理性的收入分配制度还能够激励人们不断采用新技术并鼓励人们不断进行技术创新。一种不合理的收入分配制度，可能是绝对平均主义分配，或者这种制度安排根本不与劳动贡献有任何关系，在经济系统内无法形成任何有效的激励机制和约束机制，这就将抑制个体创新精神和创新活动。经济增长中技术进步缓慢，经济增长效率低下，是必然的结果。简言之，新制度经济学家从制度分析的角度认定任何一种有效率的组织制度，包括有效率的收入分配制度安排都是现代经济高效率增长的关键。经济增长中必须高度重视制度的作用，尤其是合理的分配制度在现代经济中提供的激励约束机制，多促进有效率的增长具有十分重要的作用和意义。

第二节　马克思主义学说中的收入分配理论

与西方传统的收入分配理论相比，马克思主义的劳动价值论更突出了劳动的作用。它继承和发展了斯密、李嘉图等人承认人类财富主要来源于劳动的理论，但在表明劳动与物的共性的同时，又说明了劳动与物的区别，为我们结合现代实际建立适合我国先进生产力发展要求和最广大劳动人民根本利益的收入分配理论，奠定了最重要的理论基础。

---

① 诺斯：《经济史中的结构与变迁》，上海三联书店 1991 年版，第 226 页

一、马克思对价值论的理论贡献

马克思收入分配理论是建立在劳动价值论基础之上的。要分析马克思的收入分配理论，首先要讨论价值论。古典价值论在古典政治经济学产生、发展和完善的过程中先后得到了威廉·配第、亚当·斯密、大卫·李嘉图等人继承和发展。马克思进一步继承了古典政治经济学中有关价值论的科学成分，并在对古典价值论中威廉·配第的理论、斯密理论的“教条”、李嘉图理论体系的矛盾以及边际效用学派的所谓边际效用价值论进行修正、批判和否定的基础上，创造了自己的价值理论。马克思对劳动价值论的贡献，可以概况为如下几个方面：一是通过对商品二因素的分析确立了作为商品经济的范畴一价值概念；二是通过对生产商品价值的劳动进行分析首创了劳动二重性理论，解决了古典劳动价值论的难题——价值创造与价值转移的关系；三是通过从交换价值这一范畴，全面论述了价值形式理论；四是通过对价值和商品拜物教的论述，深刻地分析资本主义生产关系的实质。马克思通过对古典经济学价值理论的批判和继承，建立了不同于古典经济学派的劳动价值学说，并在此基础上创立了剩余价值论，从理论上解释了资本主义条件下收入分配的根本性质。

二、马克思对收入分配的制度分析

马克思分析收入分配问题与古典经济学派的最大不同在于他不仅始终坚持劳动价值论，还把制度因素与收入分配结合起来进行分析。尤其是马克思在资本主义分配关系的剖析过程中，把剩余价值学说同资本主义私有产权制度紧密地联系起来，从理论上理清了财产制度，理顺了生产方式和分配方式之间的关系，使收入分配的理论分析更具有说服力。

马克思从劳动价值论出发，对劳动与劳动力进行了区分。他认为，在由商品生产过渡到资本主义商品生产过程中，生产资料的私人占有制度造成等价交换制度的异化，并由此形成雇佣劳动市场。在雇佣劳动市场上，劳动者除了劳动力之外一无所有，只有依靠出卖劳动力为生。由于劳动者在财产私人占有制下形成的雇佣劳动关系中依附于资本，属于从属地位，所以劳动者根本不可能富裕，只能陷于贫困。马克思进一步指出，劳动者在雇佣劳动下出卖的不是劳动而是劳动力，“工人同资本进行交换的，是他假设在20年内可以耗尽的全部劳动能力”。①而且，“所有权同劳动相分离表现资本和劳动之间的这种交换的必然规律”。② 恩

① 马克思：“政治经济学批判”，《马克思恩格斯全集》第46卷，人民出版社1979年版，第250页

② 马克思：“政治经济学批判”，《马克思恩格斯全集》第46卷，人民出版社1979年版，第252页

格斯在《政治经济学批判大纲》里也指出，资本主义私有制使劳动分裂为活劳动和积累劳动，并使积累劳动变化为资本与劳动相对立。在资本和劳动分裂之后，“资本为原始资本和利润，利润也分裂为利息和利润本身”。[①] 恩格斯指出，无论是资本、利润，还是利息，都是由私有制下的劳动派生出来的。由此可见，在资本主义财产私有制下，劳动和生产资料是分离的。结果，劳动成为商品，而作为商品的这种劳动是私有制下所特有的劳动，即“异化劳动”，其实质就是雇佣劳动。

马克思在《哥达纲领批判》一文中指出：“消费资料的任何一种分配，都不过是生产条件本省分配的结果。而生产条件的分配，则表现出生产方式本身的性质。例如资本主义生产方式的基础就在于物质的生产条件以资本和地产的形式掌握在非劳动者的手中，而人民大众则只有人身的生产条件，即劳动力。既然生产的要素是这样分配的，那么自然而然地就要产生消费资料的现在这样的分配。”[②] 产权制度及生产方式决定分配方式的理论几乎成为马克思主义者分析收入问题的一个基本前提和出发点。马克思主义对收入分配问题从制度层面进行分析，这是与以往古典学派在分析方法上的一个重大区别和历史性的进步。马克思还运用这一方法从制度根源上探寻了资本主义社会收入分配不合理的根本原因就在于生产资料私人占有制度以及由此形成的雇佣劳动制。因此，其最终结果必然是收入分配严重不平等与两极化。

三、剩余价值与收入分配两极化

马克思对资本主义私有制中收入分配与经济增长关系的分析集中体现在他的剩余价值理论与收入分配理论。其主要的理论可以概况如下：第一，从劳动价值论出发，认为生产商品价值的劳动具有二重性，且分为可变资本与不变资本，而生产价值的劳动是雇佣劳动。第二，在资本主义私有制条件下，劳动力成为商品后可以生产出大于其自身价值部分即剩余价值，但都被资本家无常占有。第三，不变资本只是旧价值的转移，其自身不创造价值，只有可变资本，即工人的活劳动创造价值。第四，资本是能够带来剩余价值的价值，资本的运动过程是剩余价值不断被创造的过程。资本主义生产的变化规律是剩余价值生产的规律。第五，工人阶级在创造出的全部价值中仅分配得到相当于可变资本即工资部分，其大小取决于工人及其养活家庭的最低生活资料水平，而另一部分即剩余价值则全部被

① 马克思：“政治经济学批判大纲《马克思恩格斯全集》第46卷，人民出版社1972版，第13页

② 马克思：“哥达纲领批评”，《马克思恩克斯选集》第3卷，人民出版社1972年版，第13页

资本家阶级无偿占有。第六，在资本主义生产过程中，资本积累越多，剩余价值生产就越大，产业后备军越多。劳动者不管工资高低，他们劳动的痛苦和贫困化程度必将以同一比例增加。因此，资本积累必然带来无产阶级贫困化。最后，在剩余价值规律下，资本有机构成不断提高，大量产业后背军面临失业和更加贫困化。在上述理论分析中，马克思进一步阐明了资本积累和无产阶级贫困化之间的内在联系。他指出，资本家为追求更多的剩余价值便不断加快资本积累，而资本积累的发展通过资本集中出现了资本家剥夺工人、大资本家吞并小资本家的过程，生产社会化程度越来越高，企业规模越来越大，资本日益集中到少数人手中，同时无产阶级的贫困失业程度不断加剧。在此情况下，“不管工人的报酬高低如何，工人的状况必然随着资本的积累而日趋恶化。最后，使相对过剩人口或产业后备军同积累的规模和能力始终保持平衡相适应的贫困积累。因此，在一级是财富的积累，同时在另一极，把自己产品作为资本来生产的阶级方面，是贫困、劳动折磨、受奴役、无知、粗野和道德堕落的积累。”① 由上面的分析可以看出，资本主义生产方式中，私人占有与社会化大生产之间的基本矛盾一方面导致经济增长过程中财富和收入分配出现两极化，另一方面两极化分配的结果会导致经济危机爆发，最终“达到了同它们的资本主义外壳不能相容的地步。剥夺者就要被剥夺了”。② 资本主义生产方式的基本矛盾促使资本主义灭亡。

以上就是马克思运用制度分析方法探讨了资本主义经济增长过程中收入分配的变化趋势即两极化情形。毫无疑问，马克思的上述分析从劳动价值论出发，从资本主义财产私人占有和社会化大生产这一基本矛盾入手进行剖析，指出了资本主义经济发展过程中两极化趋势并由此带来的全面经济危机和政治危机，即无产阶级最终推翻资本主义制度，建立社会主义制度。这一分析在当代时代背景下无疑是正确和科学的，处在马克思时代的资本主义阶级矛盾和利益对抗已经呈现上升的势头，当时科学技术及生产力发展水平还尚未提供一种较为科学的解决矛盾的方式和手段。因此，这一研究具有十分重要的理论意义和科学价值。

第三节　我国社会主义市场经济理论中的收入分配理论

一、我国收入分配思想发展的四个阶段

在传统的计划经济体制下，我国实行的是单一按劳分配制度。改革开放以

① 马克思：“资本论”，《马克思恩格斯全集》第23卷，人民出版社1972年版，第708页

② 马克思：“资本论”，《马克思恩格斯全集》第23卷，人民出版社1972年版，第831~832页

后，随着经济社会的发展，我国逐渐放弃了单一的按劳分配制度，探索新的个人收入分配制度，人民群众的收入水平有了不同程度的提高。这种提高离不开对收入分配认识的不断深化和分配理论的不断创新。改革开放之后，我国收入分配思想的发展可以分配以下四个阶段：

第一个阶段，是落实按劳分配制度阶段。在改革开放之前，我国在社会主义公有制前提县实行按劳分配的分配制度。这种分配制度的理论基础是劳动价值论。但是，在实践中并没有认真贯彻按劳分配的原则。表面上看是社会成员根据劳动贡献索取劳动成果，但事实上是一个平均主义盛行的社会，个人收入均等化程度很高，其背后掩盖着极端的不公正。这一时期分配形式的单一扼杀了劳动者的积极性，不利于经济发展和社会进步。

十一届三中全会不仅在理论上突破了传统的框架，而且实现了马克思主义按劳分配原则的回归，极大地调动了广大劳动者的积极性，提高了劳动效率和生产效率。为落实按劳分配的原则，纠正分配中的平均主义，邓小平果断地提出了“让一部分人先富起来”的思想。这种思想的着眼点首先是解放生产力，长远目标是实现共同富裕。在这一阶段，理论界主要围绕按劳分配的实现形式问题进行了深入探讨，如劳动与报酬的关系问题，公平与效率的关系问题，首次提出了“效率优先，兼顾公平”的主张。

第二个阶段，是以按劳分配为主体、其他分配方式为补充阶段。随着经济体制改革的深入，我国出现了多种经济成分并存和发展的现象。为适应新的形式发展，社会主义的分配方式也需要调整。中共十三大报告明确指出“以按劳分配为主体，其他分配方式为补充”，这在相当程度上发展了马克思主义的按劳分配理论，提出了实现收入分配方式的非劳动性和多样性，提出了按劳分配的最终目标是实现共同富裕。这一阶段，理论界在分析计划经济时代按劳分配的特点和存在的缺陷的基础之上，主要是围绕按劳分配与商品经济的关系，提出市场经济下按劳分配形式应该是按贡献分配。

第三阶段，是按劳分配和按要素分配相结合，不断完善分配结构阶段。中共十四大明确提出了个人资本等生产要素参与分配：“国家依法保护法人和居民一切合法收入和财产，鼓励城乡居民储蓄和投资，允许属于个人的资本等生产要素参与收益分配”。十五大将按要素分配作为社会主义崭新的分配形式，从根本上解决了我国分配方式多样化问题。这是我国个人收入分配理论的重大突破。理论界在这一时期主要从按劳分配与按要素分配的关系出发，对按要素分配理论依据及其与劳动价值论的关系进行了探讨，提出了社会主义市场经济条件下按要素分配的新观点。

第四个阶段，是构建和谐社会阶段。实现共同富裕是我国社会主义建设的奋斗目标。但是，在经历20余年的经济高速增长后，我国出现了严重的贫富分化现象。所以，单纯地追求GDP高增长已经不再是我国经济建设的首要任务。在“十一五”期间，我国政府将更多地关注经济增长究竟能给社会带来怎样的效应，如促进就业、增加收入、提高消费等，经济的增长应当反映更多的人文和社会关怀。也就是说，在增强对经济增长的认同感和自豪感的同时，要避免因经济增长不合理带来的贫富分化及其他社会问题。也正是在这种背景下，中央提出了科学发展观、构建和谐社会等战略思想。

二、我国社会主义收入分配理论的演变

我国现阶段的收入分配体制是从传统的计划体制下演变而来的。改革开放前，我国实现高度集中的计划管理体制，分配采用的是单一的按劳分配方式，其中在农村以“公众制”为特征，在城市以“工资制”为特征。虽然当时的生产力水平力较低，人们的收入差异较小，但是那个时期计划经济的“城市偏向”收入分配的格局已经十分明显，具体表现在：收入来源上，农村居民的收入来源单纯是劳动收入，城市职工处了工资外，还有奖金、补贴等，从分配方式看，工资制依据的是不同生产条件下的产出，不同的集体共分的含量不同，农民的实际收入不稳定，而工资制的工资等级、数量是由国家统一规定的，城镇职工的收入相对收入未定。从在分配看，国家的财政收入更多地向城市倾斜，而这种偏斜的城乡分配历史格局为我国城乡收入差距的扩大埋下了隐患。单一的经济结构和分配格局，使得我国改革前的收入分配理论研究相对薄弱，研究主要集中在对按劳分配理论的探讨上。如20世纪50年代初期主要讨论按劳分配的内涵、意义等，20世纪60年代进一步涉及按劳分配的原则、依据，按劳分配与生产资料公有制、资产阶级法权、物质利益原则之间的关系等内容，后来由于受文革等极“左”思潮的影响，收入分配的理论与实践受到干扰，发展停滞不前。

改革开放后，随着理论探讨“百花齐放、百家争鸣”方针的落实，收入分配研究领域也出现了活跃的迹象。当我国社会主义市场经济理论的重大转变时，收入分配理论也有了很大突破。许多学者对按要素分配问题进行了探讨，围绕按要素分配与按劳分配的关系、按要素分配的依据及其与劳动价值论之间的关系提出了不少见解和主张。如在20世纪80年代，计划体制向市场经济的过渡期，商品经济与按劳分配的关系受到学者的关注，他们通过分析计划体制下按劳分配体制存在的问题，提出了市场经济下按劳分配的新主张以及“按劳动贡献分配”等新的观点。党的十五大以后逐渐形成了“以按劳分配为主体，多种分配方式并

存，坚持效率优先、兼顾公平，各种生产要素按贡献参与分配”的分配制度。这一理论突破不仅表现在对生产要素参与分配的认同，而且还对那老分配的内涵有了新的、深刻的认识。

20 世纪 90 是年代以后，对收入分配理论问题探讨的焦点就是“公平与效率”问题。经济学认为，收入分配有三种标准：一是贡献标准，即按社会成员的贡献分配国民收入。这种分配标准能够保证经济效益，但由于各成员能力、机遇的差别，又会引起收入分配的不平等。二是需要标准，即按社会成员对生活必需品的需要分配国民收入。三是平等，即按公平的准则来分配国民收入。后两个标准有利于收入分配的平等化，但不利于经济效益的提高。可以说我国收入分配理论的每一次新的突破都是对公平与效率的重新认识过程。特别是进入 21 世纪之后，随着城乡之间、地区之间贫富差距的逐步扩大，收入分配不公平问题更成为我国经济学界研究更加关注现实分配，更加联系经济政策，研究方法也更加多样化，定量分析、实证分析开始大量应用。

第四章　中国收入分配制度的历史沿革和特点

伴随着我国收入分配制度的变迁，我国城镇居民的收入由过去单一化逐渐演变为多元化，同时收入的不稳定因素也在不断增强。

新中国成立以来，我国的收入分配制度经历广泛而深刻的历史变迁，围绕着打破平均主义、增强激励机制、提高效率等目标，先后采取了一系列政策和措施。经过60年的演进历程，我国从传统的平均主义分配制度，逐渐过渡到市场化的按劳分配与按生产要素分配相结合的混合型分配制度。收入分配制度的变迁在一定程度上与体制创新相辅相成，有效地促进了经济发展和生产效率的提高，使我国经济获得了持续高速的增长，也使我国城镇居民收入由过去单一的收入来源逐渐转变为多元化的收入。

第一节　中国收入分配制度的历史沿革

一、1949～1978年：计划经济体制下的按劳分配到平均主义的分配制度

（一）本时期分配制度的指导思想

1949年中华人民共和国成立，打破了旧中国长期以来以土地、资本私有制为基础的分配与按生产要素分配相结合的混合型分配制度，“不劳而获”、“劳而不获”的分配方式已经不能在适应社会发展的需要。因此，新中国成立以来，我国开始在经济领域实行公有制的计划经济，以马克思主义的“按劳分配”思想为依据，以苏联为榜样，探索收入分配制度改革，推行了在占领导地位的国营经济和集体经济中的按劳分配和其他经济成分中灵活多样的分配方式相结合的分配制度，基本上适应了建国初期生产力极其落后的特点和所有制结构的要求。

但是，我国的按劳分配是在不具备马克思所说的两个按劳分配的条件下进行的。随着计划经济体制的逐步形成，并且长期受平均主义思想的影响，建国初期工资分配制度的问题日益暴露出来。随着社会主义改造的基本完成，1958年开始了大跃进和人民公社化运动，大刮“一平二调”的共产风，平均主义分配方式开始滋长。“一大二公”的思想使得经济结构上盲目“求公”、“求纯”，必然

导致分配制度上的“求平”、“求均”。在这样一种制度环境和制度框架下，我国开始在收入分配上实行高度集中的“统分统配”政策，在实践中搞“大锅饭”、“平均主义”的分配方式，而且越演越烈，成为调动人们的劳动积极性和促进社会进步的障碍。

（二）本时期分配制度的实践

1949年9月，全国政协会议通过的具有临时宪法作用的《共同纲领》以及相关法规规定：在农村，废除封建土地所有制和高利贷，但是允许雇工和借贷自由；在城市，除社会主义性质的国营企业外，对私营企业实行“公私兼顾、劳资两利”政策，保护工人的合法权益，工人的工资应由劳资双方协商解决。1950年3月，政务院发出了废除各地搬运事业中封建把头制度的决定，燃料工业部通令全国煤矿废除包公把头制度。1950年4月，政务院颁发《关于废除建筑中封建把头制度的意见》。1951年，国家颁布了《劳动保险条例》，对保险费的征集管理和支配，保险项目及标准、保险实施范围、执行和监督都进行了明确规定，确立了计划经济体制下社会保障体系的基本框架。1952年8月政务院批准《关于处理失业工人办法》，其中规定：“所有公、私企业，因采取先进生活方法，提高了劳动生产率，因而多余出来的劳动力，应采取包下来的政策。实行轮流调剂，发给员工工资。”虽然这项规定在私营部门的严格限制。通过相关法令和政策的实施，旧中国极不合理的工资制逐步得以改善。1956年国家对企业、事业和国家机关的工资制度进行了统一改革，直接以货币规定工资标准，取消了以前的工资分制度和物价津贴制度，实现了多种工资形式向单一工资制度的转变，使全国工作人员形式趋向统一。通过1952年前后的第一次工资改革和1956年的第二次工资改革，在工资制度方面，我国基本上建立贯彻按劳分配原则的工资制度，按劳分配也成为我国收入分配的主要甚至是唯一方式。国家机关和事业单位建立了按职务划分等级，一职数级、上下交叉的工资制度；建立了工人技术等级标准，作为评定工资等级和考工升级的依据；推行计件工资和奖励制度，到1956年低私营工商业社会主义改造完成以后，1957年3月，国务院在批转劳动部的文件中规定：“企业、事业、机关编余的人员，应该想法在企业、事业、机关内部或部门之间调剂安排工作或组织他们学习，不得任意辞退。”至此，城市职工端国家“铁饭碗”的制度基本形成。① 通过上述工资改革，职工的工资水平显著提高，职工的劳动积极性得到充分调动，对促进经济发展和保持社会安定起到了积极作用。

① 武力、温悦：“新中国收入分配制度的演变及绩效分析”，《当代中国史研究》，2006年第4期

人民公社运动开始后，我国开始在收入分配上搞固定工资制和共产主义的供给制。在收入分配制度方面实行“统一分配”，个人收入在农村是实行“平均主义”的公分制，在城市里实行固定的平均主义的八级工资制。这种分配制度充分体现了“计划化、集权化和二元化的分配制度的特征”①，到后来甚至取消了农村中的评工积分和按定额计工资制度以及工业企业中的奖金和计件工资制度等。这就直接导致了平均主义分配制度。平均主义分配制度缺乏有效的激励机制，每个社会成员的生产性活动成果得不到有效保护，干多干少一个样，干好干坏一个样，干与不干一个样，这就严重挫伤了劳动者的积极性，从制度绩效上来讲，不仅是低效的，甚至是无效的。这种利己的行为也被认为理所应当，这种极力鼓吹平均主义分配的所谓的“共产主义萌芽风”，造成收入分配领域和实践上的极大混乱。

（一）本时期分配制度的效应

1949～1977 年，个人按劳分配所得收入很低，居民之间的收入差距不大，出现了普遍贫穷的状况。据王春正主编的《我国居民收入分配问题》课题的研究，1978 年我国城镇居民收入基尼系数为 0.16。② 其他的研究结果与此相近，基本上是 0.2 以下，农村基尼系数在 0.21～0.24 之间。③ 在改革开放以前的近 30 年时间里，这样的平均主义分配格局基本上没有什么变化，在分配领域长期实行平均主义，吃“大锅饭”。在城市内部，大部分职工从 1956 年工资改革或转正定级，一直到 1976 年工资长期没有调整，严重挫伤了劳动者的积极性。1958 年大跃进时期和 10 年文化大革命时期，批判计件工资和奖金制度，按劳分配原则遭到破坏，“低工资、多就业、加补贴”的工资模式阻碍了经济的发展，工资分配失去了激励作用。

总之，改革开放以前，尽管我国在理论上强调按劳分配原则，但实际执行过程中并没有得到真正贯彻，反而搞成了平均主义。尤其在“文化大革命的 10 年中，更是把按劳分配当作资本主义来批，使得生产力遭到严重破坏，国民经济几乎到了崩溃的边缘。这种平均主义的分配方式不仅不利于充分利用和发挥各类生产要素在生产经营中的作用，而且否定了凭借生产要素所能获得的正当权益，使生产效率低下，造成社会生产资源的巨大浪费，阻碍了生产力的发展。就微观经济来说，这种收入分配体制促进生产发展的绩效对于我国走出因经济落后、积累

① 李萍、陈志丹：“对转型时期中国居民收入分配制度变迁的经验分析”，《福建论坛（经济社科版）》，2001 年第 8 期

② 王春正：《我国居民收入分配问题》，北京：中国计划出版社 1995 年版

③ 赵人伟、李实：“中国居民收入差距的扩大及其原因”，《经济研究》，1997 年第 9 期

过低而形成的所谓贫困意义重大，并对保障我国在短短的几十年间基本建立起独立的工业体系起到了至关重要的作用。另一反面，在当时的生产力水平下，高积累、低消费政策只能保证人民的温饱，只有实行“平均”的分配方式，按照人口定量供应主要生活必需品、普遍低水平地提供医疗、教育等公共产品和社会保障，才能保证全体人民的生存和维持高积累条件下的社会稳定，并对人力资本积累起到重要的作用。

二、1978～1992年：以按劳分配为主体，其他分配方式为补充的收入分配制度

（一）本时期分配制度的指导思想

20世纪70年代末，伴随着经济体制改革的推进，我国的收入分配制度也进入了新一阶段的改革进程。针对社会主义改造时期形成的平均主义分配方式造成了弊端，党的十一届三中全会提出了“克服平均主义”的口号，在理论上确立按劳分配这一基本分配原则。1978年12月，党的十一届三中全会在有关农业问题中明确提出了：“公社各级经济组织必须认真执行按劳分配的社会主义原则，按照劳动的数量和质量计算报酬，客服平均主义……”① 这是改革初期党和国家重要文件中首次出现有关收入分配的论述，意味这党和国家在分配领域中已经开始拨乱反正，重新强调按劳分配原则，反对平均主义。这也为后来分配理论的不断探索与发展奠定了良好的基础。十一届三中全会后，我国掀起了一场以激励机制的改革和分配制度的变革为开端的改革开放浪潮。

1984年10月，中共十二届三中全会通过了《中共中央关于经济体制改革的决定》，提出经济体制改革的重点要由农村转向城市，要加快以城市为重点的全面经济体制改革。1987年10月召开的中共十三大，全面阐述了社会主义初级阶段理论，提出了中共在初级阶段的基本路线，在收入分配问题上取得了重大的突破。十三大报告明确指出：“社会主义初级阶段的分配方式不可能是单一的，我们必须坚持以按劳分配为主体，其他分配方式为补充”的原则，② 并提出允许合法的非劳动收入，要在促进效率的前提下体现社会公平。这实际上在强调以按劳分配为主体的同时，间接承认了劳动以外的其他生产要素参与分配的现实，肯定了以其他分配方式获取收入的合法性，这为以后按生产要素分配理论的提出打下

---

① “中国共产党第十一届中央委员会第三次全体会议：中国共产党第十一届中央委员会第三次全体会议公报”，《十一届三中全会以来重要文献选编（上）》，人民出版社1982年版

② 赵紫阳：“沿着有中国特色的社会主义道路前进——在中国共产党第十三次全国代表大会上的报告”，《十三大以来重要文献选编（上）》，人民出版社1991年版

了基础。

1991 年江泽民通知在庆祝中国共产党成立 70 周年会上的讲话中指出："必须实行以按劳分配为主体，其他分配形式为补充的分配制度。既要克服平均主义，又要防止两极分化，逐步实现全体人民的共同富裕。"这些论述，明确了按劳分配以外的其他分配方式的合法性，但其他分配方式只是处于一种"补充"的地位。

（二）本时期的分配制度的实践

1978 年以后到党的十四大期间，我国以分配为制度改革和利益结构调整为突破口，以打破平均主义和"大锅饭"为收入分配体制改革的起始目标，首先在农村推行家庭联产承包责任制，这从根本上打破农村的平均主义大锅饭的农业分配格局；在城市给企业下放决定职工工资的自主权，在企业内部扩大工资差距，拉开的档次；国家机关和事业单位实行以职务工资为主的结构工资制，是工资同本人的职务、责任和业绩密切联系起来，打破平均主义，这些措施极大地调动了劳动者的积极性。

以农村为核心进行的改革是第一阶段。1978 年开始以联产承包责任制为发端的经济体制改革，拉开了我国经济迅速发展的大幕。新的体制的核心是家庭联产承包责任制与乡村集体经济相互依存、相互补充和相互促进的农村双层经营体制。双层经营体制的实行，既充分发挥了家庭分散经营的长处，又发挥了集体统一经营的优越性。一方面较好地解决了农民与国家、集体之间的关系，建立起了一个能有效推动农业和农村经济发展的动力机制；另一方面，不仅解决了 12 亿人口的吃饭问题，而且还带来了农村经济的全面振兴与繁荣。

家庭联产承包责任制的推行，要求各级经济组织必须认真执行各尽所能、按劳分配的原则，多劳多得，少劳少得，男女同工同酬；加强定额管理，按照劳动的数量和质量付给报酬，建立必要的奖惩制度，坚决纠正平均主义①，在生产队统一核算和分配的前提下，包工到作业组，联系产量计算劳动报酬，实行超产奖励等。这些措施的贯彻在农村中初步恢复了按劳分配的原则，克服了平均主义。"缴够国家的，留够集体的，剩下的都是自己的"分配方式成为农村贯彻按劳分配原则的一种实现形式。

以城市为核心进行的改革为第二阶段。对国有企业经营机制进行改革，首先从分配制度开始，1978 年以后，就城市居民的收入分配来说，改革的紧迫认为和重点是"拨乱反正"，改变长期形成的绝对平均主义倾向和"大锅饭"办法，

① "中共中央关于加快农业发展若干问题的决定"，《党的十一届四中全会公报》，1979 年

做到按劳分配、多劳多得。一是改变过去“企业吃国家大锅饭的制度，通过扩大企业自主权、建立经营责任制、利润留成等方法，使得效益好的企业职工可以增加工资和收入。二是改变“职工吃企业大锅饭的制度，通过改革劳动报酬制度体现按劳分配原则。工资改革方面，首先是恢复了“文化大革命”期间取消的计件工资和奖金制度；其次是通过调整工资，改变过去不合理的分配。从1977年到1983年的七年里，几乎每年都安排一部分职工调升工资等级，除新参加工作的职工和少数工资比较高的干部没有升级外，职工一般每人都升了一至两级，一部分中年知识分子升了三级，极少数工资偏低的升了四级。职工升级的原则是按照劳动态度、技术高低、贡献大小进行考核，并以贡献大小作为主要考核依据。从1985年开始，国家不再统一安排企业职工的工资改革和工资调整，把职工和经营者的工资、奖金同所在企业的经济效益高低、本人贡献大小挂起钩来，更好地贯彻了按劳分配的原则，解决了企业吃国家“大锅饭”、职工吃企业“大锅饭”的问题。1985年6月，中共中央、国务院发出《关于国家机关事业单位工作人员工资制度改革问题的通知》提出了工资改革的四个原则，一是贯彻按劳分配原则，适当体现奖勤罚懒、奖优罚劣，多劳多得，少劳少得以及各种不同级别劳动之间的差别；二是把工资人员的工资同本人的职务、责任和业绩密切联系起来；三是适当增加一些工作人员的工资；四是建立起正常的晋级增资制度，逐步提高国家机关和事业单位人员均改成以职务工资为主要内容的结构工资制，并且把机关事业单位工作人员的工资分解为四个部分，即按维持本人基本需要确定的基础工资，按担任的职务确定职务工资，按工龄计算的工龄津贴和用于奖励在工作中做出显著成绩的工作人员的奖励工资。经过这次工资改革，长期存在的一些工资总额同经济效益挂钩办法的同时，不断扩大了企业内部分配自主权，促进了企业内部分配制度改革，不仅增加了职工的工资，更重要的是调动了职工的工作积极性，对于鼓励职工“各尽所能”、提高企业经济效益发挥很大的作用。另外，这种普遍性的通过增加劳动、提高效益来增加工资的办法，也提高了人们对未来的收入预期，刺激了消费，使得整个20世纪90年代社会总需求大于总供给，大大刺激了经济发展。①

（三）本期分配制度的效应

1978年以来分配制度的变化首先从农村开始。在此期间，国家一方面通过放开搞活，实行联产承包家庭责任制，调动农民积极性，大幅度增加了农民收入，另一方面通过提高农产品价格和降低农用生产资料价格以及减少征购，来增

① 武力、温悦：“新中国收入分配制度的演变及绩效分析”，《当代中国史研究》，2006年第4期

加农民收入在国民收入分配中的比重。收入分配改革的成功极大地激发了农民的劳动积极性，农业生产力得到迅速恢复和发展，农产品大幅度增加，农民收入也得到迅速的提高。据统计，从 1978 年到 1984 年，农业总产值由 1397 亿元增加到 3214 亿元，粮食连创新高；农民人均全年纯收入由 134 元提高到 355 元，年平均增长 17.6%，六年间农村居民家庭人均收入增加了 1.6 倍，这是新中国成立以来所仅有的。城乡居民的收入比也由 1978 年 2.6：1 下降到 1984 年的 1.8：1，此后虽然有所回升，到 1991 年则达 2.4：1，但总的来说，城乡居民的收入差距在缩小。1978～1991 年间，居民人均家庭纯收入增长了增长了 2.2 倍，而城市居民家庭人均可支配收入则增长了 1.1 倍。城市改革政策措施则大大调动了企业经营者和职工的积极性，把职工的物质利益和企业的盈亏挂起钩来，打破了国有企业分配制度上的大锅饭，极大地推动了国有企业改革。经过这一时期分配政策的改革，平均主义倾向得到了有效控制。从平均主义分配制度的低效率到单一的按劳分配向以按劳分配为主、多种分配形式并存的分配新制度安排，我国的收入分配制度开始重新构建，各种合法的非劳动分配以外的劳动收入、资本收入、经营收入等也得到了允许和保护，我国收入分配制度实现了在理论上的第一次突破和飞跃。①

另一方面，这个时期由于计划和市场双重体制的并存和磨擦，计划体制内的平均主义收入和体制外收入差距较大。在城市，由于企业承包制的推广，工资及奖金与企业的经济效益挂钩，企业职工之间的收入开始出现差距，企业内部职工之间、企业之间，部门之间的工资和收入差距也开始拉开。

三、1992 年以来：兼顾效率与公平的收入分配制度

（一）本时期分配制度的指导思想

1992 年党的十四大明确了社会主义市场经济的目标，提出了在分配制度上要兼顾效率和公平，把深化分配制度改革作为加速改革开放、推动经济发展和社会全面进步的一个主要任务。1993 年 11 月，党的十四界三中全会通过了《关于建立社会主义市场经济体制若干问题的决定》，提出了“建立以按劳分配为主体、效率优先、兼顾公平的收入分配制度，鼓励一部分地区和一部分人先富起来，走共同富裕的道路”，② 首次明确了允许资本等生产要素参与分配，收入分配要“体现效率优先、兼顾公平的原则”。在继续坚持以按劳分配为主体，多种

---

① 荀官玉：“我国收入分配制度变迁的两次历史性飞跃”《曲靖师范学院学报》，2003 年第 7 期

② “中共中央关于建立社会主义市场经济体制若干问题的决定”，《十四大以来重要文献选编（上），人民出版社 1996 年版

分配方式并存的制度安排基础上，个人收入分配开始遵循市场化原则，这为个人分配市场化的制度安排奠定了基础。《决定》还提出“国家依法保护法人和居民的一切合法收入和财产，鼓励城乡居民储蓄和投资，允许属于个人的资本等生产要素参与分配，并使其合法化”。这改变了我国个人收入分配制度传统上的单一分配形式，使各种合法的非按劳分配收入、资本经营收入等都得到允许和保护，这是我国传统收入分配理论的重大突破，在收入分配理论的发展史上具有里程碑的意义。

20 世纪 90 年代中期以后，我国的社会主义经济体制基本确立，开始进入全面建设小康社会的新阶段。随着市场化改革的进一步深化，资本等非劳动生产要素所获得的收入比例不断上升。党的十五大报告指出“坚持以按劳分配为主体、多种分配形式并存的制度，把按劳分配和按生产要素分配结合起来，允许和鼓励资本、技术等生产要素参与分配”，这是第一次把其他分配方式概括为“按生产要素分配”，是对转型其收入分配理论的一次重大创新，而且对生产要素参与分配的政策由原来的“允许”改为“允许和鼓励”，充分肯定了资本等非劳动要素参与分配相结合的收入分配制度。同时，十五大报告还第一次较为系统的阐述了通过进行二次分配对收入分配进行调节的意义，进一步丰富和完善了收入分配理论。

2002 年 10 月党的十六大报告提出了“确立劳动、资本、技术和管理等生产要素按贡献参与分配的原则，完善以按劳分配为主体、多种分配方式并存的分配制度”，一方面提出非劳动生产要素应当参与收益分配，是社会主义制度与市场经济的有机结合在分配制度上的有效实现形式，另一方面则明确了生产要素参与分配的基本原则——“按贡献参与分配”，这也实现了一次重大的理论突破，标志着具有中国特色的社会主义市场经济条件下的分配理论的形成。在效率和公平的关系上，十六大指出了“初次分配注重效率，发挥市场的作用，鼓励一部分人通过诚实、合法劳动先富起来。在分配注重公平，加强政府对收入分配的调节职能，调节差距过大的收入”。① 这一思路表明了解决效率与公平的对立统一关系，在实践中的不同阶段贯彻“坚持效率优先、兼顾公平”原则，必须在初次分配和再分配两个不同的分配层次上各有侧重。它明确界定了政府和市场在收入分配问题上的两种不同职能，即初次分配由市场来优胜劣汰，优化资源配置，提高经济效益，合理拉开收入差距；再次分配由政府通过税收、财政转移支付（如政府

① 《全国建设小康社会，开创中国特色社会主义事业新局面——在中国共产党第十六次全国代表大会上的报告》，人民出版社 2002 年版

提供的救济、福利补助、社会保障支出等）和宏观经济政策（财政政策、货币政策和政府收支）调节社会各地区、各阶层的收入差距。两种机制的有机结合，必将有助于解决公平与效率的矛盾，既促进经济发展，又能更好地解决收入分配差距问题，这为我们在实践中建立良好的收入分配制度和运行机制，实现全面建设小康社会的目标，提供了重要的政策依据。

十六大报告还提出："一切合法的劳动收入和合法的非劳动收入，都应得到保护"。这是第一次明确提出要对非劳动收入进行保护，突破了"非劳动收入就是剥削收入"的传统观点，有利于确定非劳动收入获取者的预期提高全社会非劳动生产要素的配置和使用效率。2005 年 10 月 11 日，中国共产党第十六界中央委员会第五次会议提出按照落实科学发展观的要求，合理调整收入分配。其中最引人注意的是，在阐述加强和谐社会建设问题时，首次提出"更加注重社会公平，使全体人民共享改革发展成果"①。同时进一步明确"注重社会公平，特别要关注就业机会和分配过程的公平，加大调节收入分配的力度，强化对分配结果的监督"。"更加关注公平"分配思想的提出，被理论界认为是我国分配制度的一个重大转折，亦即从"先富论"到"共富论"的历史性转变。

2006 年 10 月中共十六届六中全会把"完善收入分配制度，规范收入分配秩序"列为和谐社会六项制度建设的内容之一，提出要着力提高低收入者收入水平，逐步扩大中等收入者比重，有效调节过高收入，坚决取缔非法收入，促进共同富裕，并且为收入分配制度改革提出了具体的目标，即"到 2020 年，城乡、区域发展差距扩大的趋势逐步扭转，合理有序的收入分配格局基本形成，家庭财产普遍增加，人民过上更加富足的生活"。② 党的十七大报告对收入分配制度作为进一步的调整。报告指出："要深化收入分配制度改革，增加城乡居民收入。要坚持和完善以按劳分配为主体、多种分配方式并存的分配制度，健全劳动、资本、技术、管理等生产要素，按贡献参与分配的制度，初次分配和再分配都要处理好效率和公平的关系，在分配更加注重分配中的比重。着力居民收入在国民分配中的比重，提高劳动报酬在初次分配中的比重，建立企业职工工资正常增长机制和支付保障机制。创造条件逐步扭转收入分配差距扩大趋势"。③ 可以看出，

① "中共中央关于制定国民经济和社会发展第一个五年规划的建议"，《中共十六届五中全会公报》，2005 年 10 月

② "中共中央关于构建社会主义和谐社会重大问题的决定"，《中共十六届六中全会公报》，2006 年 10 月

③ "高举中国特色社会主义伟大旗帜，为夺取全面建设小康社会新胜利而奋斗"，《人民日报》，2007 年 10 月 16 日

党的十七大对收入分配制度改革提出了四大突破性要求：第一次提出提高劳动报酬在初次分配中的比重；第一次提出逐步提高居民收入在国民收入分配中的比重；第一次提出要再分配领域也要处理好效率与公平的关系；第一次提出要创造条件让更多群众拥有财产性收入。这标志着我们党的收入分配理论的升华和更趋成熟，对进一步深化收入分配体制改革具有重要的指导意义，而且开启了我国新一轮的收入分配制度改革的大幕。

（二）本时期分配制度的实践

20 世纪 90 年代，随着经济增长速度由回升、过热向回落，占国民收入主要部分的劳动报酬收入的增长也经历了一个由上升转向回落的过程，而且大体上保持了经济增长同步的变化。工资制度上进行了一系列的改革，一是在企业的收入分配上，国家不再直接干预企业内部分配，真正实行了以岗位技能工资制为主要内容的企业工资制度改革，进一步落实了国有企业内部分配自主权，不同企业间的工资水平因经济效益的高低不同拉开的档次，彻底打破了计划经济体制下的“大锅饭”，调动了企业职工生产的积极性和创造性。而是机关事业单位不同类型、不同行为特点的工资制度。三是在税收方面，我国于 1994 年建立了分税财政管理体制，改革和完善了转移支付制度，增强了中央调节区域差异的力度，增强了中央调节区域差异的力度；颁布实行了新的个人所得税法，将三个税种统一合并为个人所得税，进一步发挥了税收手段对调节个人收入分配关系的作用。四是根据国务院《关于深化企业职工养老保险制度改革的通知》，改革和完善了社会保障制度。

20 世纪 90 年代后期我国积极深化企业改革与改制，探索国有企业资本、管理和技术等生产要素参与分配的改革，建立有效的分配激励和监督约束机制，这些改革对收入分配产生了深刻的影响。1997 年开始深化国有企业改革和“抓大放小”以后，民营经济在从业人员和企业数量上都超过了国有和集体单位。除了工资和企业利润收入外，随着金融市场的迅速发展，上市公司的规模不断扩大，人们的投资渠道也越来越多样化，股票、债券、存款等收入的比重不断增加，使得国民收入由按劳分配为主转向以按劳分配和按要素分配相结合为主①。在对生产要素参与分配的探索方面，这一时期实现了按劳分配与按管理要素分配相结合，进一步完善了国有企业经营者的激励和约束机制，主要形式包括包括实行经营者年薪制、持有股权（包括股票期权）等分配形式。一方面落实国有企业内

① 武力、温锐：“新中国收入分配制度的演变及绩效分析”，《当代中国史研究》，2006 年第 4 期

部分配自主权，在具备条件的国有企业中积极稳妥地推行企业经营者年薪制办法①，使经营者工资收入与一般职工工资收入相分离。与企业经营难度、经营风险和经营业绩相联系。随着国有企业改制、改组范围的扩大，越来越多的经营者和职工具有了双重身份，既是经营者又是劳动者，又是资本所有者，成了企业的股东，构筑起员工和企业利益的共同体，这标志着国有企业分配制发生了深刻的变革，资本生产要素已经参与收益分配。

新世纪以来，在科学发展观的指导下，政府推出了促进地区均衡发展的一系政策措施，实施西部大开发战略、振兴东北老工业基地战略以及促进中西部崛起的战略，继续鼓励东部率先发展。这一系列政策措施有力地缩小了地区间经济社会发展的差距。企业实行了利改税，调整了国家、企业之间的分配关系，改革并完善了生产税制，调整了国家、企业之间的分配关系，改革并完善了生产制税，形成了以增值税为主体的间接税制；调整了消费税的税目和税改，增强了消费税的调节功能，完善了消费税制；与此同时，个人所得税将工资、薪金所得的费用额从 800 元提高到 1600 元。这一系列的政策措施对收入分配制度改革产生了积极的影响。

这一时期收入分配制度改革重心更多地偏向调节收入差距和扶助社会弱势群体。在调节收入差距方面，加快推进了农村税费改革制度，2006 年政府在全国范围内彻底取消了农业税，进一步理顺了国家与农民之间的收入分配关系，这极大地调动了农民生产经营积极性，农民生活水平有了极大改善，农业生产不断跨上新台阶，农民收入不断增加；加大了对中西部地区发展的转移支付力度，着手进行个人所得税制度的调整和完善，对《物权法》的讨论和制定，完善最低工资制度等，提出了建立健全现代产权制度、完善农村土地制度等收入分配密切相关的改革思路；进一步整顿和规范了分配秩序，加大收入分配调节力度，加强对垄断行业收入分配监管措施，特备关注就业机会和部分社会成员收入分配差距扩大的趋势；注重社会公平，特别关注就业机会和分配过程的公平，强化对分配结果的监管；建立规范的公务员工资制度和工资管理体制，完善国有企事业单位收入分配规则和监管机制，加强个人收入信息体系建设等等。②

在社会保障领域，国务院出台了一系列解决农村贫困人口温饱问题和城镇部分企业职工生活困难的政策。在农村社会保障领域，政府开始承担起更多责任，以新型农村合作医疗、最低生活保障、五保供养和义务教育、救灾、抚恤等制度

① 《关于“九五”时期企业工作主要目标和政策措施》，原劳动部印发，1997 年 3 月

② “中共中央关于制定国民经济和社会发展第十一个五年规划的建议”，《中共十六届五中全会公报》，2005 年 10 月

为主要内容的农村社会保障制度体系建设取得了长足的发展，社会保障体制得到了进一步健全。在城镇，在经济发展基础上逐步提高了最低工资标准，认真解决低收入群众的住房、医疗和子女就学等困难问题，建立发展了企业职工基本养老保险制度，城镇居民最低生活保障、医疗保险试点制度、医疗救助、抚恤制度等社会救助制度的基本框架也已确立，覆盖面不断扩大，保障标准不断提高、各项制度逐步健全。国家在财政支出中，大幅度增加了社会保障支出，居民从国家和企业得到的社会补助收入增加较多。城乡社会保障制度呈现出协调发展的态势。社会保障制度的改革和发展，对促进经济发展和维护人民群众的社会保障权益发挥了重要作用。

（三）本时期分配制度的效应

实践证明，党的十四大针对改革开放前的平均主义和“大锅饭”而提出的“效率优先、兼顾公平”的收入分配原则是符合当时我国的实际情况的。它适应了市场经济条件下发展生产力的客观要求，冲破了原有计划经济体制的束缚，将分配状况同个人对于经济效益的实际贡献直接联系起来，多劳多得，实现了个人收入分配从行政性调整性机制调整的重大转变，充分地调动了每个社会成员的积极性，使我国的经济潜能得到巨大释放，对推动社会经济发展具有极为重要的意义。另一方面，为了引入竞争机制，大量吸收外资和激活国内的一些闲散资金，国家采取了允许非公有制经济发展的改革措施。

这促进了我国所有制结构发生变化，所有制结构由原来单一的公有制向多元化结构转变。①

1992 年以后，城镇经济中的所有制结构发生了明显的变化，在工业产值，固定资产投资、劳动就业、商品零售等方面，非国有部门的年增长率都大大超过了国有部门。城镇经济的告诉增长吸引了越来越多的农村劳动力流入城镇寻求就业机会，这不仅减轻了农村剩余劳动力的压力，也增加了农村人均收入水平。另一方面，政府较大幅度地提高农副产品收购价格，也刺激了农业生产的增长和农户收入的增加。与此同时，机关事业单位的工资改革，进一步拉开了不同年龄组之间和不同职务之间的工资差异，这些因素都在不同程度上导致了城镇内部收入差距扩大速度明显加快。

随着我国所有制结构的调整、完善和生产要素市场的发展，“按劳分配与按生产要素分配”的制度安排，必然促进了投资主体的多元化和分配方式的多元化。按要素投入参与收入分配，加快了所有制的调整和完善，在实践中使各种生

---

① 廖卫红，刘晓林：“我国收入分配政策的发展历程概述”，《商业时代》，2008 年第 1 期

产要素投入的结构更加合理化、多样化和市场化。这提供了一个有利于经济增长的激励结构，将个人收入分配与物质利益的分配联系在一起，与人们经济利益的实现息息相关。多元分配方式又使与不同收入分配方式相联系和掌握不同要素的社会成员，通过激励的利益动机，发挥出其积极性、主动性和创造性。生产要素按贡献参与分配的制度，有利于让一切创造财富的源泉充分涌现，有利于加快经济发展，使生产要素的配置达到最优化。因为在这种制度安排下，要素所有者为了获得最大利益，有动力将要素资源配置收益和效率的提高。另一方面以贡献为唯一标准和通过等量贡献取得等量报酬，也更加提现了公平。

初次分配收入存在一定差距是不可避免的，也有助于提高效率，但如果分配中存在的问题过多，再分配很难纠正过来。因此，在初次分配中处理好效率和公平的关系十分重要。规范初次分配的规则和执行，不仅要保证分配过程的公平，也要保证分配相对公平，保证每个社会成员最基本的生活需要，保护合法收入，调节过高收入，取缔非法收入，防止收入差距过大。要高度重视基础条件的公平，包括受教育机会的公平、劳动机会的公平等。这意味着广大收入者的收入增长将会提速，能使那些只能凭借劳动力赚取收入的低收入者，更多地分享到经济发展的成果，有利于缩小令人不安的贫富差距。

再分配具有社会公平功能。因此，十七大报告提出要加大税收等经济杠杆对收入分配的调节力度，促进社会公平。针对劳动者因客观条件不同而出现的收入分配中的事实上的不公平，政府通过完善经济调节、缩小按劳分配实施对象客观条件的差异，弱化由此而导致的收入分配中事实上的不公平。再分配中，政府要充分发挥调节功能，实现收入分配的相对公平，限制社会各类人员之间收入差距的过分悬殊，特别要谨慎再次分配中存在的收入高的人反而能够得到好的福利待遇的现象。初次分配和再分配都促进效率与公平有机结合，才能促进国民收入合理分配，最终既有利于发展，又有利于促进社会和谐。

党的十七大思想的突破性要求，使我国的收入分配制度步入了一个新的阶段：谋求效率与公平的平衡，从“金字塔型”走向“橄榄型”。通过提高低收入者的收入水平，逐步扩大中等收入者的比重，调节过高收入，扩大就业，建立农民增收长效机制，促进走向共同富裕，从而改变金字塔型的收入分配模型，即少数高收入层的富人居于塔尖，多数低收入群体居于塔底；形成橄榄型的收入模型，即中间大——中等收入者占较大比重，两头小——高收入者和低收入者占较小的比重；通过改革和发展，扩大转移支付，强化税收调节，整顿分配秩序，创造机会公平。逐步扭转收入分配差距扩大的趋势，防止两极分化，使全体社会成员逐步共同富裕。

总之，纵观收入分配制度的变迁过程，可以看出，我国制度改革的历程是伴随经济体制改革的历程是伴随着经济体制改革的深入而逐步展开的，它经历了一个由平均主义通过改革走向打破平均主义，又拉开收入差距的分配不平等的过程。分配制度的演变，是我国体制改革和经济实践的必然选择。从这个渐进的演变历程看，应该肯定分配制度的变迁极大地促进了经济增长，但同时也带来了居民收入的巨大差距和严重的分配不公。

第二节　现阶段我国收入分配制度的源起与现实背景

一、按劳分配与按生产要素分配理论的发展

（一）西方按生产要素分配理论

在社会主义市场经济中，土地、厂房、机器、资本等生产要素是企业进行生产经营活动不可或缺的物质条件。由于生产力发展水平还比较低，还不可能实现对这些物质生产条件或生产要素的单一的社会占有，还具有不同的占有关系。只要生产要素被不同的个人或集团所占有，那么，由劳动所创造的价值和财富就必须在这些生产要素所有者和投入者之间进行分配。归根到底，分配是所有制的实现。如果生产资料占有上的差别，不能最终延伸到分配领域，转化为对产品分配权上的差别，就等于否定了生产资料所有权本身。正因为如此，马克思把分配关系定义为："新生产的总价值在不同生产要素的所有者中间进行分配的关系"，[①]"分配关系或分配方式只是表现为生产要素的背面"。[②]"只要生产要素在生产过程中实际发生了作用，它的背面就会"孪生"出对生产成果的分配。正面是生产要素的投入，背面就是生产成果的分配。任何社会都是这样，都不能把同一事务的正背两面分离或割裂开来。没有正面的生产要素投入，就不会有背面的生产成果的分配；没有背面对生产成果的分配，也就不会有正面生产要素的投入。按生产要素分配，最初是由西方经济学家提出来的，是西方经济学的一种收入分配理论。其基本观点是各种报酬取决于各种相应的投入，凭投入获取报酬，投入了什么生产要素就按一定标准取得相应的报酬。人们之所以有资格取得报酬收入，是因为他们为生产这些收入提供了生产要素，既有所投入，这些投入就是收入的来源。

① 《马克思恩格斯全集》，人民出版社 1974 年版，第 25 卷第 992 页

② 《马克思恩格斯全集》，人民出版社 1972 年版，第 2 卷第 98 页

（二）我国按生产要素分配理论的提出及其原因

党的十五大报告指出："坚持按劳分配为主体、多种分配方式并存的制度"，"把按劳分配和按生产要素分配结合起来"，"允许和鼓励资本、技术等生产要素参与收益分配。"党的十六大提出"确立劳动、资本、技术和管理等生产要素按贡献参与分配的原则，完善按劳分配为主体、多种分配方式并存的制度"。这是对社会主义初级阶段个人收入分配理论的又一个重要突破，在马克思主义按劳分配史上有突破性的发展。

那么为什么提出按劳分配与按生产要素分配结合起来呢？重要的原因是对"按劳分配为主体，多种分配方式并存"原则的反思。这是因为：我国的社会主义是在半殖民地半封建社会基础上建立起来的，当今最基本的国情是处于社会主义初级阶段，我国现已初步建立并将进一步完善社会主义市场经济体制。在分配制度的改革中，不断需要有新的符合我国社会主义初级阶段的分配理论来指导，把按劳分配和按生产要素分配结合起来是对我国在建立和完善社会主义市场经济体制的过程中分配制度的比较科学的表述。它是对"以按劳分配为主体，多种分配方式并存"的补充和完善。

诚然，"以按劳分配为主体，多种分配方式并存"的分配原则是马克思按劳分配理论的新发展。但是，笔者认为这一分配原则在理论概括上还不够全面，未能最终突破传统理论框的束缚。传统理论认为，按劳分配是与公有制相联系的，是公有制特有的分配原则。十五大之前，人们在论述实行"以按劳分配为主体，多种分配方式并存"原则时，最充分的理由就是我们实行的是"以公有制为主体，多种所有制并存"的所有制结构。这种论述本身并没有逻辑上的错误，因果双方都能成立，问题是仅有"并存论"，既难以在实践中进行具体操作，又不能在理论上解决较成熟的市场经济中的个人收入分配问题。1. 按劳分配的主体地位将受到挑战。正如党的十四届三中全会《决定》所说："随着产权的流动和重组。财产混合所有的经济单位越来越多，将会形成新的财产所有结构。"就全国来说，公有制在国民经济中应占主导地位，有的地方、有的产业可以有所差别。"我们可以断言，随着改革的不断深化，纯粹的国有独资企业和集体独资企业将会越来越少，并将只存在于极少数特殊行业中。那么，若按传统分配理论来理解，按劳分配就只能在极少数特殊行业的纯粹公有独资企业中发挥作用，而不能在越来越多的公私混合所有制企业中发挥作用，从而使按劳分配的主体地位难以坚持。2. 公私混合所有制经济中，劳动要素的收入分配原则无法确定。过去，理论界认为，公有制经济中的劳动要素的收入分配实行按劳分配原则，私营经济和外资经济中（排除了以公有经济劳动者身份参加劳动）的劳动要素的收入分配实行按劳动力价值分配。但是，公私混合所有制经济中，劳动要素的收入分配应采取按劳分配还是按劳动力价值分配原则，抑或同时采取两种不同的分配原则？在公私混合的所有制企业中，公有资产与私有资产已融为一体，我们已无法区分其雇员的劳动哪些是为公有制而进行的，哪些是为私有制而进行的。3. 没有提出要让公有制经济中国有资本或集体资本参与收益分配的问题。十四届三中全会《决定》指出："国家依法保护法人和居民的一切合法收入和财产，鼓励城乡居民储蓄，和投资，允许属于个人的资本等生产要素参与分配。"这里并没有明确国有资本和集体资本是否可以参与收益分配。显然，这与现实需要存在矛盾，"在实践中，政府不仅要求在混合所有制企业特别是股份制企业中的国有资本获得收益，而且也要求国有企业中的国有资本保值增值。不让国有资本参与收益分配在实践中将导致国有资产的流失，在理论上将导致对国有资本所有权的否定。"①

以上分析表明，社会主义市场经济条件下的个人收入分配，必须突破传统理论框的束缚，从"并存论"推进到"结合论"，更能体现社会主义市场经济的本质。要勇于承认，按劳分配与非按劳分配的结合不是板块式的，而是兼容性的，正如公有制与非公有制经济的结合是兼容性的一样，即按生产要素分配不仅适用于公有制经济，而且适用于私有制经济；资本参与收入分配不仅存在于私有制经济，而且存在于公有制经济。长期以来，我国虽然没有承认劳动以外的其他生产要素按贡献取得收入的合法性，特别是未能正面肯定资本收入的合法性，但这并不意味着非劳动要素就不能凭借其产权获得收入。事实上，随着改革的不断深入，非劳动要素按贡献参与收益分配的范围和程度一直在扩大和加强：储蓄存款获得利息，出租房产、地产获取房产和地产租金，股份分得红利，投资取得利润，出售专利获得转让费，等等。在我国市场经济的运行中，按生产要素分配实际上早已在发生作用。党的十五大报告提出要"把按劳分配和按生产要素分配结合起来"只是对在实践中早已存在的按生产要素分配的合法性予以正式承认而已。

（三）按生产要素分配理论的要点

1. 投入什么要素取得什么报酬。劳动者提供了劳动要素，取得劳动报酬。同样，资本提供者获取红利、利息；土地出租者获取地租；经营管理者获取经营管理报酬；技术投入者获取技术报酬；政府税收则是政府在社会生产中提供了公共物品和管理劳务而应得的报酬。

① 冒天启，朱玲：《转型期中国经济关系研究》，湖北人民出版社 1997 年版，第 119 页

2. 投入多少，获取多少报酬。

3. 各项要素的合理报酬，主要是通过各要素市场来实现。比如资本市场形成资本价格；劳动力市场形成劳动力价格，也就是工资。

4. 各项要素投入之间的报酬关系，由各项要素所创造的收入在总收入中所占的比重来确定，即由各项要素投入的边际生产力来确定。在总收入不变的情况下，各要素的报酬是此消彼长的相互制约关系。比如资本和劳动两要素，资本短缺，资本充裕，劳动力过剩，那么资本价格会相对较高，劳动力价格相对下降；如果资劳动力相对短缺，那么资本价格会相对便宜，劳动力价格相对提高。①

（四）按劳分配与按生产要素分配相结合的依据和政策含义

1. 实行按生产要素分配的依据

党的十六大报告确立劳动、资本、技术和管理等生产要素按贡献参与分配的原则，使生产要素按贡献参与分配成为了我国现阶段的一种重要的分配原则或分配方式。在我国社会主义初级阶段，实行生产要素按贡献参与分配或按生产要素分配，不是由人们的主观意志决定的，而是由我国社会主义初级阶段的客观经济条件决定的，具有充分的理论依据和现实依据。

（1）生产要素按贡献参与分配以劳动价值论为理论基础

马克思认为，商品是劳动创造的，商品具有使用价值和价值二重性，它们是对立统一的。生产商品的劳动也具有二重性，一方面是具体劳动，一方面是抽象劳动，劳动二重性决定商品二重性，具体劳动创造商品的使用价值并转移生产资料的价值，抽象劳动创造商品的价值。因此，马克思的劳动价值论是商品的使用价值和价值二重对立统一属性同时创造的理论，是二重劳动价值论。劳动价值理论和生产要素按贡献参与分配有何关系呢？这可从生产要素在创造使用价值和价值过程中起何作用得出结论。生产要素主要包括劳动、资本、技术、管理、信息和土地，其中劳动、技术工作和管理劳动都属于生产劳动，是劳动要素，创造商品的价值，既然创造了价值，就应当获得报酬。因此，生产要素中的劳动、技术工作和管理劳动等劳动要素参与价值或收入的分配，是理所当然、天经地义的。而生产要素中的资本、信息和土地等要素，属于非劳动要素，不创造价值，不是价值的源泉，但不能据此认为非劳动要素就不能参与价值的分配。因为资本、信息、土地等非劳动要素虽然不创造价值，但它们都是价值创造不可或缺的必要条件，是价值创造的物质基础，在价值创造中起重要作用，它们和劳动要素一起构成一切财富的源泉。作为劳动对象的原材料构成财富（使用价值）的实体和商

① 童源轼等著：《完善分配结构和分配方式》，上海人民出版社 1998 年版，第 57 — 58 页

品价值的一部分，劳动资料是劳动创造价值的必要条件，价值的创造离不开使用价值的创造。因此，作为非劳动要素的资本、信息、土地等参与价值或收益的分配取得收入与劳动要素参与价值或收益的分配取得报酬一样，也是合情合理的。通过上述分析，我们可以得出这样一个结论：劳动价值理论是生产要素按贡献参与分配的理论基础。

（2）生产要素按贡献参与分配是由现阶段的所有制结构决定的

政治经济学原理告诉我们，生产关系包括生产、分配、交换和消费关系，分配关系是生产关系的一个重要组成部分。生产资料所有制是全部生产关系的基础，它决定生产关系的性质，决定生产关系中的各个方面，因而决定分配关系，决定产品的分配方式，有什么样的所有制结构，就必然要求有什么样的分配制度和分配方式结构与之相适应。我国现阶段的所有制结构是以公有制为主体，多种所有制经济共同发展的多元化的所有制结构。社会主义公有制为主体，决定了分配方式要以按劳分配为主体；多种非公有制经济的存在与发展，决定了多种分配方式并存，即按生产要素分配和其他分配方式并存。总之，按劳分配和按生产要素分配都是由建立在一定的生产资料所有制基础上的生产关系决定的。

（3）生产要素按贡献参与分配是生产要素所有权在经济上实现的客观要求

自从人类社会建立文明制度以来，社会的分配制度的确立都是以所有权关系为基础的。我国现阶段存在着个体经济、私营经济和外资经济等多种非公有制经济，在生产资料存在部分私有制的条件下，由于各种生产要素归属于不同的所有者，这些生产要素的收益也要归属于不同的所有者，如果劳动力的所有权不能获得工资收入，资本的所有权不能获得利润或利息收入，土地的所有权不能获得地租收入，科技人员和管理人员的知识技能等的所有权不能在经济上得到实现，这实际上是对不同的生产要素所有权的否定，必将损害生产要素所有者将其生产要素投入到生产经营活动中的积极性，为了促使生产要素所有者将其生产要素最大限度地投入生产经营，必须使不同的要素所有权在经济上获得回报。因此，只要承认有不同的所有权，在分配领域就必然要求实行按生产要素分配的原则，允许生产要素的所有权参与价值分配，即允许生产要素的所有者凭借其所有权，从生产要素使用者那里获得报酬。

（4）生产要素按贡献参与分配是社会主义市场经济运行的客观要求

市场经济是市场机制对资源配置起基础性作用的经济运行方式。在市场经济条件下，各种生产要素都要作为商品进入市场，按照等价交换的原则进行交换，由于各种生产要素已被不同的所有者所拥有，因而使用者要获得这些生产要素，就必须向其所有者支付一定的使用报酬。通过这样的方式，市场经济实现了生产要素按贡献参与分配，并使生产要素的需求者和供给者，实现了双向的、择优的选择，以最终实现生产要素的合理配置。从这个意义上说，生产要素按贡献参与分配，是社会主义市场经济运行和发展的题中应有之意。

2. 按生产要素贡献分配的政策含义

根据按生产要素贡献分配的原则，只要各种生产要素的报酬与各自在社会财富的创造中所作的贡献相一致，就不存在剥削关系。更确切地说，根据非劳动生产要素的贡献所获得的非劳动收入，不应被视为剥削收入。不仅如此，由于剥削从一般意义上说，不过是对他人生产要素所创造的社会财富的无偿占有，严格地按生产要素的贡献进行分配，恰恰是对剥削关系的否定。这也就为保护合法的非劳动收入和私有财产提供了科学的理论依据。只有像中共十六大报告所强调的那样，既要保护合法的非劳动收入，又要保护私有财产，才能真正贯彻按生产要素贡献分配，因为合法的非劳动收入是根据非劳动要素的贡献所得到的合理收入，而作为大多数非劳动收入源泉的非劳动要素都属于私有财产。所以，按生产要素贡献分配与保护合法的非劳动收入和保护私有财产，在逻辑上是完全一致的。其次，按生产要素贡献分配与坚持效率优先、兼顾公平的原则也是并行不悖的。只有按生产要素的贡献进行分配，允许和鼓励资本、技术等生产要素参与收益分配，并承认根据非劳动生产要素的贡献所获得的利润、利息、股息等收入是合理的，而不再简单地把它们斥为剥削收入，这在实践中不仅能够调动劳动者的积极性，而且能够调动非劳动要素所有者的积极性，有助于促进资本积累、技术进步和企业家阶层的形成，做到人尽其才，物尽其用，地尽其力。只有这样，才能提高资源配置的效率和社会生产力，才能保证全面建设小康社会目标如期实现。

完全按贡献分配，必然造成不同生产要素所有者之间的收入差别，但这种收入上的差别通常是可以被人们接受的。因为只有当社会财富越来越充足时，全体社会成员包括贫困阶层的绝对生活水平才能逐步提高，而只有在社会生产力高度发展，可供再分配的蛋糕越做越大的情况下，人们的相对收入差别才能逐步缩小，从而实现共同富裕的美好理想。中共十六大报告提出，初次分配注重效率，再分配注重公平，这就使效率优先、兼顾公平的原则具有了可操作的形式。我们要通过广泛的宣传和教育，提高人们对生产要素按贡献参与分配的合理性的认识，增强人们对由于贡献差别所造成的收入差别的心理承受力，以便在全面建设小康社会的进程中，妥善处理好公平与效率的关系，逐步实现共同富裕的目标。

当然，即使是完全按贡献分配，收入差别也不能扩大到贫富悬殊甚至两极分化的地步，否则会造成社会的有效需求不足，以及消费结构乃至产业结构畸形发展，从而导致效率下降，严重的话，还会导致社会的动乱。当前人们对收入分配状况的不满，主要是由两方面的原因造成的：其一是根据贡献大小应该拉开的收入差距没有拉开，这主要表现在公有制内部（包括国有企事业单位和集体企业）；其二是收入的差别偏离或超过了贡献的差别，这主要表现在政府垄断的行业与非垄断行业之间的收入差距过大，以及城乡居民之间的收入差距过大。至于腐败分子，其高额收入是与其腐败程度相联系的，他们搜刮民脂民膏和侵吞国有资产的数量与其对国家、对社会、对人民的危害成正比，这更是人们所深恶痛绝的。这两个方面无疑都违背了按贡献分配的原则，既损害了公平，又丧失了效率。因此，当务之急是要在保证贫困阶层绝对生活水平不断提高的前提下，全面贯彻按贡献分配的原则，深化经济体制和政治体制改革，从制度上消除产生上述收入分配不公现象的根源，理顺分配关系，规范分配秩序，以便“让一切劳动、知识、技术、管理和资本的活力竞相迸发”，“让一切创造社会财富的源泉充分涌流”。

二、按劳分配与按要素贡献分配

（一）按劳分配与按要素贡献分配的区别

作为分配原则或分配制度，按劳分配与按要素贡献分配存在以下三方面的区别：

1. 含义不同

按劳分配就是按照劳动者向社会提供的劳动量来分配个人消费品。按劳分配的主体是全社会的生产者。按劳分配的对象仅限于个人消费资料。按劳分配的尺度是劳动，而且是唯一的。马克思指出：“因为在改变了的环境下，除了自己的劳动，谁都不能提供其他任何东西。”从而，“劳动时间又是计量生产者个人在共同劳动中所占份额的尺度，因而也是计量生产者个人在共同产品的个人消费部分中所占份额的尺度。”劳动量本身的多少则由劳动的持续时间与劳动的强度来计量。

按要素贡献分配就是按各生产要素在生产中的贡献多少来分配收入。在微观经济中，常将生产要素划分为劳动、资本、土地与企业才能四种。因此，按要素贡献分配的主体不仅包括生产者，也包括非生产者，例如拥有资本所有权的所谓的“食利者阶层”等等。

按要素贡献分配的对象不仅仅限于个人消费品，而是比个人消费品的含义更广的国民收入或国内生产净值。国内生产净值从价值形态上看由个人消费支出、企业净投资、政府购买支出和净出口组成；从实物形态上看，由消费资料与生产资料组成。

按要素贡献分配的尺度就是各种要素在生产中的贡献程度或各种要素的边际生产力。微观经济学认为，厂商为了获得最大利润，总是根据边际收益产品等于边际要素成本的原则购买要素。在完全竞争条件下，一方面要素的边际收益产品等于要素的边际产品价值，边际要素成本等于要素的价格。因此，厂商总是根据要素的边际产量或要素的边际生产力等于要素的实际价值来购买要素。

按要素贡献分配的形式是货币的收入：厂商的销售收入扣除购买中间产品的消费与税收以后剩余的部分，以工资、地租、利息与利润的形式由劳动者、土地所有者、资本所有者与企业家共同瓜分。

2. 两种分配原则所依据的价值理论不同

分配理论总是依赖于价值创造或生产理论，因为只有先将收入生产出来，然后才谈得上分配。按劳分配原则建立在马克思主义科学的劳动价值理论基础之上。商品价值量由凝结在商品中的抽象劳动量决定，而抽象劳动量又是由劳动的持续时间来衡量的，因此商品价值量的多少就由劳动时间来决定。但商品的价值量不能由个别商品生产者的个别劳动时间决定，只能由生产商品所花费的社会必要劳动时间来决定。由于价值仅仅由劳动创造，故价值或者价值的物质承担者一产量或收入也必须归劳动者所有，并在劳动者之间按劳分配。

按要素贡献分配建立在马歇尔的均衡价格论基础之上。马歇尔认为价值或价格在市场上由供给与需求共同决定的。市场供给与需求相等时的价格就是均衡价格，与均衡价格对应的数量叫均衡数量。均衡价格也可以理解为需求价格与供给价格相等时的价格。需求价格或消费者购买商品所愿意支付的最高价格由商品的边际效用决定。供给价格或厂商销售商品所愿意接受的最低价格由边际成本或边际生产费用决定。因此，马歇尔的价值论或均衡价格论，是效用价值论与生产费用价值论的折中。马歇尔认为，价格虽然由供求共同决定，但供求对价格的决定程度受到时间因素的影响。马歇尔将时间分为极短时间或瞬时、短期与长期三类。瞬时的特征是供给量固定不变。故厂商与行业的瞬时供给曲线都是一条供给弹性为零的垂直线。因此，瞬时的市场价格完全由市场需求一方决定：市场需求增加，价格就提高；市场需求减少，价格就降低。

在短期，厂商的生产设备等要素不变，即工厂规模不变，厂商也不能进入或退出某个行业，只能根据市场需求状况，按照边际收益与边际成本相等的原则，通过增加或减少可变投入量来变动产量，以实现利润最大化，达到均衡状态。厂商的短期供给曲线就是该厂商位于平均变动成本曲线最低点以上的短期边际成本曲线。各厂商短期供给曲线的总和就是市场的短期供给曲线，向右上方倾斜。它与向右下方倾斜的市场需求曲线的交点所决定的价格就是市场均衡价格。显然，短期的市场价格，由市场供给与市场需求共同决定。在长期，厂商所有的投入要素都可以变动，不仅工厂规模可以变动，而且厂商可以自由地进入或退出某个行业，行业内厂商的数量也可以改变。

长期均衡价格一定等于厂商的长期平均成本。如果均衡价格或平均收益大于长期平均成本，厂商就获得利润。但获利的时间是极为短暂的，因为厂商所获得的利润将吸引新厂商迅速进入行业，导致市场供给曲线右移与产品价格的下降，最终使利润趋于消失。反过来，如果平均收益小于长期平均成本，厂商就会遭受亏损，但亏损的时间同样是短暂的，一些厂商将因为亏损而退出行业，导致市场供给曲线左移与产品价格的上升，最终使亏损趋于消失。因此，长期均衡价格主要由供给或成本决定。商品的生产成本是指厂商为生产一定量所耗费的各种生产要素价值的总和，由工资、利息、地租与正常利润四部分组成。长期均衡价格主要由成本决定，即由工资、利息、地租与正常利润组成，从而意味着商品的价格或价值在长期是由劳动、资本、土地与企业家才能四大要素共同创造的。因此，为了公平起见，商品价值总额或收入就应该按照各种要素在生产中的贡献大小来分配。

（二）两种分配原则赖以产生的制度前提不同

按劳分配原则是社会主义全民所有制条件下的计划经济体制的产物。首先，社会主义全民所有制经济，为按劳分配提供了可能性：一方面，在生产资料公有制条件下，由于消灭了私有制，排除了利用生产资料的所有权剥削他人劳动成果的可能性，只能通过劳动获得个人消费品，不能再凭借其他手段来获取个人收入。另一反面，由于消灭了商品货币关系，人们的劳动直接就是社会劳动，因此，可以按照个人向社会提供的劳动量来分配跟人消费品。其次，在社会主义条件下，由于生产力还不是十分发达，社会产品还没有丰富到能够按需分配的地步，个人远未全面发展，人们之间的劳动还存在着差别，劳动仍然是人们谋生的手段。为了激励人们积极劳动，促进社会生产力的发展，在收入分配方面必须实行多劳多得的按劳分配原则。

按要素贡献分配是适应市场经济体制的分配原则。实际上，按要素贡献分配收入是市场机制作用的内在要求与外在表现。这是因为，在市场经济条件下，人们都是通过出售要素来获得收入的。要素价格与要素出售量的乘积就是要素所有者得到的收入。在要素出售量既定条件下，要素所有者所得到的收入的多少取决于要素价格的高低。在完全竞争条件下，要素的实际价格（要素的名义价格与一般价格水平之比）等于要素的边际产量或要素的边际生产力。因此，要素价格的决定过程同时也就是按要素的边际生产力分配收入的过程。按一般均衡理论，要素价格只有在产品价格被决定时才能同时被决定。而产品价格与要素价格的决定过程，就是市场机制配置资源的过程。

1. 按生产要素分配的特点和原则

在社会主义现阶段，我国按生产要素分配的特点表现为：

（1）分配主体多元化

按劳分配的主体是社会主义公有制范围的劳动者个人（自然人），按照生产要素分配的主体可以是自然人，也可以是法人或国家。

（2）分配属性资本化

按生产要素分配的客体是剩余劳动，是以资本性收入参与剩余收益的分配，属于按资分配范畴。但在社会主义公有制企业中，物质资本属于公有资本，人力资本也可还原为社会主义劳动者的劳动，这种按资分配仍然是社会主义性质的分配。

（3）分配形式多样化

按生产要素分配可以采用股息红利、经营年薪、期股期权、技术人员入股或提成、劳动分红、职工持股等许多形式，在分配制度的改革中还会产生适合中国国情的其他新形式。

（4）分配过程市场化

按生产要素分配的资本属性和分配形式，决定了这种分配必须由市场机制调节，按市场规则操作，通过市场来实现分配。

（5）分配水平弹性化

工资水平由契约规定，相对比较稳定。生产要素参与盈利分配，会受到外部市场、法律政策等因素变化的影响，以及企业内部利润率、发展战略变化等不确定因素的制约，分配水平较难保持稳定。

2. 实施按生产要素分配，应当遵循以下原则：

（1）坚持以生产要素的产权为分配基础的原则

按生产要素分配是要素所有权的实现，生产要素产权是参与分配的基础，所有分配中要遵循“谁投入、谁拥有、谁收益”和“等量投入获取等量收益”的原则，不能损害要素所有者的合法权益。

（2）坚持分配市场化的原则

要运用价格、利率、税收等市场经济杠杆调节按要素分配，不能采用行政手段去主导按生产要素分配。要遵循价值规律等价交换的要求，充分利用生产要素市场中的价格、供求、竞争三大机制的作用，由市场评估并决定要素价格。要进一步完善市场体系尤其是资本市场和劳动市场，为推行职工持股、期股期权和年薪制等要素分配形式创造条件，并形成市场对按生产要素分配的外资强制作用，消除要素分配中“内部人控制”和行为短期化等弊端。

（3）坚持收益分配水平与要素贡献相联系、与企业效益相结合的原则

以生产要素的稀缺程度和生产要素对企业利润的贡献率，作为按生产要素分配的尺度。生产要素的稀缺性是按生产要素分配的重要依据，由于生产要素的稀缺程度会影响生产要素的供求关系和市场关系（二者成反方向变化），而成产要素的市场价格仍然要计入生产成本。如果稀缺程度高的生产要素所有者已从较高的生产要素价格中获得相应的经济收入，并使企业生产成本增加，在利润分配中就应当作必要的扣除。

（4）坚持“先补偿、后分配”和“保障国有资产保值增值”的原则

保持良好的要素收益回报率，才能强化激励机制。但是，按生产要素分配在强化激励机制的同时，必须强化分配中的约束机制，决不能违背国家有关法律政策的规定，违反市场分配的一般规则，脱离企业收益分配的实际可能性，无视国家的利益和企业长远发展的需要，过渡强调分配向个人的倾斜。企业收入必须先补偿各种生产要素的耗费，必须兼顾国家、企业、个人三者的利益关系；确定个人收益在企业利润中的比例，必须适度合理，留有余地；分配中决不允许侵蚀企业的法人财产，企业盈利必须在依法进行纳税和扣除企业各种提成（公积金、公益金、扩大再生产基金、风险基金）后，剩余部分才能按企业章程的有关规定进行分配。

（5）国有企业中个人获取的按生产要素分配收入应界定在主观性生产要素的收益范围之内国有企业的客观性生产要素是国有资产，其收益应归国家和企业法人所有。个人主要凭借其投入的劳动力、技术、经营管理等主观性生产要素，参与企业收益分配。若国有企业实行股份制改革，属于个人所有的客观性生产要素，应按同股同权原则与国有生产要素享有同等的收益。

第五章　收入结构影响消费的机理分析

不同类型收入所占比例的不同对收入结构整体稳定性影响是不同的，而收入结构稳定性的不同会对消费产生不同的影响。

正如上一章末尾所指出的，现有少量的对收入结构问题表层的研究不能完全解释中国城镇居民收入与消费的实质性问题。基于此，本文借鉴弗里德曼将收入分类的方法，将我国城镇居民的收入按照来源的性质分及其增长变化的情况，分为稳定性收入与非稳定收入。在此基础上进一步分析指出，不同类型收入所占比例的不同对收入结构整体稳定性影响是不同的，而根据西方的预期消费理论，收入结构稳定性的不同会对消费产生不同的影响。

第一节　收入结构概念的界定

一、统计的概念

在中国统计年鉴中，2002 年以前，城镇居民收入结构主要统计分国家国有单位职工工资、集体及其他经济类型单位职工工资、职工从工作单位得到的其他收入、个体经营劳动者收入、被聘用或留用的离退休人员收入、其他就业者收入、其他劳动收入、财产性收入、转移性收入、特别收入。在 2002 年以后统计口径调整为工薪收入、经营净收入、财产收入和转移性收入。具体含义如下：(1) 工薪收入，指就业人员通过各种途径得到的全部劳动报酬，包括所从事的主要职业的工资以及第二职业、其他兼职和零星劳动得到的其他劳动收入。(2) 经营净收入，指家庭成员从事生产经营活动所得到的净收入。是全部生产经营收入中扣除生产成本和税金后所得的收入。(3) 财产性收入，指家庭拥有的动产（如银行存款、有价证券）、不动产（如房屋、车辆、土地、收藏品等）所获得的收入。包括出让财产使用权所获得的利息、租金、专利收入；财产营运所获得的红利收入、财产增值收益等。(4) 转移性收入，指国家、单位、社会团体对居民家庭的各种转移支付和居民家庭间的收入转移。包括政府对个人收入转移的离退休金、失业救济金、赔偿等；单位对个人收入转移的辞退金、保险索赔、住房公积金、家庭间的赠送和赡养等。

二、西方经济学中的持久性收入与暂时收入

（一）弗里德曼的持久性收入假说

弗里德曼在考察了广泛的实证资料基础上，表明对于所有的永久性收入水平来说，永久性消费与永久性收入的比率是相同的，但是比率的大小取决于其他变量，如利率、财富与收入的比率等。但是，关于永久性收入的含义不能简单地阐述。通常可以认为影响消费者收入的因素具有各种时间尺度，一些因素只影响消费者一天的收入，而其他因素则可能影响消费者一周、一年甚至更长时间的收入。弗里德曼通过二分法对连续区间进行了近似估计，将持续时间较长的影响看做是永久性的，并将这个时限长度称作为消费单位的水平线。大量的不同证据都将这个定义的水平线定为3年。并且消费单位收入的暂时性组成部分对他的消费者没有影响，除非这些暂时性部分转化为持续时间超过这个消费者水平线的因素。这个消费者消费水平由较长时限的收入因素以及直接影响消费的暂时性因素共同决定。而暂时性收入主要表现为消费单位的资产和负债的变动，即测得储蓄的变动。

对于每一个消费单位来说，永久性收入假说可以用3个简单的方程组成来进行概括，

$$C_p = k(i,w,u)y_p \tag{5.1}$$

$$y = y_p + y_t \tag{5.2}$$

$$C = C_p + C_t \tag{5.3}$$

上述方程表示，计划消费或永久性消费相当于计划收入或永久性收入的一部分，其比率的大小不依赖于其他一些变量，特别是利率、非人力财富与收入的比率以及影响消费单位在当前消费单位与积累资产之间偏好的其他因素，如收入的不确定性、消费单位的年龄及其特征、关于种族或国籍等文化因素的客观指数等。对于此，弗里德曼所作的假设是：人们可以认为消费和收入中的暂时性部分与相应的永久性部分互补相关，而且暂时性消费与暂时性收入也互不相关。这一点是他的这个假说中必不可少的部分，此外，还偶尔假设暂时消费和暂时性收入均值为零。这样上面的方程组就暗示了在测得收入与测得消费之间存在着一种观察到的回归关系：随着测得收入增加，消费与收入的比率下降。同时假设的方程还暗示了测得消费的测得收入估计弹性，与该组家庭收入总方差中由永久性收入引起的收入方差所占的比率成比例。同时，这些方程还暗示了回归高度取决于收入和消费的永久性部分和暂时性部分的平均水平以及影响k的那些变量。随着永久性收入的增加以及k值的增大，回归曲线将逐渐向上移动。所以，弹性的变化或观察

到的回归高度的变化，不一定意味着消费者对当前消费者与积累财富的偏好和喜欢发生了任何变化，同时也不一定意味着当前消费与积累财富之间相互转化的可能性发生了任何变化。反之，它们也许只是反映了收入分配的某些特征发生了变化。消费者行为发生了变化的这个表面现象，也许只是收入结构发生了变化的虚假反映。

总消费与总收入之间的关系不仅取决于个别消费的消费函数，而且取决于那些影响消费单位行为的变量在消费单位之间的分布。但是，根据简化性的假设，总消费函数与个人消费具有相同的形式，而且除了那些决定永久性消费与永久性收入比率变量不同以外，总消费函数也可以由上述的三个方程来描述。决定总永久性消费与总永久性收入比率变量是 i，w 和 u 在消费单位之间的分布，或者是这些分布的均值和方差等概括性指标。同样，如果假设消费和收入的暂时部分与相应永久性部分之间是零相关的，而且暂时性消费与暂时性收入之间也是零相关，那么，在根据总量数据计算而得的消费对收入回归和根据个别消费单位数据计算出来的消费对收入的回归的两种情况下，这种假说都具有相同的含义。在这两种情况下，观察到的回归稳定性都不是消费者在当前消费和当前储蓄方面行为稳定性的必然结果[42]。

除了前面指出的关于测得消费对测得收入回归的经验含义以外，弗里德曼的假说还具有其他的含义。如果像通常所做的那样，将测得消费与测得收入之间观察到的回归关系，解释为永久性消费与永久性收入（当然，永久性消费和永久性收入与测得消费和测得收入是两对不同的概念）之间的一种稳定关系，这将引起一种重要而且明显的反常规现象。如果根据人们以往所作的解释，每一组消费单位的消费对收入观察到的回归关系暗示着：①收入的不平等程度将日益上升，因为低收入消费单位的消费超过收入，而高收入消费单位的消费少于收入，显然，这将导致穷人越穷，而富人越富；②在美国及其他的类似国家，储蓄占收入的比重将日益上升，因为实际收入一直在相对稳定地上升；③根据较大时间跨度的预算研究而计算出来的回归将不会出现系统差异。然而，弗里德曼用充分的数据表明：①在美国收入的不平等程度在日益下降；②在美国储蓄占收入的比率在不同的时期一直保持不变；③越晚进行的预算研究，计算出来的回归系数越是稳定地提高。

对于一些学者认为消费支出是绝对收入一个稳定函数的假说之间矛盾，弗里德曼认为，其中的主要假说都可以被看做是永久性收入假说在特定情况下的特例。比如对于相对收入假说，弗里德曼分析指出消费者的相对收入状况既可以用他的收入与他所属的该组消费单位平均收入的比率来衡量，也可以用它在收入分配中的百分比来衡量。同样，有另一种假说：总消费不仅取决于当前总收入，而且取决于以前的最高收入，这个假说是相对收入的一个特例，也是永久性收入假说的一个特例。

（二）中国学者对持久性收入假说的经验检验

对于持久性收入假说，李拉亚（1994）[43]做出了很好的归纳：（1）持久收入与持久消费存在稳定的函数关系；（2）暂时收入与暂时消费不存在函数关系，当暂时收入发生变化时，其边际消费倾向为零；（3）对于给定的当期可测收入的变化，不同的消费者可能有不同的认识，有人认为变化是持久性的，有人认为变化是暂时性的，因此他们的边际消费倾向会有很大的差异。对于持久性收入和暂时性收入的含义，中国学者也作了总结归纳，即持久收入是指消费者可以预料到的，连续的、带有常规性的收入；暂时收入是指一时的、非连续的、带有偶然性的收入（臧旭恒，1994；姚伟刚；梁纪尧，董长瑞，2006）。同时根据 Friedman 对持久收入和暂时收入的定义，一般的学者认为，持久收入 Y^P 和暂时收入 Y^T 必须满足以下条件：（1）Y^P 和 Y^T 是正交的；（2）$E(Y^T)=0$；（3）Y^T 是平稳序列，没有单位根。同时由于持久收入和暂时收入的实际统计数据是很难获得的，因此 Friedman（1957）提出了一种估计方法，即：

$$Y_t^p = \sum_{j=0}^{k} a_j Y_{t-j} = a_0 Y_t + a_1 Y_{t-1} + a_k Y_{t-k} \tag{5.3}$$

$$Y_t^T = Y_t - Y_t^p \tag{5.4}$$

目前国内一些著名的学者也是按照上述 Friedman 的方法对中国居民收入进行分解，最有代表性的是臧旭恒（1994），他具体采用的是 $K=2$，$\alpha_0=\alpha_1=\alpha_2=1/3$，舒昉等（1995）[44]和朱信凯（2003）[45]仿效了臧旭恒的这种方法。还有部分学者（如温小霓和徐国华，2002）[46]这样分解持久性收入与暂时收入：

$$Y_t^p = Y_{t-1} + \theta(Y_t - Y_{t-1}) \tag{5.5}$$

$$Y_t^T = Y_t - Y_t^p \tag{5.6}$$

其中，$0<\theta<1$。这种处理方法实际上是选取 $K=1$，$\alpha_0=\theta$，$\alpha_1=1-\theta$

众所周知，弗里德曼的这种分解方法是在单位根和协整理论出现之前提出来的，因此他并没有考虑到数据的非平稳性问题。当收入数据是平稳序列时，此方法问题不大，但是大量的实证研究显示，居民收入是非平稳序列，苏良军等（2005）[47]按照上列分解方法得到的暂时收入也是非平稳的，因而暂时收入和持久收入之间可能存在协整关系。

基于以上研究的缺陷，这些学者虽然采用了弗里德曼这种分析方法，但又同时并不认为弗里德曼持久收入假定的消费函数适用于分析中国居民消费与收入之间的关系[37][44]，因此有必要找到适合中国具体情况收入结构的分解方法，从而能够有效地研究中国城镇居民收入与消费的问题。

三、稳定性收入与不稳定性收入概念的界定

（一）数据的获得

本文所使用的数据主要来源于3个方面：

第一：《中国统计年鉴》：主要获取1978～2010年连续中国城镇居民收入及消费支出状况的数据，具体是城镇居民平均每人全部年总收入、可支配收入、平均每人消费性支出、各项分类支出、消费价格指数。获得的这些数据以时间序列对城镇居民收入与消费的总体状况作初步分析。这里需要指出的是对于消费的理解，在统计年鉴中，消费概念有两种口径，在国民经济核算和人民生活水平核算中，人均消费存在着系统性的差别，其中的原因我们难以深究。在各种报刊中，消费的概念也各不相同，实际上具有很大的差异性，并且在大部分情形下使用者都未曾对消费概念加以说明，国外文献对消费概念的界定也存在较大差异性。例如，有些研究者将医疗保健支出与教育支出界定为投资性支出，而本文将其视为消费性支出。

第二：《中国城市（镇）生活与价格年鉴》（2006～2010年），在2006年之前为《中国物价及城镇居民家庭收支调查统计》（1996～2005年），在此年鉴中对城镇居民的收入来源分类做了详细的统计。其中2001年之前的收入统计口径为：1. 国有经济单位职工收入 2. 集体经济单位职工收入 3. 其他经济类型职工收入 4. 个体经营者的净收益 5. 个体被雇者的收入 6. 离退休再就业人员收入 7. 其他就业者的收入 8. 其他劳动收入 9. 职工从单位得到的其他收入 10. 财产性收入（利息、红利、其他财产租金收入）11. 转移收入（离退休金、物价补贴、赡养收入、赠送收入、亲友搭伙费、记账补贴、出售财物收入、其他）12. 家庭副业生产收入。自2002开始统计口径有所变化，具体为：1. 工薪收入（工资及补贴收入，其他劳动收入）2. 经营性净收入 3. 财产性收入（利息收入、股息及红利收入、保险收益、其他投资收入、知识产权收入、其他财产收入）4. 转移性收入（养老金或离退休金、社会救济收入、辞退金、赔偿收入、保险收入、赡养收入、赠送收入、亲友搭伙费、提取住房公积金、记账补贴、其他转移性收入）。

第三：问卷调查数据

此次调查问卷采用无记名问卷方式进行，共发放问卷500份，收回有效问卷426份，回收率为85.2%。问卷内容主要涉及平均月收入情况、稳定性收入的来源、不稳定性收入的来源、稳定性与不稳定性月均收入情况、消费支出额及消费

支出项目共10个问题。在调查对象中男性占48.1%，女性占51.9%，性别分布均匀，不会由于性别差异而引起收入与消费的差异，年龄从19岁到66岁各年龄阶段均有分布，但主要是25岁到45岁，是消费力最旺盛的一部分群体。未婚的占25.8%，已婚的占74.2%，这主要考虑到已婚者具有较为稳定的消费支出。在人均月收入中，1000元以下的占12%，1000～2000元的占32.6%，2000～3000元的占25.8%，3000～5000元占17.1%，5000～8000元占4.7%，8000～15000元占4.0%，15000元以上占3.8%。

本书主要讨论的是城镇居民收入结构与消费行为，所涉及的基本变量类型包括收入的来源、消费和主要的支出项目及其发展的趋势等。在理论研究中，研究者可以简单地将这些变量以某些符号来表示，无需细究这些变量的具体含义、内部构成等。但在经验研究中，如何定义这些变量却绝非如此轻松，对概念内涵与外延的界定可能对研究结论产生重要的影响。而在现有的文献中，尤其是在中文文献中，我们经常可以发现基本概念定义的含糊，这有可能造成研究结论上的差异。

基于本书的分析目的以及调查数据的特点，本书将有关的变量进行了一些特定的限制。限制的原则是：

（1）资料的可获得性，所界定的变量应该可以从调查者容易获得；（2）变量的界定应具有明确的经济含义。

本书以个人而非家庭为计算单位，一方面是考虑到与前文从统计年鉴中所获得的人均数据相一致，另一方面是因为从较为严格的意义上说，应剔除家庭规模对数据的影响，因而以人均数据更为合适。

同时，本书在做问卷调查时，根据统计年鉴及实际调查收入状况，将收入细分为以下几类：主要职业单位基本工资、主要职业单位的奖金、津贴及福利、第二职业或兼职收入、银行存款利息、股票等投资类收入、房屋、车辆或土地等的租金、生意赚得的经营净收入、单位离退休金或失业金、单位的住房公积金补贴、遗产或赠送、其他收入。

（2）概念的界定

本书在借鉴弗里德曼将收入分类方法基础上，结合我国现阶段城镇居民实际收入状况，将我国城镇居民的收入按照其来源的性质，为稳定性收入与非稳定收入。众所周知，在中国原有的计划经济体制下，经济虽然会波动，但是在大多数情况下，宏观经济的波动只会影响到国家财政收入和公共支出，而很少会涉及到个人收入上来，各企业职工的工资基本上都是非常稳定的。但是随着我国收入分配方式由过去的按劳分配转变为按劳分配为主、多种分配方式并存，劳动、资本技术和管理等生产要素按贡献参与分配，初步形成了与市场经济相适应的收入分配制度后。城镇居民不仅能够从其所在单位得到一部分工资收入，同时，按资本要素的分配，如利息收入、股票债券等投资收入以及房屋汽车等租金收入，以及一些居民利用工作之余从事第二职业或兼职所得到的收入等等，都成为了居民收入的构成部分。但同时也应该注意到这些收入受到市场的影响很大，具有较强的波动性，被居民视为不稳定性收入，在调查问卷中，60.3%的被调查者具有不稳定性收入，并且分布在各个收入阶层，其中平均每月不稳定性收入在1000元以下的占到了59.9%，1000～2000元的占21.8%，2000～3000元的占9.3%，3000～5000元的占3.1%，5000～8000元、8000～15000元及15000元以上的均占1.9%，可以看出，城镇居民不稳定性收入额较少，主要集中在2000元以下的收入范围，且其中1000元以下占了近60%。

同时由于居民所从事行业的区别以及对稳定性理解的不同，出现了对于同一种类型的收入不同的调查者具有不同的观点，比如对于主要职业单位的奖金、津贴及福利、第二职业或兼职收入、银行利息等等一些选项的理解，有些调查者认为其是稳定性收入，但有些人认为其是不稳定性收入。对于主要职业单位的奖金、津贴及福利这项收入，有114人认为其属于稳定性收入，占总调查人数的26.8%，有124人认为是不稳定性收入，占总调查人数的29%，剩下的188人没有选择此项，据了解，这主要是由于一些企事业单位除了稳定的工资收入之外，奖金或福利的收入获得几乎没有或者很少，可以忽略不计入。因为一直以来事业单位及公务员的工资缺乏奖惩制度，事业单位“绩效”工资改革也仅仅是在2009年提出，2010年决定实施一项新的改革举措，因而在事业单位的职工其工资及其奖金津贴都一直保持较为稳定的状态。而对于企业单位，从90年代初开始的国有企业改革开始，已经逐步实现了基本工资加奖金的薪金制度，而奖金则与职工贡献大小挂钩，以职工的劳动成果为依据支付劳动报酬并会随着企业经济效益浮动，而企业的经济效益则会随着市场的行情上下波动，特别是竞争性行业，其奖金等收入呈现出不稳定性。另一项被认为是工资性收入的是第二职业或兼职收入，在调查者中有46人有此项收入，其中只有7人认为是稳定性收入，而有39人认为是不稳定性收入。

对于生意赚得的经营性净收入，指居民从事生产经营活动得到的收入，在被调查的426人中仅有49人拥有此项收入，并且其中有35人认为是稳定性收入，14人认为是不稳定性收入。主要原因在于经营性净收入主要受市场的影响，波动较大，加之在经济转轨时期，不稳定性因素更多，一般被居民视为不稳定性收入。对于财产性收入中的银行存款利息收入仅有10人认为是稳定性收入，也就是说大多数人认为利息收入具有不稳定性，还有在被调查者中具有房屋、车辆或土地等租金收入的仅有18人，这也就说明了城镇居民中购买房屋、车辆等主要是自用，做投资的比例很少，并且这其中有13人认为此项收入为稳定性收入，可将其归为稳定性。股票等投资类收入无可置疑的被公认为是不稳定性收入，在426名被调查者中，有76人具有股票收入，占总被调查人数的11.5%，其与统计年鉴中口径一致，属于财产性收入，被归为不稳定性收入。

可见根据调查的结果，本书所指的稳定性收入是指经常不变的或变动幅度小，稳定增长的收入，不稳定性收入是指变动幅度大，可能增长也可能减少的收入。因此，如果要采用统计年鉴中的数据，应该作如下合并归纳：其中2002之前的稳定性收入=国有单位职工工资+集体经济单位职工收入+其他经济类型单位职工收入+职工从单位得到的其他收入+离退休在就业人员收入+其他就业者收入+其他财产租金收入+养老金或离退休金+社会救济收入+保险收入+赡养收入+提取住房公积金，不稳定性收入=其他劳动收入+利息+红利+赔偿收入+保险收入+赠送收入+记账补贴+其他转移性收入。2002年之后的稳定性收入=工资性收入即补贴+出租房屋性收入+养老金或离退休金+社会救济收入+保险收入+赡养收入+提取住房公积金，不稳定性收入=其他劳动收入+利息收入+股息及红利收入+保险收益+知识产权收入+其他财产收入+赔偿收入+辞退金+保险收入+赠送收入+记账补贴+其他转移性收入。

这里还需说明的是，本书的不稳定性收入在概念上与弗里德曼的暂时性收入的区别。弗里德曼暂时性收入是指偶然的、非连续性的、带有不稳定性的收入，这部分收入不会影响到居民的消费行为。本书的不稳定性收入虽包括弗里德曼的暂时性收入，但又不完全等同于暂时性收入，本书的不稳定性收入包括偶然的收入、非连续的收入获得，但又并非仅指这些偶然的非连续性的收入，还包括由于我国制度因素和市场的缺陷而引起的虽连续、也非偶然的收入获得。

第二节　收入结构对收入稳定性的影响

一、计划经济体制下单一稳定的收入结构

马克思在《资本论》中曾经指出："分配关系本质上和生产关系是同一的，是生产关系的反映，所以二者都具有同样的历史的暂时的性质。"[49]这表明，经济体制和收入分配方式之间关系密切，是相互影响的。也就是说分配方式与生产关系一样是不断变化的，是随经济体制的变化而变化。

从建国初到1978年改革开放，在传统的计划经济体制和高度集中的分配体制下，中国城镇居民的分配方式高度集中，收入来源比较单一。全国各行各业的工资制度和工资标准由中央政府统一制定，并且职工晋升工资的时间、幅度和具体分配办法、奖金的发放等也都是由中央统一制定的；同时，为了控制工资总额的增长，中央还制定了劳动生产率计划、劳动力的使用计划和工资总额计划等指标，这样中央政府就不仅仅掌握了国民收入的初次分配权，并且还利用其掌握的财政、信贷等手段，通过资金调拨和转移的方式，调节初次分配的结果，实现收入的再分配[50]。

众所周知，在计划经济时期，城镇居民收入以工资制为基础，工资是按照各劳动者的资历、级别、专业等级、学历而确定的，并不与劳动实际挂钩。这种工资制带有浓厚的大锅饭色彩，并且工资级别在相当长的时间里基本不变[51]。此外，还有针对城镇居民发放的福利性收入，主要是福利性、配给性和实物性的，是针对生活特别困难的老、弱、病、残者所给予的救济。这种分配方式是计划经济体制下特有的产物，因为在计划经济体制下，生产资料归国家所有，劳动是获得收入分配的唯一尺度，并且以不是以劳动成果的多少而是劳动时间的长短作为分配尺度，劳动成果与分配几乎没有关系。劳动力价值、资本等并不构成收入分配的要素。同时受左倾思想的影响，否认合理的物质要求，否认劳动力价值和资本在资产增殖中的作用，这些合理的利益要求被认为是资本主义的价值观，从而大大制约了劳动力价值和资本等要素在收入分配中的作用。从而造成的结果是，虽然执行“各尽所能，按劳分配”的分配原则，但由于分配方式高度集中，收入来源单一，结构稳定，实际上强调的是平均主义的分配政策，使收入分配作为一种激励机制的功能基本坏死。[52]

二、逐渐多元化的收入结构增加了收入的不稳定性

（一）改革开放初期按劳分配的制度收入结构仍较稳定单一

如前所述，改革开放前平均主义的分配制度忽视了微观主体利益，导致激励机制的缺乏，造成生产率的低下。在1978年12月的中央经济工作会议上，邓小平同志明确指出：“要允许一部分地区，一部分企业、一部分工人农民，由于辛勤努力成绩大而收入先多一些，生活先好起来。”邓小平同志的讲话否定了在分配体制上的平均主义分配方式，统一了关于按劳分配问题的若干争论，恢复贯彻了建国初期所确定的按劳分配的社会主义原则。

改革率先从农村起步，在农村取得了很大的成果。到了20世纪80年代中期，收入分配体制改革的中心从农村转向城市。1984年在党的十二届三中全会

上，对企业深化收入分配制度改革做出了具体的规定。从此以后，以承包为主的多种形式的经营责任制在企业广泛地推广和运用。在全民所有制企业中引入了经营风险机制，逐步推行职工工资总额随本企业经济效益浮动的办法，把职工和经营者的工资、奖金与企业的经营状况以及本人贡献大小挂钩。国家机关事业单位也于1985年开始实行以职务工资为主要内容的工资制。这一阶段虽然确立了按劳分配的收入制度，城镇居民收入稳定快速增长，收入结构较改革开放前有所变化，但仍比较单一，结构比较稳定[53]。

（二）按劳分配为主体、其他分配方式为补充的分配制度逐渐打破了单一的收入结构

从1987年党的十三大到1992年党的十四大，这一阶段分配理论创新主要是如何突破单一的按劳分配制度、引入其他分配方式，建立适应社会主义初级阶段的收入分配制度。1987年党的十三大报告指出："社会主义初级阶段的分配方式不可能是单一的。我们必须坚持的原则是，以按劳分配为主体，其他分配方式为补充。除了按劳分配这种主要方式和个体劳动所得以外，企业发行债券筹集资金，就会出现凭债券取得利息；随着股份经济的产生，就会出现股份分红；企业经营者的收入中，包含部分风险补偿；私营企业雇佣一定数量劳动力，会给企业主带来部分非劳动收入。以上这些收入，只要是合法的，就应当允许。"[54]

党的十三大报告是党的文件中第一次明确提出以其他分配方式为补充的分配原则，承认和肯定了劳动以外的其他生产要素参与分配的必要性、现实性和合法性，解决了生产要素能不能参与收入分配的问题，只不过当时只是把其他生产要素参与分配作为"补充"。这一阶段的理论创新发展了以公有制为主体、多种经济成分并存的所有制结构，必然要求在分配体制上实行以按劳分配为主体的多种分配形式；同时，随着"社会主义有计划的商品经济"的发展，要求股息、红利和利息等其他分配方式的存在；而且乡镇企业、个体私营企业和"三资"企业等多种经营方式的要求实现多种分配方式[55]。这些理论上和实践上的改革和创新必然会开拓城镇居民的收入来源，打破传统的收入结构，促使居民收入逐渐走向多元化，但与此同时，收入的稳定性也在逐渐减弱，不稳定性因素逐渐增强。

（三）按劳分配为主体、多种分配方式并存的分配制度逐渐建立了多元化的收入结构

党的十四大提出了我国经济体制改革目标是建立社会主义市场经济，要使市场在国家宏观调控下对资源的配置起到基础性作用。1993年党的十四届三中全会通过的《中共中央关于建立社会主义市场经济体制若干问题的决定》指出：

"个人收入分配要坚持以按劳分配为主体、多种分配方式并存的制度"、"国家依法保护法人和居民的一切合法收入和财产，鼓励城乡居民储蓄和投资，允许属于个人的资本等生产要素参与收益分配"。这是党的重要文件首次明确提出"多种分配方式并存"，即将其他分配方式从补充的附属地位提升为并存的平等地位。

1997年党的十五大报告进一步指出："把按劳分配和按生产要素分配结合起来"、"允许和鼓励资本、技术等生产要素参与收益分配"。报告是对多种分配方式并存的分配制度的具体化，指出要努力形成按劳分配、按经营成果分配、按资分配、按技术分配等多元分配格局，使要素市场的供求关系逐渐成为个人收入分配的基础性调节机制[56]。从而为开拓多渠道收入来源奠定了政策和理论上的支持。

（四）按生产要素分配的分配制度优化了收入结构，收入的不稳定性比例增大

2002年党的十六大至今，这一阶段我国收入分配理论发展的主要特征是进一步完善按劳分配为主体、多种分配方式并存的分配制度，促使"一切劳动、知识、技术、管理和资本的活力竞相迸发，让一切创造财富的源泉充分涌流"。[57]

党的十六大报告首次提出了："确立劳动、资本、技术和管理等生产要素按贡献参与分配的原则，完善按劳分配为主体、多种分配方式并存的分配制度"。报告首先把劳动作为生产要素之一，而且是最重要的生产要素加以肯定下来，必须坚持按劳分配的主体地位；又肯定了非劳动生产要素在财富生产中的重要作用。其次，对"按劳分配为主体，多种分配方式并存的分配制度"从过去所提的"坚持"发展到"完善"，适应了市场经济发展的需要，体现了与时俱进的时代特征。第三，明确生产要素按贡献分配，解决了劳动和非劳动生产要素如何参与收入分配的问题，使得收入分配标准更加具体，也使得分配原则的表述更加科学。2007年10月党的十七大报告对社会主义收入分配理论又有新突破，对生产要素按贡献分配原则的进一步具体化，即"创造条件让更多群众拥有财产性收入"。[58]

综上所述，改革开放后我国城镇居民的收入来源结构发生了显著变化，随着经济体制改革的深入，分配制度的逐渐完善，劳动收入结构由原来单一的工资收入，拓展到多种劳动收入。如1981年至1985年，由于经济体制尚处在起步阶段，城镇居民非工资性收入减少，收入仍以工资为主，工资性收入占家庭收入比重一直保持在90%～94%之间，变化甚微。而随着分配制度的改革，拓展了其他收入渠道，家庭收入的多元化渐渐表现出来，非工资性收入比重逐年上升[59]。1986年至1998年，随着经济体制改革的不断完善，城镇居民非工资性收入占家庭总收入比重呈上升趋势。城镇职工从事个体经营、第二职业、停薪留职的人数逐渐增多，非工资性收入逐渐增加，收入来源逐渐多样化，但由于改革不完善性，这些收入的非稳定因素很强。同时随着居民收入的逐渐增加，积累了一定的

财富，如储蓄，债券、股票，房产等，这些财富都能带来一定的收入，但由于房地产、债券、股票等资产的价格波动引起财富收入水平的变动，不稳定性因素较强。由此可以看出，改革开放后，随着经济体制改革和收入分配制度的逐渐完善，居民的收入结构发生了很大的变化，逐渐由原来单一稳定的收入结构逐渐演变成多元化的非稳定因素较大的收入结构。

第三节　收入不稳定性对消费的影响

一、跨期——预防储蓄理论

在新古典经济学中，消费者行为假定涉及外部环境因素和消费者内在因素两个方面，因为消费者行为受其所处环境影响，所以外部环境对消费者行为的影响往往被作为研究的重点，环境变动引起消费者的心理变动，心理变动则影响其消费行为。在西方消费理论中，以摩迪利安尼的生命周期理论和弗里德曼的持久收入理论为代表的预期消费理论对消费者预期和消费行为的关系作出了颇具解释力的阐述，因为“预期”是一种心理，它产生于经济运行过程本身，反过来又成为影响经济运行的重要因素。“同凯恩斯模型中假定的那种只盯着现期收入的消费者相比，现在出现了一位头脑更为复杂、处处更为精明的消费者，对未来收入的预期进行决策过程。”[60]理性预期的消费者，追求一生效用的最大化，跨时计划其消费，现期消费倾向具有取决于预期收入而不是现期收入。

因此，当一个家庭决定消费多少或储蓄多少的时候，既会考虑当前收入和消费情况，也会考虑将来收入和消费情况。一个家庭现在消费较多，将来消费就较少，反过来也一样，因此家庭作为消费者在进行消费和储蓄决策时，既会预测一下将来可能获得的收入，也会考虑到将来得到的消费水平[61]。当消费者考虑在不同时期的消费之间进行选择时，他们面临的客观条件就是由一生总收入构成的“跨时预算约束”，费雪假定将消费者一生可以分为两个时期，第一时期是青年时期，第二时期是老年时期。分别用 Y1 和 C1 表示该消费者在第一个时期收入和消费，用 Y2 和 C2 表示该消费者在第二个时期的收入和消费。假设该消费者既可以借钱，也可以储蓄，因此在任何一个时期的消费都可能大于或小于当前的收入。首先，在第一个时期，该消费者的储蓄 S 等于收入减消费，即：$S = Y1 - C1$，假定第二时期消费者要将一生的积累的财富都消费掉，那么第二期的消费等于该期收入加上第一期的储蓄，以及第一期储蓄赚到的利息，即：$C2 = Y2 + (1 + r)\ S$（r 为实际利息）。如果消费者在第一个时期是借钱而不是储蓄，上述两个方程仍然有效，因为 S 既可以理解为储蓄，也可以理解为借钱，即，“负储蓄”。不过前者意味着第一期的消费小于收入，S的符合为正，而后者意味这第一期的消费大于收入，S的符号为负，为了简单起见，假设储蓄和借钱的利率都是相同的，可得方程：

$$C_1 + \frac{C_2}{(1+r)} = Y_1 + \frac{Y_2}{(1+r)} \tag{5.7}$$

上述方程表明当前消费和未来消费现值之和与未来消费之和必须等于当前收入与未来收入现值之和。因此，可以理解为，消费者在任何一个时期的消费水平不仅取决于他们在这个时期的收入，而且取决于他们将来的收入，或者更确切地说，取决于他们一生的预期收入（考虑到将来收入的不确定性）。[62]

预防性储蓄是消费者面临不确定性时的一种选择行为，这种选择行为是建立在对跨时期消费调整的基础上，消费者要面临经济中所存的不确定性，经济中存在收入或支出的不确定性，为了有效地化解经济中的不确定性对消费者所可能造成的不利影响，消费者要进行预防性储蓄。收入的不确定性可以归结为失业风险、收入的相对下降等，支出的不确定性则主要来源于医疗健康和增加的子女教育支出等。[63-67]

以不确定性来解释预防性储蓄的消费欧拉方程为：

$$C_t = F[C_t, \mathrm{var}(\overline{Y}), \mathrm{var}(\overline{X})] \tag{5.8}$$

其中，$\mathrm{var}(\overline{Y})$，$\mathrm{var}(\overline{X})$ 分别表示随机性收入与支出的方差，反映收入与支出的不确定性[68]。Caballero（1987）将时期t的收入流量表示成确定性部分与随机性部分之和，得出随机收入的风险对消费的副作用，即收入风险（不确定性）降低了当前的消费水平，可见，收入的不稳定性表明消费者要面临一定的收入风险，收入中的不稳定性因素越大，要面临的收入风险也就越大，在消费者所获得的收入中，不稳定性收入所占的比例越大，总体收入结构的不稳定性就越强，消费所面临的收入风险就越大，消费者则会加大储蓄以应付未来的不确定性。

二、中国城镇居民收入的不稳定性与消费

西方消费理论对我国消费问题的研究有着重大的借鉴意义。当然，不同经济发展时期、不同制度环境下研究的前提和基本假定可能是不同的。在计划经济体制下和改革初期，消费者就业稳定，未来收入相对确定，有退休养老保障和国家公费医疗制度，子女就学由国家承担大部分费用，未来支出也是相对确定的。在长期的低工资、单一但稳定的收入结构下，现期收入几乎全部用于现期消费。这一时期符合凯恩斯消费函数，消费者的总量消费与总量实际收入之间存在着一个系统地稳定关系。

在经济转轨过程中等国家，中国的宏观经济虽然保持了平稳的增长趋势，没有出现过类似于俄罗斯、东欧的大起大落，居民收入较大幅度增加，并改变了原有单一的收入结构，逐渐实现了收入的多元化。但与此同时随着国有企业制度改

革，减员增效，加上结构性调整，淘汰了一些落后的生产能力，使大量职工下岗；同时原有的社会福利政策被打破，新的社会体制尚欠完善，这些对城镇居民来说，经济中的风险因素在增强，收入的不可预期性、不稳定性在增强。假设经济人是理性的，当经济中存在不确定性时，则可预料经济个体将会选择适当的反应行为以抵消其可能产生的不利影响，但适当的反应行为必须建立在可对未来形成稳定预期的基础上。在经济转轨过程中，改革政策的出台需要受到多种因素的制约，对大部分的微观主体——居民而言，具有较强的不可预见性。在某些时候政策的实施后果甚至与改革设计者的初衷也有偏差。具体说来，由于政府、企事业机构改革，下岗分流，这些措施的出台不仅直接减少了下岗人员的现期收入，而且对在岗人员的就业及未来收入稳定性形成心理上的冲击。[69]

依据预防性储蓄理论，在不确定性环境下，消费者将采取更为谨慎的行为，即把收入分为两部分：一部分用于当前消费，一部分用于储蓄，即减少当前的用于消费的收入以应对未来可能发生的收入减少的风险。[70]消费者对未来收入的不稳定性预期越大，消费者的风险均摊的动机就越强烈。加之住房制度改革、教育制度改革、医疗制度改革和养老制度改革等等，打破了计划经济体制下单位对职工衣食住行、生老病死的开支的包揽行为，并且这些措施的集中实施，其改革内容又过于向个人收入的支出和缴纳倾斜，居民再也无法要求企业为其提供相应的社会服务，而只能通过增加自我开支进行弥补。同时整个社会经济体制的市场化也导致某些特殊行业的商品与服务价格的上升。如医疗机构、教育部门等单位都以各种形式增加本单位的经费来源，其中的方式之一就是提高医疗费用、药品价格或增加教育收费。这些都会使消费者的现期支出和未来支出项目和数量都发生相当大的变化，更大的影响使城镇居民未来支出的心理预期变得极不稳定。

而且，从计划经济向市场经济转轨的过程中，还会带来另一类风险：市场风险。城镇居民就业机会和个人的工资率都将会随着劳动力市场的变化而变化；其支出多少会受到市场价格、供求状况等因素的影响；个人或家庭的资本性收益则会因资本市场的变化而充满风险；个人人力资本投资的不确定性程度也在逐步增强等。总而言之，无论是制度的不稳定性还是市场的不稳定性，都增加了城镇居民收入的不稳定性因素，居民对未来收入和消费预期存在着极大的不确定性，使得居民将储蓄当作应对未来预期消费的重要手段，这是造成 90 年代以来城镇居民消费率低下的主要原因。

第六章　收入结构影响消费的分析框架

古典经济理论指出消费者存在规避风险的行为，即不同的外部环境会影响到消费者的消费行为。

古典经济理论中的理性经济人假说指出经济主体在进行消费决策时不仅要满足自身效用的最大化，而且当外部环境不确定时，存在着规避风险的行为，这也就说明不同的外部环境会影响到消费者的消费行为。中国经历了从计划经济时代到市场经济的转型，城镇居民消费行为的外部环境也逐渐发生了变化，作为影响消费最主要的因素——收入，也逐渐改变了原有单一稳定的性质，稳定性收入与不稳定性收入的比例也发生了变化，这些都会影响消费者的消费行为。

第一节　中国城镇居民面临的不确定性

一、不确定性的概念及其分类

要分析我国城镇居民收入对消费的影响问题，首先必须明确界定不确定性的概念。1921 年，美国芝加哥学派创始人奈特（Knight，1921）在其所著的《风险、不确定性和利润》一书中创立了不确定性经济学，从此不确定性分析逐渐渗透到经济学的各个领域，并不断得到发展。[71]本书所指的不确定性就是奈特所指的广义上的不确定性，是指在人类社会中，任何行为主体都是面向未来进行决策的，由于人类认知能力的有限性以及运动变化的绝对性，人们不能预知、测度和控制未来情况准确变化的情形。在这样的一个前提下，本书把那些无法预料的和难以测度的变化称为不确定性。人们的生活是由无数不确定性事件组成，不确定性可以说是无时不有，无处不在，没有人可以预知明天将发生的一切。[72]

对于不确定性的类型有不同的划分方法，根据本书的需要，我们从二个方面进行划分：

第一：从不确定性产生的根源来看，主要分为自然环境不确定性和社会环境不确定性两个方面。自然环境的不确定性是非人所能控制的，具有不可抗拒性，如：气候变化、自然灾害等。社会环境不确定性是人类群体行为的结果，与国际环境、政治制度、政治局势、经济模式、经济制度、宏观调控政策、国际贸易格局、市场博弈行为等密切相关，能被人类所影响，但在结果的后效性上难以精确预测。

第二：从不确定性产生的范围来看，有内生不确定性和外生不确定性。内生不确定性，是生成于经济系统自身范畴之内的，影响市场的操作效果，如在市场经济环境下的市场博弈行为导致的市场不确定性。外生不确定性来自于经济系统之外，也被称作事件不确定性，如不稳定的政府和意识形态、国际贸易格局不平衡、局势动荡和潜在的军事冲突等都将导致外生不确定性。在现实经济中，一类重要的外生不确定性就是有关经济政策和各种制度的改革和创新，可能会出乎经济主体的意料，从而产生与制度不相称的后果。

从宏观上来讲，由众多消费者个体组成的消费系统是一个开放性的复杂巨系统，处于其中的消费者个体一方面要受到多层次的相互关联、相互作用的影响，另外一方面受到来自系统外部的自然、政治、经济等宏观环境因素的制约。自然环境不确定性和社会环境不确定性必然对居民消费行为产生重要影响。目前，中国经济正处于高速增长、制度转轨和结构调整变化阶段，还没有形成成熟模式，诸多因素在短时期内可能发生急剧变化，使内生和外生不确定性对消费的直接或间接影响程度明显增加[73]。

二、不确定性的主要因素

（一）转轨的不确定性

中国经济转轨时期的一个基本特征就是不确定性。宏观上主要表现在：由于转轨目标的体制模式受到转轨初始条件与路径等因素影响所表现出的不确定性；微观上主要是由于经济中的微观个体难以预料未来的体制走向，因而很难准确地判断其将来可能发生的收支状况。

（二）消费的有限理性

改革开放以来，中国经济逐渐从计划经济转变为市场经济，在这个转变的过渡阶段，由于决策者的有限理性和改革的非帕累托改进性质，改革的制度安排具有过渡性。中国的渐进式改革首先验证了经济活动主体具有有限理性。对于一个复杂的制度变迁过程，在起始阶段，人们对信息的筛选和处理以及对制度变迁过程的控制能力并不具有充分的前瞻性，因为制度变迁过程本身就存在极大的不确定性，所以人们对未来信息把握并不充分，因此人们很难事先对自身未来利益作出预期，也很难明确自己受损的程度将如何，这将不可避免地给人们带来制度不确定性预期[74]。

（三）非帕累托性质的改革

如果在改革过程中，社会上的每个人都从中获益而没有人受损，那么改革属于帕累托改进。但经济体制改革实质上就是要改变人们之间的利益关系，在这过程中总会有人承受损失，而不是只有人获益而无人受损帕累托改革。这主要是由两方面原因造成的：一是体制变革导致了一部分人失去了旧体制下的种种利益，既包括权利、地位、特权等少数人才有的既得利益，同时也包括“大锅饭”，“铁饭碗”等相当多数人都能获得的利益。二是改革最终来说是要使绝大多数人受益的，但大家最终获益的相对多少是不同的，即使所有人收入的绝对水平没有下降，甚至是有所提高的，但是从相对收入水平来看，只要有的人在社会收入结构中，与他人相比，收入的相对水平下降了，他们也会感到自己受到损失。由于我国的改革具有以上两方面的性质，这便决定了改革过程中必然会受到受损利益集团的种种阻力。在制度改革中，不同的利益集团总是处于利益博弈中，结果导致制度的不断变动而产生制度的不确定性[75]。另外，在计划经济向市场经济转轨过程中还将增加居民面临的市场风险。如个人的工资率、就业机会将随着劳动力市场变化而变化；个人支出将要受到市场价格、供求状况等因素影响；个人或家庭的资本性收入则因资本市场的变化而充满风险；个人的人力资本投资的不确定性程度也将逐步增强等等。

三、经济转轨时期我国城镇居民的不确定性感受来源

改革开放以来，在收入分配体制、医疗体制、教育体制、就业体制以及社会保障体制等多方面改革深化的背景下，居民更多地面临着未来收入和支出的不确定性。与此同时，由于原有福利制度的解体和社会保障制度的尚未健全，绝大多数城镇居民都要通过储蓄方式来应对未来的不确定性。[76]

（一）对未来劳动收入的不确定性感受

改革开放后，我国城镇居民的收入构成逐渐由单一的工资收入转变为多元化的收入构成。但是，直到目前，在我国城镇居民的收入构成中，劳动收入仍然是最主要的部分，被人们视为持久性稳定收入的工资收入在总收入中所占比重不断下降，而工资收入之外的其他劳动收入的比例却不断增加，这部分收入不稳定性因素较强。如具有一技之长的人在单位外所得收入，职工来自单位内部的由企业留利、单位创收增加的收入等等，这部分收入均具有不稳定性的特征。

同时，失业造成了居民对未来收入不确定性感受。在改革前的计划经济体制下，劳动者具有“天然就业权”，在这种情况下，劳动力存在制度上调整的障碍，企业无权按照自身的需要和宏观环境的变化对所需劳动力人数进行调整，一旦就业就不会失业，这对于就业者来说，未来是确定的。同时，由于计划经济的影响，人们长期对在公有制企业中的就业具有某种偏好。在国有企业中的就业不

仅被视为身份与社会地位的象征，并且可以获得比较稳定的收入。因此，国有企业与集体企业中的就业人数在从业人员总数中一直占有相当大的比重。尽管从改革开放以来，各种所有制成分都获得了一定程度的发展，但在各类所有制中，国有企业对新增劳动力的就业也具有较大的贡献。从20世纪80年代开始，为了对企业职工形成有效的激励与约束，提高国有企业的经济效益，国家逐步对企业的收入分配方式进行改革。但这种改革主要是围绕着如何通过增加某些职工收入对其工作积极性提供物质刺激，而不是减少职工收入对行为施加一定的约束。国家对亏损企业的各种补贴仍至少能支撑职工的基本工资。职工仍基本上不存在因企业效益不佳而被解雇的可能，其基本工资与企业盈利能力的关联性可能也不很密切，因此尽管这一时期中的企业盈利能力已经有所差异，但职工的基本收入仍是有所保障的[77]。

对居民收入真正形成逆向冲击的是从20世纪90年代中期开始的，国有企业就业人数在总额就业人数中的比重有了较大程度的下降。因为在国有企业改革趋向深化的过程中，企业开始裁撤冗员。部分国有企业破产或濒临破产，导致就业存量被迫调整，下岗职工增加。从所有制结构调整、国有企业改革的角度来看，这种变化特征或许正符合改革决策者的初衷，但是在国有企业和集体单位就业机会减少的同时却没有出现其他形式就业机会的相应增加。在企业改革的同时，国家机关与事业单位也采取了一些改革措施，国家机关精简机构，事业单位也开始进行市场化改革，大量的冗员被释放[78]。这些改革措施不仅使新增劳动力的就业机会减少，对于现有就业人员而言，几乎每个人都面临着失业的风险。由于就业的不稳定性，居民收入的稳定性大大降低。

1. 城镇居民对未来支出的不确定性感受

对城镇居民支出产生影响也与企业改革相联系。具体表现在：为了剥离企业的社会职能、增强其生产能力，使得在低工资制度下的某些福利措施被逐步取消。原来由政府或企业承担的住房、医疗、教育等消费所需费用转而由居民个人承担，这些费用的上涨速度远超过多数家庭的收入增长速度，人们对未来支出增加的不确定性大大加强。

同时整个社会的经济体制的市场化也导致了某些特殊行业的商品与服务价格的上升。医疗机构、教育部门等单位都以各种形式增加单位的经费来源，方式之一就是提高医疗费用、药品价格或增加教育收费。国家在拨款方式上将医疗机构划为自负盈亏单位，并鼓励学校的各种创收活动，实际上，在政策导向上鼓励相关来源经费的迅速增长。

2. 医疗保险制度的改革增加了居民医疗自我支出

医疗保障制度的改革不仅导致了居民实际医疗支出的增加，居民还将承担个人健康、医疗费用等造成的支出风险。因为原有的计划经济体制下，中国实行的是公费医疗制度，城镇职工实行的是免费医疗制度，医疗支出全部由国家或企业承担，居民不存在医疗支出风险。但是自20世纪90年代以来，改革使原有医疗制度100%由国家覆盖的城镇医疗服务体制逐渐转变为双轨制，国家只负责一定比例的医疗费用，剩余的部分由个人承担，并且这一比例在不断减少。此外医疗服务的市场化又导致了药品价格、医疗费用的增长，这两方面的医疗支出风险都逐步转化为个人承担。[79]

在建国之初，中国建立了低货币工资、高福利保障的收入分配体制。就医疗保险而言，最显著的特征表现为公费医疗制度。这种公费医疗制度并不是指由工伤而引发的医疗费用支出全部由国家或企业负担，而是指职工因一般性疾病与非因工伤所导致的医疗支出由国家或企业负担。所覆盖的群体不仅包括单位职工本人，还包括职工家属。在这种体制下，对城镇居民基本上实行的是免费医疗制度，居民不存在医疗支出风险，相关的风险全部由国家或企业承担。而这种体制的弊端也是显然的。在自利动机的支配下，居民与医疗机构可以合谋“骗取”医疗费用，由此将导致巨额的医疗开支。这些都构成了国家财政与企业成本的巨大压力，致使财政上的压力构成了对公费医疗制度改革的动力之一。对医疗保险体制改革的另一个重要原因在于劳动力的流动性与企业的破产导致职工与企业联系的松散化。

但是，疾病风险的存在具有客观必然性。在现代社会中，通常利用商业保险或社会保障等形式将此类风险在一定程度上予以化解，较为完善的保险体系使得医疗费用的居民自我支付部分因另一类型的原因而导致下降。但遗憾的是，由于多种因素的影响，在原有医疗保险方式被打破后，中国尚未建立起新的替代机制，医疗支出风险主要由居民个人或家庭承担。

根据1988年、1995年、1999年和2002年的调查资料，公费医疗的覆盖范围在不断缩小，而没有成员享受公费医疗的家庭比重在逐步增加。到2002年，大部分家庭已经没有享受公费医疗的成员，这一比重达到了62.71%。另外，随着近几年医疗价格的直线上升，即使个人只分摊部分医疗费用，也足以使居民对医疗支出增加的不确定性感受大大增强，在1997年城镇居民的消费支出中，医疗保健的年支出为179.68元，2005年为600.85，是1997年的3.34倍。在1997年参加基本医疗保险的人数为1762万人，2005年为13783万人，是1997年的7.8倍，以上这些都可以看出居民对医疗支出的不确定性感受大大增强。[80]

（二）教育机会的增加伴随着教育费用的增长

教育制度改革主要致力于提高居民的受教育机会、增加教育的经费投入。而原有教育体制的基本特点是：通过严格的筛选机制让少数人接受更高层次的教育，个人所负担的教育费用也较低。而如果要增加居民的受教育机会，在公共教育支出有限的前提下，就必然要求增加私人教育的支出水平。从20世纪80年代开始，中小学的学费等教育费用开始增长。90年代开始，尤其是90年代中期以来，高等教育所普遍实施的“并轨”使得高等教育的学费等教育支出迅速增长。如在1995~1999年期间，各阶段的教育费用都有相当大程度的提高，其中高等教育的学杂费及全部教育经费几乎上升了1倍。改革的结果是，各层次教育的升学率在大幅度提高，居民接受高等教育的机会增长尤为显著。高等教育迅速地由精英型教育转向普及性或大众化教育，从而扩大了居民接受高等教育的机会，相应的教育支出也大幅度上升。这就意味着对于大部分含有在校高中生的家庭来说，接受高等教育的开支将几乎成为其近期内必然发生的支出项目。

而与此同时，教育经费的公共投入比例显著下降，这不仅使教育的公共投入在教育经费的比重显著下降，而且使公共教育支出在GNP中的比重也有所下降。而在现有的教育投资体制下，教育经费公共投入的下降将只能由私人支出的增长来弥补。私人教育经费有两种基本形式：学杂费与社会力量办学。后者又有两种可能，即个人的捐资助学和私人投资办学。学杂费与捐资助学支出的增长直接构成居民的教育支出增长。私人投资办学比重的上升同样也意味着居民教育支出的增加，因为这类学校是企业化运作的，不仅学校的经费几乎全部来源于学生支付的费用，还试图从中得到利润，这些资金显然也是来自于居民的私人教育支出。[81]

（三）城镇居民不确定性感受的量化指标

如上所述，由于中国在转型期消费的有限理性与改革的非帕累托改进，中国的制度总是处于谈判之中，制度总是在不断的变化的，而分析制度不确定性对中国居民的影响，需要选取一个既能体现市场化改革的进程，又能反映居民不确定性感受的分析角度。从居民收入增长率的变动，收入结构的变动以及消费倾向的变动恰好能完成这一任务。

（1）收入增长率的波动

根据理性预期假说，人们在预期时一方面要考虑到可以预见的即将发生的某种变动，另一方面也要参考已经发生的情况即历史经验。人们过去收入波动的幅度越大，越会增强对未来收入预期的不确定性。我国城镇居民收入增长率的波动受制度不确定性的影响更直接。改革开放后，特别是国有企业改革之后，我国城镇居民收入增长率大幅度波动，并且近年来呈明显的下滑趋势，都对居民收入的不确定性预期产生深刻的影响。

（2）收入构成的变化

经济改革开放以来，我国城镇居民各阶层的收入取得了快速增长，但长期以来人们习惯视为稳定收入的体制内基本工资增长得并不快，且在总工资中占的比重不断下降，这部分收入直接决定着人们的预期。而不稳定性收入的比重却不断加大，其增长波动较大，从而使城镇居民产生较大的收入不确定性的心理预期。

（3）边际消费倾向的变动。

改革开放以前，居民的消费是定量配给，只能满足基本消费需求，国家对城镇居民提供了全方位的福利保障，居民的消费是非常确定的。20 世纪 80 年代居民的消费品选择权逐渐扩大，由于社会保障依然存在，这个时期居民的消费支出增长率空前的提高。到了 90 年代，随着市场化改革的进一步深入，消费者以前稳定的工作和生活受到了影响，一切都变得不确定起来，生活安全感的消失，消费观念随之发生变化，对消费人们开始变得十分谨慎，边际消费倾向快速下降。

第二节　收入结构影响消费的因素及框架分析

一、影响消费者决策的因素

新古典经济理论中“经济人”假说，认为在市场经济活动中的人是“经济人”，一方面认为经济主体追求的唯一目标就是自身经济利益的最大化，对于消费者来说是追求自身满足效用最大化；对于生产者来说追求的是最大限度的自身利润：生产要素所追求的是最大限度的自身报酬。另一方面认为经济主体的经济行为都是有意识的和理性的，不存在经验的或随机的决策，因此经济人又被称为“理性人”。这些理性人在存在外部环境的不确定性时，存在着规避风险的行为，即消费者在购买消费品或进行劳务消费中力求风险最小。[82]

同时，新古典消费理论假定消费的外部环境是消费选择自由，即消费者在购买消费品和劳务时基本上不受限量、配额、短缺的约束。消费者在不同商品和劳务之间的选择，主要取决于消费者对消费品和劳务的主观偏好，以及其收入水平，即预算约束的大小。预算约束是指消费者购买商品时受其收入多少的限制，预算约束反映消费者消费商品的数量受其收入多少的限制，在没有流动约束的条件下，消费者也可以用借贷的手段来实现现时消费，这种约束称为跨时预算约束，因此跨时预算约束消费者通过分配一生的收入来规划一生的消费，反映的是消费者用未来的收入进行现时的消费，以实现其预期生命周期内的效用最大化，这就要求靠借贷方式实现，即没有流动性约束。但这只是一种理想状态，现实中消费者或多或少都要受到流动性约束的限制，流动性约束是涉及到金融制度（financialinstitutions）和实践中较复杂的问题，主要包括资本市场或消费信贷的完全程度。流动性约束的大小反映了消费者能够用未来收入实现现时消费的可行程度大小，或者是其消费在不同时期的转换能力大小。如果消费者面临流动性约束程度越高，消费在不同时期的转换能力就越差，同样，如果消费的流动性约束越小或者没有流动性约束，消费可以用未来收入实现现时消费可行性程度越高[83-84]。而如果外部环境存在的一些风险性或不可预期性，即收入不确定性和将来各种消费支出的不确定性。由于不确定性的存在，居民在消费安排上会更加理性和谨慎，将使预防性储蓄增加，边际消费倾向下降加快。

二、中国不同时期的稳定性收入对消费的影响

中国经历了从计划经济到市场经济的转型，这些重大的、根本性的体制改革，使居民消费行为的外部环境发生了相应的变化，消费者自身消费观念也在逐渐转变，居民的收入结构逐渐由单一的来源逐渐演变成多元化的收入结构，而其中稳定性收入与不稳定性收入的比例也发生了变化，这些都会影响消费者的消费行为。考虑这些因素，分三个时期来分别论述稳定性收入对消费的影响：一是1978年以前，二是1978年至1992年，三是1992年以后到现在。

（一）计划经济时期城镇居民稳定收入对消费的影响

改革以前，中国实行的是中央政府高度集权的计划经济体制，在这种体制安排下，推行重工业化道路，国家建立了一套“管”和“包”的制度限制居民的消费行为，并且居民的收入水平极低。具体表现在：一是禁止劳动者和生产者自由流动，包括禁止人们自由择业、自由迁徙和自由改变身份，人们无法通过自由职业选择来增加自己的收入，在1957～1977年长达20年的时间里没有提高职工工资，而这样做的目的是为降低生产要素成本，为重工业化道路积累资金。二是限制消费者选择自由，各类基本消费品实行凭票或定量供应。三是福利性补偿，对人的任何一种约束都不能不付出必要的成本，而且在通常情况下，约束的硬度越高，约束的成本就越大。为此，中国在传统计划体制限制消费者自由选择和劳动力流动的同时，给城镇居民提供了教育、居住、医疗等全面性的福利补偿，这相当于国家给居民提供了无风险预期。[85]

因此，在这种背景下，就业是有保证的，工资是稳定的，病残伤亡有国家的公费医疗，退休后有稳定的退休金收入，住房实行完全行政配给等，消费者的未来收入与支出基本上没有不确定性。但是居民作为劳动者与作为消费者被完全分割，由于消费品实行配给制，消费支出是外生配给的，居民没有消费选择权；同

时由于长期极低的收入，储蓄很低，其他投资权也是严格禁止的；由于未来没有不确定性的存在，因此城镇居民的消费行为基本上是建立在消费品的定量配给这一外部环境之上。并且，定量配给还有时间限制，一般按月定量配给，过期作废，则更促使居民把现期收入用于现期消费，即现期消费的影响因素主要是现期收入，所以其消费行为的前瞻性可压缩到一个月，因为这一个月的消费模式可复制到一生的各个阶段，跨时的资源配置是不必要的，也是不可能的。所以，这一时期城镇居民收入单一，其全部收入可视为稳定性收入，消费行为近似于凯恩斯的绝对收入理论。

（二）1978～1992年城镇居民稳定性收入对消费的影响

1978年中国进行了一场举世瞩目的经济体制改革，改革的目标和实践进程是“市场取向的”，但在1978～1992年期间，实行的是一种双重的经济体制——“有计划的商品经济”。

在经济体制改革以后，大多数消费品通过两种平行的分配方式同时进行分配，一种是传统的行政分配方式，另一种是商品性的市场分配方式。关系到国计民生的短缺商品实行行政分配的消费品政策，相对丰富的非必需性商品依市场分配消费品。对于消费品价格方面的改革总趋向是“调放结合、以放为主”，通过调整消费品的计划价格接近市场价格，使价格逐渐放开。在放开消费品价格的同时，也逐渐放开了消费品市场，国家逐步取消了价格和票证的管制，消费品中按市场分配所占消费品的比重明显提高，居民消费选择自由增加。城镇居民的工资也大幅增加，同时国家和集体单位还提供各种补贴，因此消费支出大幅度增加，居民消费的攀比性很突出，个人消费受其他人消费及自己以前收入和消费行为影响较大。此外由于这一时期，国家和单位给予城镇居民的各种补贴较多，补贴的多少也是影响城镇居民消费的另一因素，由于国家的“让利”政策和国家所有权的“虚置”，城镇居民的收入还是外生因素起决定作用的，因此，居民很难对收入作长期的预期[86]。

总体来说，在改革初期，由于城镇居民收入的持续增长，给人们造成了一种错觉，即认为收入会持久性地这样增长下去，当期的一切收入（包括奖金和各种补贴），都被认为是“持久”稳定的收入，这一时期城镇居民的消费行为近似于杜森贝利的相对收入理论。

（三）1992年以后城镇居民稳定性收入与消费问题

但随着城镇用工制度的改革、收入分配制度以及各项即将推出的改革措施，都增加了城镇居民对未来收入和支出的不确定性预期，并且随着其风险预期的开始形成，规避风险的行为开始出现。1992年春天邓小平的南巡讲话以及十四大的召开，社会主义市场经济体制改革的目标在中国的确立，以市场配置资源的经济模式在中国得到正式确立，与此相适应，在各个领域开始推行市场经济准则，居民与企业、政府之间的市场经济关系逐步走向规范化，随之初步建立了居民的市场地位，这些均从根本意义上奠定了居民行为规范的制度基础。

从 1993 起，国家逐步取消了各种生活必需品的平价供应（物价补贴）制度，票证都逐渐退出历史舞台，至 1996 年粮票作为城镇居民平价供应粮食的票证在全国已基本废止，这标志着票证时代的结束。与此同时，住房制度改革原有的福利性住房为商品化住房；医疗方面，逐渐取消了公费医疗，实行医疗保险制度；同时教育体制、就业制度、退休福利等经济制度的改革，也在紧锣密鼓的进行着。这些为适应市场经济的改革给居民主要是城镇居民的消费行为带来了很大的影响，增加了城镇居民的不确定性预期，居民不得不为将来巨额的预期支出进行预防性储蓄，跨期时间拉长，甚至是一生或隔代消费，从短视行为变成前瞻性预期，其消费行为更符合弗里德曼的持久性收入假说。

综上所述，改革以前，我国城镇企业实行低工资制度，城镇居民的全部收入可视为稳定性收入，消费行为近似于凯恩斯的绝对收入理论。由 80 代开始对企业“放权让利”改革，将企业利润一部分留给企业以增强企业技术改造能力，但实际上“企业留利”的大部分通过各种途径转入职工个人手中，出现 80 年代国有企业职工收入增长速度超过劳动生产率增长速度。而城镇居民在长期低工资解冻后突然收入高增长，产生高收入幻觉消费，消费的攀比效应显著，对收入的乐观预期使消费倾向居高不下。但是，随着企业体制改革的深化，国有企业破产和下岗职工现象的出现，一系列的变革使城镇职工高收入幻觉逐步破灭，住房制度改革、医疗制度改革、职工养老保险制度和失业保险制度改革，增加了人们对未来支出预期的不确定性。在应对不确定性支出时，通常情况下，一般的消费者会根据自身相对稳定性的收入来安排其消费与储蓄计划，每月从稳定性收入中提取一定比例的收入作为储蓄以满足未来的消费支出。有关的研究表明城镇居民把持久收入相对较大部分用于储蓄，而把暂时收入相对较多部分用于消费，也就是说城镇居民持久收入的储蓄份额大于暂时收入的储蓄份额，并且消费的持久收入弹性大于暂时收入弹性，说明城镇居民消费支出变动对持久收入变动反映相对敏感，而相对于暂时收入的变动敏感性相对较弱，这表明持久收入的增加速度对居民消费的增加速度有相对较大促进作用的。[87]虽然本文认为弗里德曼的持久性收入假说并不能完全解释中国城镇居民的消费行为，但不可否认的是，持久性收入的大部分来自于居民的稳定性收入，而稳定性收入主要来源于职工的基本工资。那么至少可以证明居民更愿意把稳定的收入中拿出相对较大部分用于储蓄，为日后消费积蓄资金。

三、不稳定性收入对消费的影响

在改革开放前的计划经济时代，城镇居民收入稳定单一，这一阶段居民的全部收入可视为稳定性收入。从1978年的改革开放至1992年的双轨制有计划经济阶段，城镇居民的收入来源虽然逐渐多元化，但不稳定性收入所占比例较低，数额也不大，对消费与储蓄的影响很低。随着1992年市场化经济体制在我国的确立以及各种改革的相继深入，生产资料所有制结构已由单一公有制转变为以公有为主体、多种所有制并存。与此相适应，我国的分配方式由过去的按劳分配转变为按劳分配为主、多种分配方式并存，劳动、资本技术和管理等生产要素按贡献参与分配，初步形成了市场经济相适应的收入分配制度。国有企业职工的工资水平与企业的经济效益挂钩，在很大程度上受市场机制的调节，在竞争性行业，尤其是非公有制经济部门，以市场机制为基础的工资形成机制正在逐步形成。同时，按资本要素的分配，如利息收入、股票债券等投资收入，按技术要素的分配，如专利技术转让、技术入股等收入，按管理要素的分配，如企业家期权收入等，基本上都已按照市场供求关系和市场价格信号进行配置，建立了符合市场经济的激励机制。这些因素都加大了城镇居民收入中不稳定性收入的比例，也影响到了居民的消费决策，分析这一时期不稳定性收入对消费的影响具有重要意义。

（一）财产性收入与消费

依照国家统计局的解释，财产性收入一般是指家庭拥有的动产（如银行存款、有价证券等）、不动产（如土地、房屋、车辆、收藏品等）所获得的收入。具体包括出让财产使用权所获得的利息、租金、专利收入等；财产营运所获得的红利收入、财产增值收益等。从静态来看，我国居民的财产可以分为7项，即土地、房产、金融资产、生产性固定资产、耐用消费品、非住房债务和其他资产的估计现值。[88]其中，房产是按房产总值扣除购房尚未偿还的债务之后的价值计算所得，即房产净值，非住房债务是指住房债务以外的一切其他债务。各项财产的加总额减去非住房债务以后的价值为按净值计算的财产总值。在全国居民财产的7个子项目中，最重要的是房产、金融资产和土地3项，3项合起来占居民财产总额的89.02%[89]。对于城镇居民来说，其中金融资产和房产是最主要的。中国证监会主席尚福林在接受记者采访时说："财产性收入必然会涉及到各种投资，除了实业投资等外，还包括投资金融产品，涵盖了储蓄、债券、保险和股票等。"从这里我们可以感受到普通居民最主要的投资方式是对金融产品的投资。就财产性收入而言，由于目前银行利率低、专利与收藏还不普及，由此创造的财产性收入并不多，其主要构成是房产租赁与有价证券投资。然而在当前情况下，普通居民在解决自住的问题上都有困难，能够获得房产租赁收入的人的比例是少之又少。这也就意味着我国目前居民的财产性收入主要是来自于金融资产。这也就意味着我国目前居民的财产性收入主要是来自于投资有价证券，也就是主要来自于投资股票与基金等金融产品的收入。

对于金融资产，影响其收益的主要因素是利率。因为一般来说，利率是资金的价格，是资金使用者给予资金所有者的报酬。利率主要包括名义利率和实际利率。名义利率是在不考虑通货膨胀的情况下制度给资本拥有者的报酬。实际利率是指考虑了通货膨胀因素并进行其他风险调整的情况下，支付给资金提供者的报酬。实际利率有可能大于名义利率，也可能小于名义利率，在其他情况不变的情况下，若存在通货膨胀，那么，实际利率小于名义利率；相反，如果出现通货紧缩，实际利率就会大于名义利率。在实际中，由于经济行为人不仅要面临通货膨胀或通货紧缩的风险，还有其他难以预料的众多风险，由于风险的程度不同，因而经过调整后的实际利率也是难以确定的。因此金融资产的收益也是不稳定的，被视为不稳定性收入。同时我国当前的经济是由计划经济过渡而来的，许多市场经济的“游戏”规则尚未完善。[90]主要体现在：一方面，资本市场的信息透明度和交易的公平性难以得到保障，资本市场上存在的内幕交易、价格操纵；另一方面，由于我国市场经济的发育时间短，居民熟悉市场经济下的交易规则还需要一定的时间。市场的不完善性和居民的有限理性结合在一起，共同决定了我国城镇居民资产收益的不稳定性。

2007年居民可支配收入中，财产性收入只占2.5%，大致是人均348.5元。虽然绝对额不高，但增长较快，1992～1993年年均增长速度为19%，高于工资性收入的增长速度13%，并且随着金融资本市场的不断完善，近五年来增速有所提高，年均增长速度为28%。[1]

（二）部分企业职工的不稳定性收入

在计划经济体制下，国家作为国有资产所有者拥有剩余索取权，全面控制企业工资制度，收入上实行平均主义的分配制度，在此阶段所有职工的收入来源单一稳定，基本上没有不稳定性的收入来源，这种契约安排抑制了企业职工的生产积极性，不适合经济发展的需要。1978年，企业开始获得部分生产经营决策权，突破了计划对国民经济生活的全面控制，双轨经济开始形成。国家与企业契约关系得到了重新安排，使企业初步获得剩余索取权，平均主义的工资机制开始打破，多劳多得，激发了职工的生产积极性。随着改革的深入，国有企业实现所有权和经营权的两权分离。承包责任制全面推广，相继又实行了股份制改革的试点。与此同时，企业工资制度改变原有的由国家统一安排的管理体制，给企业以较大的分配自主权和主动权。实行企业工资总额同企业经济效益挂钩浮动的办法，这项改革措施使收益分配的主体开始由政府转向企业，体现了“按劳分配，多劳多得”的分配原则，是企业工资分配体制从计划经济向社会主义市场经济体制转换的一次质的飞跃。在这一阶段，伴随着国有企业“放权让利”的工资体制改革，居民收入快速增长，消费品市场逐步形成，居民消费选择的自由度扩大，但是重要的消费品和公用产品的配给制度和传统的福利制度依然如故，居民消费受到很强的约束；同时由于改革开放以来的消费传导和示范作用，居民消费超前膨胀，无论是收入中稳定性收入还是不稳定性收入，用作消费或储蓄均衡长度很短，储蓄基本上是攒钱买大件，不具备跨时均衡的特征，消费具有“短视”的特点。

1993 年召开的十四届三中全会明确了建立现代企业制度为主的国有企业改革方向。现代企业制度的产权是指政府不再直接控制和经营企业，而是通过代理人——国有资产管理公司或控股公司参与国有企业重大决策。同时为适应社会主义市场经济的改革，建立了市场调节工资、企业自主分配、国家宏观调控的企业分配机制，进一步划分所有者、经营者和劳动者之间的利益。企业根据劳动力市场上的供求情况可自主决定劳动者的工资水平。职工收入的结构进一步优化，各种不同的收入（如工资、奖金、分红等）体现各自不同的利益相关原则。同时国有企业社会保障制度的社会改革进程加快，医疗、住房、教育、养老等福利制度开始实现货币化。在企业收入分配制度改革过程中，先是恢复奖金制度和计件工资制度，继而也实现了作为增量部分的奖金与企业经济效益的浮动挂钩，最后过渡到彻底的工效挂钩。这样企业职工的工资就由岗位工资、绩效工资、年功工资、其他工资、年度奖金构成，其中岗位工资是职工工资的主体部分，并相对固化，其总额控制在员工年度总收入的 50%；年功工资是员工为企业累计年限而核定的工资单元，随员工工龄增长而增加，控制在员工总收入的 5%；其他工资是国家规定的津贴及在特殊工作环境、工作条件和工作强度下工作的员工生理和心理损害的工资性补偿；年度奖金根据企业效益增发给员工的工资性收入，其总额控制在员工年度总收入的 20%；绩效工资是根据企业的效益和员工的业绩而确定的工资单元，其总额控制在员工总收入的 20%，并随员工个人绩效情况变动。根据上述工资的特点可以看出工资的岗位工资、年功工资、其他工资是很稳定的，属于职工收入的稳定部分。而绩效工资和年度奖金是依市场和个人的能力而定的，其具有不稳定性，属于职工收入的不稳定性收入。

综上所述，随着中国市场经济改革的不断深化，不稳定性收入在居民的收入中所占比例呈现出不断增大的趋势。对于此，城镇居民一方面增加了收入不稳定预期，而对收入预期的不稳定促使储蓄倾向的上升。而在另一方面，由投资所获的资本收益或凭借自身的知识、技术所获得的本职工作外的收入，会造成居民对未来的收入预期增加，也会在心理上带来一定的自我认可和满足感。在这种心理下，居民的消费欲望往往会被激发出来，欲望是一种缺乏的感觉与求得满足的愿望。我国的城镇居民在应对未来的不确定性支出时，加大了储蓄的力度，同时也压抑了消费的欲望，而欲望是不足之感与求足之愿的统一，在为了应付未来不确定性时压抑的消费欲望的不足之感，此时变为求足之愿。人类的欲望是无限性的，一种欲望满足之后又会产生其他的欲望，永远也没有完全满足的时候。

而实际上，居民消费的需要可以由一定数量和质量的商品来满足，不同形式的商品和满足的不同方式有优劣之分，社会上有公认的标准。从心理上说，以更好的方式满足需要消费欲望可以提高生活水平，这不仅仅包括消费的数量，更重要的是要消费更高质量的商品，在现代社会，消费者在满足了最基本的生活消费之和，对商品的选择主要在于质量、品牌、包装、规格、产地、风格等的选择，对高质量商品的追求是现代消费选择特征。这恰如杜森贝利提出的“示范效应”，即人是社会的人，要在社会中体现较高的社会地位，需要通过较高的收入水平和消费水平来维护自己的尊严，因此一个人的偏好并不是独立于其他人的消费支出之外的，而是同其他人的消费支出联系在一起的，周围人的消费方式对一个人的消费有诱发作用，并且一个人的社会活动越频繁，他受到别人消费支出的影响就越大。

同时在现实生活中的人，追求的就不仅仅是经济利益，还有非经济利益，不是单纯地追求金钱的收入，同时还有社会方面和心理方面的需求，就是追求人与人之间的友情、安全感和归属感。也就是说，现实中的人是有复杂需要的“社会人”，而不是完全的“经济人”，作为“有缺陷的经济人”，是一个机会主义者，他的利益既包括长期利益，也包括短期利益，这里的“利益”不再仅仅是货币收入，物质享受等纯粹的经济利益，而是明确地包括尊严、名誉、社会地位等不能用纯经济尺度来衡量的“利益”。[91] 在这种社会背景和心理的支撑下，消费者在为了保证未来基本消费支出而将其稳定性收入中一部分作为储蓄之外，不会将其所获得的不稳定性收入全部用作储蓄，而是会拿出其中的一大部分用来满足其短期的利益和心理上的慰藉。

（三）经营性净收入

经营性收入是指个体或私营业主在一个记账周期内所取得的收入，也就是个体经营者取得的收入。改革开放以来，个体经济的发展发生了根本性变化。改革伊始，政府颁布了一系列鼓励个体经济发展的文件。1980年8月，中共中央颁布《关于转发全国劳动就业会议文件的通知》，1982年12月，五届人大第五次会议把发展和保护个人经济写入《宪法》。1999年3月通过的《中华人民共和国宪法修正案》，把个体经济的地位提高到了新的高度：江泽民在十六大报告中再次强调："个体、私营等各种形式的非公有制经济是社会主义市场经济的重要组成部分，对充分调动社会各方面的积极性、加快生产力发展具有重要作用。"在各项政策措施的鼓励下，个体经济飞速发展，它的发展有效的促进了多种经济成分的融合，既繁荣了市场、增加了社会的有效供给、方便了市民，又起到了促进市场竞争、强化市场调节的作用，促进了市场的发育和多元经济的形成，提高了经济运行的质量和效益。同时个体经济产权明晰，机制灵活，具有旺盛的生命力，它在发展生产力、繁荣市场、解决劳动就业、增加居民收入、方便群众生活、增加财政收入和经济结构调整等方面发挥着越来越积极的作用。

在各种政策的支持下，个体经济以其规模较小、经营灵活、适应面广而分布在国有经济和大型企业不太愿意进入但与居民生活息息相关的领域，特别是服务业领域。从统计数字上看，我国个体经济主要分布在以下几大领域：个体手工业、个体建筑业、个体交通运输业、个体商业、零售商业、个体饮食业以及其他服务业。从总体上看，我国个体经济绝大多数分布在第三产业，从事第三产业的个体工商户占总户数的84%，从事第二产业的占12%，从事第一产业的仅占4%。[92]

个体经济分布面广，技术简单，劳动密集度高，吸纳了大量简单劳动力，这也是个体经济迅速发展的根本原因。在经济转型初期，有两个因素产生了大量需要寻求新工作的劳动力：一是农业经济制度创新大大提高了农业生产效率，结果出现了大量农业剩余劳动力；二是五六十年代人口出生高峰时期出生的人口，在转型时期纷纷进入劳动年龄。在这种情况下，越来越多的人需要谋求工作岗位，而国有企业及其他国有部门的吸纳能力却十分有限，结果形成了大量失业人口，其中绝大部分是失业青年，个体经济成为吸纳失业人口的一个重要渠道。城镇居民中从事个体经营的主要包括由下岗职工、文化程度较低的待业青年、退伍军人等，这些人的文化素质水平一般较低，但近几年来，随着大学生就业难度越来越大，同时也由于人们就业观念的改变，大学生自主创业的人也逐渐多起来，政府也陆续出台一系列鼓励个体经济发展的政策，城镇居民从事个体经营的越来越多。因此，在国家统计局统计的城镇居民人均收入中经营性净收入取得了快速的增长，如图6-5所示，城镇居民人均经营性净收入从1992年的28.58元，增长到2010年的1713.51元，增长了60倍，年均增长速度为29%，远远高于工资性收入的增长13%速度，[1] 这些据说明了经营性净收入的不稳定性。

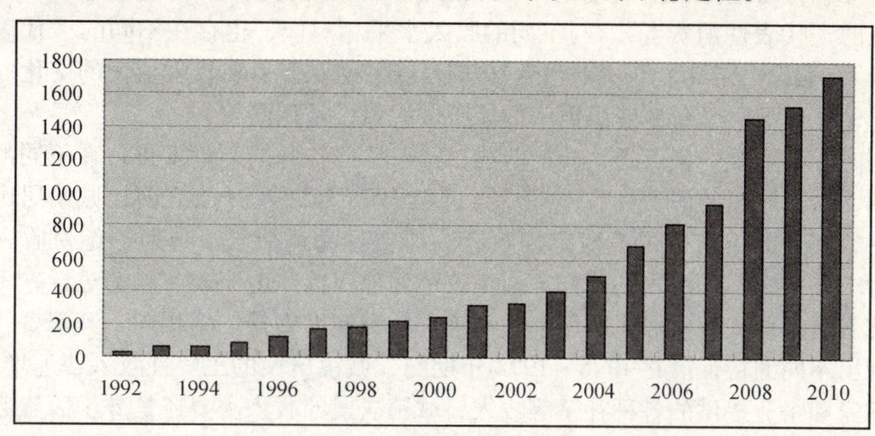

图1　1992~2010年城镇居民经营性净收入增长图

四、理论分析框架

Friedman（1957）在研究居民消费和收入的关系的时候，将收入分为两部分，即持久收入和暂时收入，本书并不认为弗里德曼持久收人假定的消费函数能直接适用于分析中国居民消费与收入之间的关系，这一点臧旭恒在《其持久收入、暂时收入与消费》也持相同的观点。但是把收入划分为不同的部分，分析收入中不同部分的性质、作用、影响和相互关系，进而研究它们同消费的关系，这种方法和思路值得借鉴的。本书正是运用这种思路与方法，结合中国的实际情况，将城镇居民的收入分为稳定性收入与不稳定性收入，分析不同类型的收入在总收入中所占的比例，而不同收入的比例对消费的影响将是不同的。本书中分析稳定性收入、不稳定性收入同消费之间关系的基本理论模型为：

$$C = F(Y) \tag{6.1}$$

$$Y = Ys + Yi \tag{6.2}$$

式中，C 为消费，Y 为收入，Ys 为稳定性收人，Yi 为不稳定性收人，对于 $C = F(Y)$ 可进一步分解为：

$$C = a + b_1 Ys + b_2 Yi \tag{6.3}$$

其中 a 为不受收入水平影响的消费需求，b_1、b_2 分别为稳定性收入与不稳定性收入的边际消费倾向（MPC）。同时引入两个基本假设：第一，相同收入结构的消费者是同质的。第二，基本消费对于不同收入水平，不同收入结构的消费者均为同一常数。在假设一条件下，具有相同收入结构的消费者边际消费倾向是相同，这样就可以把传统消费理论中唯一的“代表性消费者”转化为与收入结构相联系的“代表性消费者”，与不同的收入水平相对应，也存在不同的“代表性消费者”。假设二意味着基本的消费需求不会因收入水平和收入结构的变化而变化，对于此，与凯恩斯消费函数中的 a 所做的假设是相同的。

同时非常重要的一点是，如前所述，由于中国特殊的制度安排，在不同的经济时期，城镇居民的消费具有不同特点，在 1978 年改革开放之前，城镇居民收入单一，其全部收入可视为稳定性收入，消费行为近似于凯恩斯的绝对收入理论，对于此本文不作深入的研究。而在改革开放以后，由于改革的渐进性，不同的经济发展时期，城镇居民所面临的经济环境和制度安排均不相同，其消费行为也表现出不同的特征。在 1978 ~ 1992 年期间，城镇居民的工资性收入快速增长，加上国家和企业提供的各种补贴等收入，城镇居民的收入主要还是外生因素起决定作用的，在此期间，居民的收入虽然打破了原有单一的来源结构，经营性收入、股票等不稳定性收入逐渐成为居民多元化收入来源之一，但其所占比例极小，对于消费的影响微乎其微，决定消费的主要因素还是居民来自于所在单位的工资、奖金和补贴。同时由于居民长期被压抑的消费需求的释放以及居民消费的攀比性消费，这一时期居民的消费行为则更接近于杜贝森利的相对收入理论。但是从 1992 年开始，随着中国社会主义市场经济的确立，有计划经济体制在中国的结束和一系列的收入分配、用工制度的改革，以及以生产要素为收入分配制度的确立，城镇居民的收入来源日益丰富，收入来源逐渐实现多元化，收入中的非稳定因素逐渐增强，其所占比例也逐渐加大，对消费的影响也逐渐在增加，这一时期收入与消费关系研究是本书的重点。

第七章　中国城镇居民收入结构与消费变动的态势描述

我国城镇居民收入的稳定性降低，不稳定性因素增加，是导致我国居民边际消费倾向偏低的主要因素之一。

改革开放以来，伴随着中国城镇居民可支配收入的不断提高，居民整体的消费率却呈现出下降趋势，一方面是由于在中国经济转型期，各种制度的缺失和不完善增加了城镇居民对未来不确定性的支出预期所作的预防性储蓄，从而降低了居民的消费水平。另一方面从影响消费最主要的因素——收入分析，虽然在改革开放后，特别是在我国市场经济的地位得到确立后，城镇居民收入的来源渠道逐渐多元化，其中不稳定性收入所占的比例逐渐加大，收入结构变动值波动幅度较大等因素，都增强了城镇居民对未来收入的不稳定性预期，进一步强化了居民对未来的不确定性感受，从而加大了储蓄力度，导致了城镇居民消费率的不断降低。

第一节　时间序列分析

一、传统经济体制下居民单一收入结构与现期消费行为

自人类社会出现消费后的剩余开始，人类就面临着一个在消费和储蓄之间的分割比率问题。但是只有消费者在考虑到自己的长期效用而积极、主动地选择消费，并且不仅考虑消费的后延，而且还包括消费的提前时，它才具有跨时预算的性质。从现实约束看，消费者要做到这一点，必须满足三个条件：一是消费者必须是较发达经济中较成熟的消费者，他们具备跨时预算以追求效用最大化的观念和能力；二是消费者所处的经济环境是较发达的经济体制，具备居民跨时预算的客观条件，如有发达的信用制度和资本市场、完善的社会保障和保险制度等等；三是居民有一定的资产存量，以保证在靠借贷实行跨时预算不可能时，仍然可以依靠其拥有的资产做到跨时规划其消费。而我国传统的经济体制下，各方面原因导致居民并没有经济学意义上的选择行为。[87]

在中国改革开放前的传统体制下，整个经济的活动过程是：首先由中央安排

生产，然后在根据可供消费的商品数量安排消费基金，并以工资的形式发给居民。由于这部分收入事先已有计划好的消费品与其相适应，所以消费者并没有必要事先对自己的消费做出计划，并且高积累、低消费的政策导向使得居民的可支配收入很低，很多年份中收入大体上只能满足现期生活需要，1952～1978 年人均货币收入平均为 98.5 元。中国城镇居民所需消费品大部分实行定量配给，即凭票供应，而非定量部分所占份额非常小。而且，定量配给的消费品还有时间限制，一般是按月定量配给，逾期作废，这样更加促使居民将现期收入用于现期消费，因此现期消费的影响因素主要是现期收入。并且由于国家统包了国有企业职工的医疗、住房、保险及退休后的工资，消费者对未来的预期是稳定而无风险的。这一时期城镇居民基本上都有固定的职业，国家不鼓励个体经营和兼职等工资外的收入，加之居民对未来并无不确定性的感受，因此居民并无动力及能力获得工资外的收入，居民收入结构单一，基本上都来自于其所属单位的工资，且稳定性很强。

二、双轨制下居民相对单一的收入结构与消费的攀比行为

中国从 1978 年开始进行经济体制的改革，实际上是经济各主体之间利益调整的过程。从微观层面来看，经济体制的转轨也就是对微观主体经济利益的调整过程，即个人收入与支出的相对增减。中国的经济改革主要是对原有计划经济体制低效率的改革，是渐进式的改革，由增量调整计划逐步过渡到存量调整。在增量调整时期，新体制的建立没有直接触及原有的体制，也没有对原体制覆盖下的居民利益产生不利影响。这时期一部分人得益而另一部分人的利益并没有受损，新体制对经济效率的释放在一定阶段内几乎可以提高经济中所有个人的收入，这一过程表现出帕累托改进的特征。由下表可以看到，城镇居民收入看、增长快速，从 1978 年到 1991 年，城镇人均可支配收入增长了 3.95 倍年均增长速度为 30.4%。[1]

这一阶段的特点是居民收入增加，但居民支出福利基本上没有减少，居民对收入的增加具有稳定预期。此外由于这一时期，国家和单位的各种补贴较多，因此，补贴是影响城镇居民消费的另一因素。[54]这一点可由下表看出，城镇居民消费水平高于人均可支配收入，原因在于国家和集体单位在快速增加职工工资的同时，还提供了各种补贴。

表1　城镇居民人均可支配收入与消费　　元

年份	人均可支配收入	城镇居民消费水平	年份	人均可支配收入	城镇居民消费水平
1978	343.4	405	1985	739.1	802
1979	405	434	1986	900.9	920
1980	477.6	496	1987	1002.1	1089
1981	500.4	562	1988	1180.2	1431
1982	535.3	576	1989	1373.9	1568
1983	564.6	603	1990	1510.2	1686
1984	652.1	662	1991	1700.6	1925

资料来源：中国统计年鉴

与此同时，国家逐步取消了消费品的行政配给制，商品化程度提高，居民消费选择自由增加。居民长期压抑的消费欲望被释放出来，消费支出大幅度增加，消费的攀比性很突出，个人消费受其他人消费及自己以前收入和消费行为影响较大，这一时期城镇居民的消费行为近似于杜森贝利的相对收入理论。

这一时期居民收入的另一个特点是收入来源逐渐多元化，居民除了从单位获得基本工资、各种补贴及奖金激励外，有些居民开始从事个体经营、兼职，从而获得工资外的收入，这些收入受市场的影响较大，属于不稳定性收入。并且由于居民收入的大幅增长，使居民有了一定的消费剩余，居民开始有了一定的资产积累，1978 年后，居民拥有的各种资产量迅速增大，到 80 年代初，人均各种资产存量数已远远超过人均收入数，1980、1985、1987、1990 年分别为人均收入的 136%、137%、201%、237%。其中，金融资产到 1982 年已接近相当于人均收入的一半。居民资产存量的绝对数也已可观，在 80 年代人均 300 多元，80 年代中 760 多元，1986 年接近 1000 元，1989 年 1800 多元，1990 年突破 2000 元。[87] 但金融资产受市场的影响较大，因此收入结构中的不稳定成分随着改革的逐渐深入比例逐渐增大。但是由于这一时期数据的不全面及收入结构中的不稳定成分虽有所增加，但总体来说，绝对数值较小，对于消费的影响也较小，因此对这一阶段的不做计量分析。[54]

三、改革开放后逐渐多元化的收入结构与不断降低的消费率

（一）城镇居民收入与支出的总体变化

从 1978 年以来，中国居民收入的总体变化趋势呈现持续增长的状态，城镇居民家庭人均可支配收入由 1978 年的 343.4 元增加至 2010 年的 19109.4 元。年均名义增长率为 13.6%，年均实际增长率为 7.2%（见图 2）。在 1979～2010 年

期间，城镇人均收入名义增长率波动幅度（这一期间名义增长率的最大值减最小值）达 30.37 个百分点，人均收入实际增长率波动幅度达 18.1 个百分点[1]（见图 3）。尽管收入的增长率波动严重，但是无论是收入的实际增长量还是名义增长量，人均收入的基本变化趋势是持续增长。但城镇居民收入在快速增长的同时也存在较大的波动性，这些波动本身也就构成了整体收入的不稳定性，造成了居民对未来的不确定性感受，基于大数法则，在全社会范围内存在的不确定性对个人而言具有均值的意义。

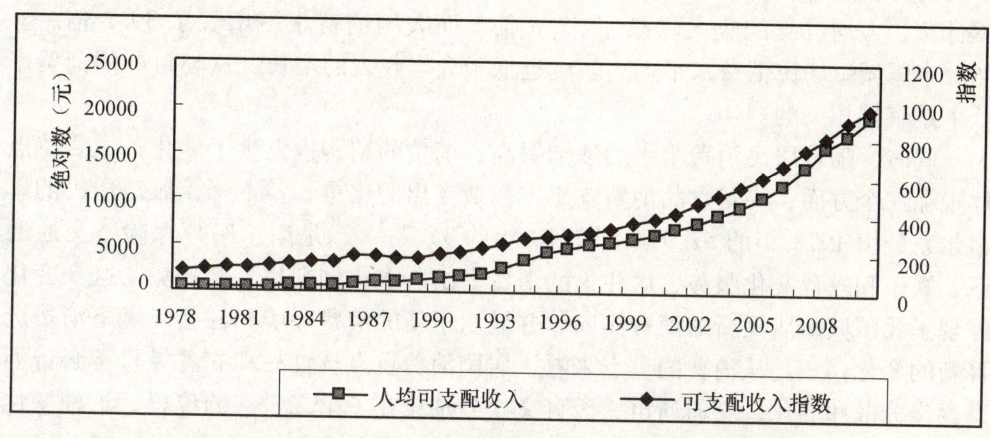

图 2　1978～2010 年中国城镇居民人均可支配收入与指数图

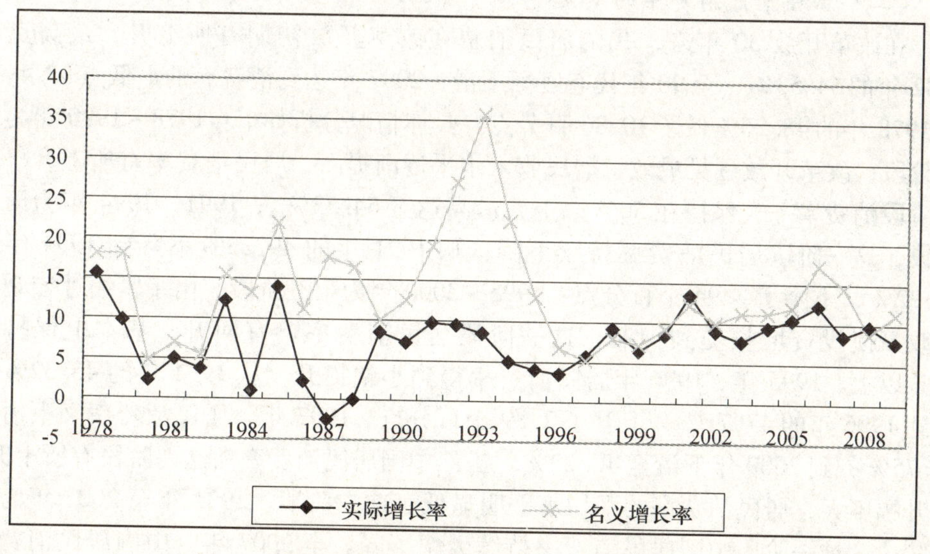

图 3　城镇居民人均可支配收入增长率

从图中可以看出，自1995年开始，城镇居民人均收入实际增长率变化比较平缓，但人均收入的名义增长率整体上呈现下滑趋势。由于“货币幻觉”的存在，人均收入名义增长率的下跌同样可能产生消极的影响。改革开放以来，人均实际增长率除在个别年份高于名义增长率外（1998，1999，2000，2002，2008），其余年份均实际增长率均低于名义增长率。

随着城镇居民人均收入的快速提高，居民的消费水平也在逐渐提高。根据统计资料分析显示我国城镇居民1978～2010年的消费数据，居民按照名义消费数据计算，人均可支配收入增长了55.6倍，而人均消费水平增长了39.2倍。显然，中国城镇居民消费水平提高幅度远低于人均收入的增长，这与目前的消费率低下是直接相关的。

同时，随着居民消费水平的逐渐提高，消费的结构也发生了变化，主要特点体现在三个方面，一是食品消费支出占消费支出的比重日益下降，城镇居民的恩格尔系数由1978年的57.5降到2010年的35.7；[1]二是用于医疗保险、交通通讯、娱乐和教育文化服务、居住上的消费支出所占比例则呈上升趋势，这一变化体现了我国城镇居民新的消费倾向，并显示了新的消费环境和社会环境下消费选择新的变化；三是从消费的重点来看，居民消费重点从食品和衣着等日常必备消费逐步分散和弱化，交通通讯、教育文娱分别排在了第二、三的位置，这种变化体现了人们越来越重视自身素质的提高和生活水平的改善。

（二）城镇居民消费率的演变

在改革开放30年来，我国居民消费在改革开放初期有所上升，最高点至1982年的54.53%，至90年代起逐渐下滑，2007年达到消费率的最低点37.4%，比1978年的48.26%低了10.86百分点。具体情况分析如下：1978～1990年为第一阶段，改革开放逐见成效，居民收入水平逐渐提高，居民消费率有所上升，这一阶段消费率一直保持在50%以上，最高达至54.53%。；1991～1994年为第二阶段，这一阶段居民消费率持续下降，从1991年的49.26%下降到1994年的45.32%，下降了3.94个百分点；1995～2000年为第三阶段，由于紧缩性宏观经济政策使投资增长受到抑制，这一阶段居民消费率略有回升，基本上保持在46%以上。1995年、1996年居民消费率得到小幅提升，从1994年的45.32%上升到1996年的47.71%，上升了2.39个百分点。1997年，居民消费率又下滑至46.75%，到2000年下滑至46.22%。虽然中国居民消费率在这一阶段有所上升，但升幅不大，居民消费率的平均水平明显低于前二阶段。2001年至2007年为第四阶段，这一阶段中国居民消费率持续大幅下降。至2007年，中国居民消费率已经降至37.4%，仅2001～2006年的6年时间内中国居民消费率就下降了7.48

个百分点，平均每年下降 1.24 个百分点。可见，从总体来看，1978 年以来中国居民消费率呈现出长期下降的趋势。其中值得注意的是，自 1978 年改革开放以来，城镇居民的消费率在自改革开放以来，随着收入水平的不断提高，整体上呈现出上升趋势，由改革开放初期的 18.29 上升到了 27.81[1]，但值得注意的是，自 2000 年以后，城镇居民的消费率却呈现下降趋势，从而也造成了整体上居民消费率的下降。这一点是值得我们关注和探讨的！

表 2　1978～2007 年居民消费率演变表

年份	居民消费率	城镇居民消费率	年份	居民消费率	城镇居民消费率
1978	48.26	18.29	1993	46.45	27.04
1979	49.51	18.67	1994	45.32	26.91
1980	51.28	20.24	1995	46.67	28.12
1981	53.72	20.94	1996	47.71	28.17
1982	54.53	20.95	1997	46.75	28.30
1983	54.19	20.47	1998	46.48	29.33
1984	51.91	19.84	1999	46.75	30.48
1985	51.99	20.83	2000	46.22	30.95
1986	51.60	21.83	2001	44.88	30.48
1987	50.80	22.37	2002	43.69	30.17
1988	52.30	24.56	2003	41.84	29.84
1989	51.86	25.11	2004	39.93	28.95
1990	50.63	25.54	2005	38.73	28.34
1991	49.26	25.93	2006	38.00	27.98
1992	48.29	26.62	2007	37.40	27.81

（三）城镇居民消费率偏低的原因分析

一般来说，当经济处于繁荣时期，人们的经济状况良好，可以有更多可支配的收入，消费水平也相对较高。然而，在中国改革开放以来，经济状况持续快速的增长，伴随的却是消费率的不断下降。其而主要原因在于：

1. 居民收入的增长速度慢于 GDP 的增长速度

长期以来，我国城乡居民人均收入增长幅度缓慢，除个别年份城镇居民人均收入年增长高于 GDP 增长，其他年份城镇居民人均收入年增长速度明显低于同期 GDP 的增长（见表 3）。而凯恩斯消费理论认为，消费最主要的决定因素是收入，居民收入增长速度直接关系到消费增长速度。

表 3 居民收入增长率与 GDP 增长对比表

年份 / 增长率	1978～1990	1991～2000	2000～2005	2006	2007	2008	2009	2010	2011
GDP 年均增长率	9.1	10.4	9.1	10.7	11.4	9.6	9.2	10.4	9.2
城镇居民人均年收入增长率	8.4	6.9	8.6	10.4	12.2	8.4	7.8	9.8	8.4

资料来源：中国统计年鉴 2011，中华人民共和国 2011 年国民经济和社会发展统计公报

2. 工资总额占 GDP 的比例不断下滑

1978 年至 2007 年，中国经济高速发展，然而在经济增长的同时，全社会职工工资总额占 GDP 的比例不断下降，如图 1，职工工资总额占 GDP 的比例从 1978 年的 16.03% 下降到了 2010 年的 11.78%，长期呈下降趋势，在 2004 年的最低点下降了 5 个百分点[1]。因此，世界银行的经济学家通过分析指出，在中国现在经济高速发展的同时，中国的穷人却更加贫穷了，不是相对贫穷，而是绝对贫穷。世界银行说，中国的贫穷人口已经不再集中在一些特定的地区，而是分散在全国各地。新的调查结果显示，中国贫穷人口中超过半数的人不是生活在官方划定的穷困村庄，现在的贫困人口不仅分布在农村地区，而且已经蔓延到城市，各个发达地区和发达的城市都有。

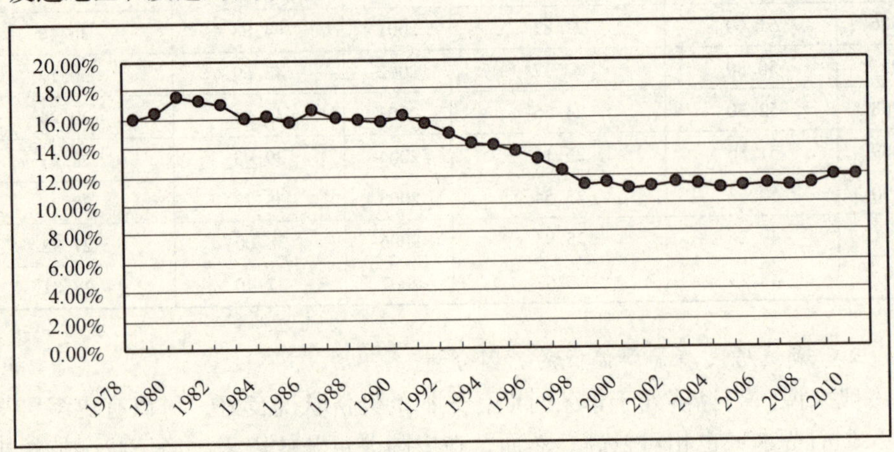

图 4 1978～2010 年全社会职工工资占 GDP 比例图

3. 社会贫富差距不断加大

如前所述，尽管从总体上看，中国居民收入增长缓慢，但是贫富差距却越来越大，财富正在急剧地向少数人集中。据统计，我国的基尼系数 1981 年是 0.288、1990 年 0.343、1999 年 0.397，进入新世纪后则基本上在 0.4 以上的水平

发展，2003 年达到 0.46 后继续增加。[94]在城市中，有数据表明，对 1978～2006 年所有行业收入研究表明，中国收入分配的格局已经从“单峰”分布向“双峰”转变，即从大多数人的收入分布在平均收入水平附近，转变到一部分人集中在较高的收入水平，另外一部分人集中在较低的收入水平附近，并且形成了稳定的格局。[95]数据显示，1978 年，国家统计局划分的 16 个大行业中，工资收入最高的“电力、煤气及水的生产和供应业”与最低的“社会服务业”人均工资之比仅为 2.17 倍；2006 年，全国大行业中工资收入最高的“信息传输、计算机服务和软件业”与最低的“农业”人均工资之比高达 4.69 倍，全国这一比值最大的省份已经接近 6 倍。值得注意的是，在 2002 年以后，行业收入分配出现了两极分化的趋势。2002 年以来，工资收入排名前 4 位的“信息传输、计算机服务和软件业”、“金融业”、“科学研究、技术服务和地质勘查业”、“电力、燃气及水的生产和供应业”分别实现了 12%、20%、15%、和 16% 的年均工资增长；除工资收入除第一位的“信息传输、计算机服务和软件业”以外，其他三个高收入行业的工资增长率显著高于各行业平均水平。而收入水平位于倒数第一位的“农林牧渔业”仅实现了 9% 的工资年均增长，排名倒数二、三位的“住宿和餐饮业”、“建筑业”工资年均增长率不及 12%。近几年中，行业差距不断加大，从 2000 年到 2004 年，4 年间行业差距扩大了 1.6 倍，按全要素收入来分析，最高收入与最低收入之间相差 5～10 倍。还有，在不同的阶层之间收入最高的 20% 群体的收入，是收入最低的 20% 群体的收入的 33 倍。[96]

在这种收入差距不断加大的情况下，一方面是收入迅速增长的高收入群体的边际消费倾向在迅速下降，导致银行储蓄越来越多；另一方面是收入增长缓慢的大多数低收入群体虽然有极高的消费倾向，但却没有购买能力，消费需求无法得到满足。这种不平衡的财富分配结构严重弱化了社会总消费能力，导致整体居民消费率的不断下滑。

4. 不断扩大的阶层收入结构阻碍了消费增长

改革开放以来，我国居民收入快速增长，人均 GDP 由 1978 年的 381 元增加到 2010 年的 19109.44 元，增加了 50 倍多；即使扣除价格因素的影响，2010 年的人均 GDP 也是 1978 年的 10 倍。但是，在经济持续快速增长的同时，社会居民收人差距不断扩大，全国基尼系数由 1979 年的 0.33 增加到 2006 年的 0.496（世界银行.《世界发展报告》（2006）)，[97]早已超过世界公认的收入分配警戒线。如表 2 所示，1995 高收入户的收入是低收入户的 2.94 倍，而 2006 年则上升到 5.4 倍。在这种收入差距不断加大的情况下，一方面是收入迅速增长的高收入群体的平均消费倾向在迅速下降，导致银行储蓄越来越多；另一方面是收入增长缓慢的大多数低收入群体虽然有极高的消费倾向，但却没有能力，消费需求无法得到满足。同时，通过表2的数据显示，在所有年份收入水平等级高的城镇家庭，其平均消费倾向低于收入水平等级低的城镇家庭的情形。以2010年为例，低收入阶层、中低收入阶层、中等收入阶层、中高收入阶层和高收入阶层城镇家庭的平均消费倾向依次为84%、76%、73%、70%、64%，并且，虽然所有居民的消费倾向均随着收入的增长而降低，但低收入户的消费倾向变化的幅度要小于高收入户的变化幅度。与此同时，在比较所有阶层城镇居民边际消费倾向变化与收入之间的关系时，发现其都表现为不稳定性，即在有些年份边际消费倾向随着收入的增加而递增；但在有些年份边际消费倾向则是随着收入的增加而递减的，原因是值得进一步深入研究的。

表4 1995～2010城镇居民各阶层收入与消费比较　　单位：元

项目		低收入户（20%）	中等偏下（20%）	中等收入（20%）	中等偏上（20%）	高收入（20%）
1995	可支配收入	2214.74	3040.9	3698.41	4512.2	6520.825
	消费支出	2288.59	2934.16	3446.12	4045.52	5349.505
	平均消费倾向	104%	96%	93%	90%	82%
2000	可支配收入	3143.265	4623.54	5897.92	7487.37	11372.62
	消费支出	2907.53	3947.91	4794.56	5894.92	8176.48
	平均消费倾向	93%	85%	81%	79%	72%
2001	可支配收入	3329.66	4946.6	6366.24	8164.22	12744.89
	消费支出	3071.55	4197.57	5131.55	6241.5	8664.645
	平均消费倾向	93%	87%	83%	79%	74%
2002	可支配收入	3028.88	4931.96	6656.81	8869.51	15384.34
	消费支出	2823.75	4205.97	5452.94	6939.95	10980.4
	平均消费倾向	94%	87%	84%	80%	77%
2003	可支配收入	3280.1	5377.25	7278.75	9763.37	17480.2
	消费支出	3055.82	4557.82	5848.02	7547.31	12071.29
	平均消费倾向	93%	85%	80%	77%	69%
2004	可支配收入	3645.72	6024.1	8166.54	11050.89	20174.04
	消费支出	3398.69	5096.15	6498.36	8345.7	13795.59
	平均消费倾向	93%	85%	80%	76%	68%

续表

项目		低收入户（20%）	中等偏下（20%）	中等收入（20%）	中等偏上（20%）	高收入（20%）
2005	可支配收入	4010.1	6710.58	9190.05	12603.37	22988.02
	消费支出	3703.41	5574.32	7308.06	9410.77	15628.12
	平均消费倾向	92%	83%	80%	75%	68%
2006	可支配收入	4554.72	7554.16	10269.7	14049.17	25518.15
	消费支出	4094.265	6108.33	7905.41	10218.25	17115.75
	平均消费倾向	90%	81%	77%	73%	67%
2007	可支配收入	5357.33	8900.51	12042.32	16385.8	29509.04
	消费支出	4835.235	7123.69	9097.35	11570.39	19317.53
	平均消费倾向	90%	80%	76%	71%	65%
2008	可支配收入	6058.435	10195.56	13984.23	19254.08	34931.93
	消费支出	5364.1	7993.67	10344.7	13316.63	22435.16
	平均消费倾向	89%	78%	74%	69%	64%
2009	可支配收入	6707.65	11243.55	15399.92	21017.95	37606.26
	消费支出	5821.825	8738.79	11309.73	14964.37	24134.15
	平均消费倾向	87%	78%	73%	71%	64%
2010	可支配收入	7616.68	12702.08	17224.01	23188.9	41237.81
	消费支出	6416.005	9649.21	12609.43	16140.36	26381.03
	平均消费倾向	84%	76%	73%	70%	64%

资料来源：1996~2011年中国统计年鉴

在居民收入差距不断扩大的同时，低收入组居民所拥有的物质资本和人力资本都很少，其收入低而且不稳定，很难满足其相应阶段的大额刚性支出（如嫁娶、住房、医疗、教育、养老等），不得不压缩现期消费进行“预防性储蓄”，消费倾向不升反降。本来低收入组居民占总人口的比例很高，而收入差距的不断扩大会导致这一比例扩大，并形成一个非常庞大的低收入群体，他们的消费行为在全社会范围内产生强大的影响作用，压缩消费、增加储蓄的行为得以扩散。

中等收入组居民基本上能满足大额刚性支出负担，但对高收入者，他们有贫穷感；而低收入者带有悲观色彩的收入预期及激烈的市场竞争，会使他们的危机感增强，对未来的收入预期降低。这部分人群，即使在现期收入增加的情况下，也会控制或压缩现期消费，增加“预防性储蓄”，进而导致该组居民的平均消费倾向下降。对高收入组居民而言，一方面，由于受传统观念的影响，遗赠后人的

“遗赠储蓄”占其收入的比例相当高；加上他们的年龄现大都处于中老年，节衣缩食的习惯对其影响较大，在消费需求已得到较好满足的情况下，他们的消费需求很难得以提高。

5. 收入的不稳定性抑制了居民的消费能力

弗里德曼指出，个人在作出消费决策时既要看自己的现期收入，也要看他们预期未来可以得到的收入，即使现期收入不变，但家庭如果对未来收入的预期变得更加悲观，现期消费收入也会下降。这意味着，一个预期将来收入减少的劳动者会缩减当期消费，增加储蓄，以平衡消费。[98]目前，我国正处在向市场经济体制转型过程中，国有企业改革、经济结构调整使得下岗和失业人数增多，加上社会保障制度还不完善，居民预期收入降低；而住房、教育、医疗等这些以往完全由国家、企业负担的项目，将逐步转为国家、企业和个人共同负担，使城镇居民对未来的支出预期上升。这种悲观的预期及不稳定性导致城镇居民不得不增加储蓄，紧缩现期消费，导致消费率下降。

6. 居民传统的消费观念

一般说来，西方文化比较注重个人价值的实现，在很大程度上鼓励个人主义；而东方文化更注重社会价值，强调个人价值的实现要建立在符合社会利益的基础之上。这种价值观念和价值取向表现在消费上，就是西方国家的消费者在消费上突出个性，每个人对他人的消费关心程度很低；而在大多数东方国家，特别是儒家文化熏陶的中国，在消费上从众的心里很普遍，群体对消费的影响较大。此外，在当前消费与未来消费的关系上，东西方国家也有不同的消费观念，西方国家的消费者大多推崇“及时行乐”的消费观念，因此储蓄率较低，消费率较高，而中国的消费者受儒家思想的影响，人们生活节俭，约束自我观念强，因此储蓄率高而消费率低。

7. 消费信贷发展缓慢

消费信贷，即消费贷款是金融机构向家庭提供的用于消费的信用消费，是对消费者个人发放的用于购买耐用消费品或支付劳务费用的贷款。生命周期消费理论的一个重要前提就是消费信贷，消费者根据自己对未来收入的预期，提前将未来消费用于当前消费的一种消费方式。我国的消费信贷起步比较晚，各项法律法规制度还不完善，目前还没有制定消费信贷的专门法律法规，社会法制信用环境也不理想，加之，我国的个人信用评价体系仍不完备，缺乏相应评信机构，因此，贷款难的现象仍普遍存在[99]。同时，我国的居民受传统消费观念的影响，习惯“无债一身轻”，认为欠账是一件很不光彩的事情。据不完全统计，在城市居民中也只有5%的人向银行借钱，如1997年汽车信贷规模，美国达到80%，德国为60%，日本为50%，我国上海地区只有0.6%，其他地区更不用说了。[70]

第二节　市场经济体制确立后的中国城镇居民收入结构

一、收入来源的多元化

前面的分析表明，随着城市经济改革的开始，我国居民的收入结构逐渐呈现出多元化的趋势，这一特征在市场经济体制确立后更加明显。为了较为全面系统的分析城镇居民在收入结构方面的差距，首先分析在1985年开始城市改革时，城镇居民收入结构情况，再分析10年之后即在市场化经济体制确立三年之后的1995年城镇居民收入与1985年做对比，再与目前城镇居民的收入结构做比较，从而找出收入结构的变化趋势。

城镇居民的收入结构，可以分解为不同的分项收入，中国统计年鉴中分为10项：（1）国有单位职工工资，（2）集体单位职工工资，（3）职工从工作单位得到的其他收入，（4）个体经营劳动者收入，（5）被聘用或留用的离退休人员收入，（6）其他就业者收入，（7）其他劳动收入，（8）财产性收入，（9）转移性收入，（10）特别收入。

表5　城镇居民收入来源结构（1985年）

收入来源	数额	百分比
可支配收入	739.08	100.00%
国有单位职工工资	455.88	61.68%
集体单位职工工资	113.52	15.36%
职工从工作单位得到的其他收入	44.88	6.07%
个体经营劳动者收入	10.20	1.38%
被聘用或留用的离退休人员收入	4.56	0.62%
其他就业者收入	1.95	0.26%
其他劳动收入	12.36	1.67%
财产性收入	3.74	0.51%
转移性收入	65.88	8.91%
特别收入	35.95	4.86%

数据来源：中国统计年鉴1986

根据上表的分析，1985年中国城镇居民的年可支配收入为739.08元。城镇居民的收入总体上来自于国有/集体单位的工资及奖金，国有单位职工工资、集体单位职工工资、职工从工作单位得到的其他收入这三项之和占总收入的83.11%，其他类别的收入在数额和百分比上份额很小，如财产收入所占比例只有0.5%，个体经营劳动者收入仅占1.36%。可以看出，经过近10年的改革，城镇居民收入来源仍体现出传统计划经济体制的特征，家庭收入主要由工资和政府补贴组成，非劳动生产要素收入还没有成为城镇居民收入的一大来源，分配体制还没有发生较大的变革，这与前文的分析是一致的。

下面分析一下1995年及2001年相应的情况，以便对比确立社会主义市场经济体制后城镇居民收入来源结构的变动情况。需要说明的是1995年年鉴统计口径与1985年稍有变动，其中特别收入被计入转移性收入，而添加了其他收入这一项，并可以在《中国物价及城镇居民家庭收支调查统计》查到更为详细的数据，增加了家庭副业生产收入一项，而且财产性收入与转移性收入具体的项目也被列出，见下表。同时值得注意的是在1997年统计数据中，职工从工作单位得到的其他收入这一项也被分别计入了国有/集体单位职工工资。

表6　城镇居民收入来源结构（1995，2001年）

	1995		2001	
收入来源	数额	百分比	数额	百分比
实际收入	4288.09	100%	6907.08	100.00%
1. 国有经济单位职工收入	2590.03	60.40%	3745.98	54.23%
2. 集体经济单位职工收入	331.87	7.74%	315.81	4.57%
3. 其他经济类型职工收入	65.53	1.53%	314.13	4.55%
4. 个体经营者的净收益	72.62	1.69%	274.05	3.97%
5. 个体被雇者的收入	17.98	0.42%	126.29	1.83%
6. 离退休再就业人员收入	42.86	1.00%	70.68	1.02%
7. 其他就业者的收入	8.44	0.20%	36.92	0.53%
8. 其他劳动收入	96.96	2.26%	214.77	3.11%
9. 职工从单位得到的其他收入	228.67	5.33%	—	—
10. 财产性收入	90.43	2.11%	134.62	1.95%
利息	53.93	1.26%	23.38	0.34%

续表

收入来源	1995		2001	
	数额	百分比	数额	百分比
红利	15.52	0.36%	16.41	0.24%
其他财产租金收入	20.97	0.49%	94.83	1.37%
11. 转移收入	734.83	17.14%	1668.55	24.16%
离退休金	529.72	12.35%	1273.47	18.44%
物价补贴	4.07	0.09%	1.62	0.02%
赡养收入	50.79	1.18%	61.49	0.89%
赠送收入	83.69	1.95%	154.93	2.24%
亲友搭伙费	31.99	0.75%	30.09	0.44%
记账补贴	16.42	0.38%	31.33	0.45%
出售财物收入	9.07	0.21%	38.2	0.55%
其他	9.09	0.21%	77.44	1.12%
12. 家庭副业生产收入	4.91	0.11%	5.29	0.08%

来源：中国物价及城镇居民家庭收支调查统计 1996，2002

上表的数据表明，国有/集体企业职工工资仍是城镇居民收入中最大的一项，但是其所占比例逐渐下降，1995 年其占比例为由 1985 年的 83.11% 下降至 68.14%，至 2001 年，其所占比例迅速下降至 58.1%，可见随着市场化改革的逐渐深入，国有企业改革力度的加大，居民的就业情况发生了改变，居民的收入结构也随之发生了重大变化。这一时期个体经营劳动收入及财产收入增长的速度最快，1995 年个体经营劳动者收入由 1985 年的 10.2 元增长至 1995 年的 72.62 元，增长了 612%，1995 ~2001 年 5 年间增长了 277%，财产性收入则是更是取得了突飞猛进的增长，1985 年至 2001 年增长 36 倍之多。增长速度较快的还有转移性收入，而转移性收入主要是由退休职工收入构成的，离退休金所占总收入的比例由 1995 年的 12.35% 增长至 18.44%。

需要说明的是自 2002 年以后，《中国物价及城镇居民家庭收支调查统计》及《中国统计年鉴》中的统计口径又发生了很大的改变，城镇居民收入来源的口径变更为：工薪收入、经营净收入、财产性收入、转移性收入。如果只是分析 2002 年至 2007 年 5 年的时间序列数据，这样显然样本容量是不足的，本书的重点是分析收入构成在时间序列上的变化，找出收入构成变化的趋势，进一步分析不同的收入构成比例对消费的影响。因而根据统计年鉴中对各种收入的定义，以及在有些年份中两种统计口径的数据的重叠，可以将原有2001年之前的数据合并之后与于现在的口径一致。现根据收入来源的不同，可将收入分为稳定性收入与不稳定性收入，具体如下：其中2002之前的稳定性收入=国有单位职工工资+集体经济单位职工收入+其他经济类型单位职工收入+职工从单位得到的其他收入+离退休再就业人员收入+其他就业者收入+其他财产租金收入+养老金或离退休金+社会救济收入+保险收入+赡养收入+提取住房公积金，不稳定性收入=其他劳动收入+利息+红利+赔偿收入+保险收入+赠送收入+记账补贴+其他转移性收入。2002年之后的稳定性收入=工资性收入即补贴+出租房屋性收入+养老金或离退休金+社会救济收入+保险收入+赡养收入+提取住房公积金，不稳定性收入=其他劳动收入+利息收入+股息及红利收入+保险收益+知识产权收入+其他财产收入+赔偿收入+辞退金+保险收入+赠送收入+记账补贴+其他转移性收入[100]。见下表：

表7　1995～2010年城镇居民收入结构

	稳定性收入	不稳定性收入
1995	3922.92	365.17
1996	4415.21	429.57
1997	4633.07	555.47
1998	4885.84	572.5
1999	5252.08	636.69
2000	5589.41	727.4
2001	6071.31	835.77
2002	7295.38	822.86
2003	7863.41	1197.81
2004	8804.63	1323.88
2005	9766.06	1554.71
2006	10873.48	1845.71
2007	12892.52	2016.12
2008	14335.29	2732.49
2009	15956.11	2901.98
2010	17897.36	3136.06

二、收入结构的测度

（一）收入比例变化

前文对城镇居民收入的来源做了详细分析，明晰了城镇居民收入随着改革开放的不断深化和市场经济的不断完善，其收入来源发生了重大的变化，逐渐改变了原有计划经济体制下单一的收入来源，实现了收入来源的多元化，而在这多元化的收入来源中，由于市场经济本身的经济波动和中国改革中制度的不完善，使得这些收入呈现出了不同的特征，由于其来源渠道的不同呈现出不同的波动性与稳定性。在此，本书根据前文对稳定性收入与非稳定收入的定义，对城镇居民的收入做了划分，由年鉴中的多项收入来源的划分归纳为稳定性收入与不稳定性收入，见表7。

考虑到物价因素，分析中按1995年的不变价格进行折算，即实际收入=名义收入/居民消费价格指数。为了进一步分析收入中稳定性收入与不稳定性收入的变化情况，分别计算出稳定性收入与不稳定性收入占总收入的比例。

从图6中可以看出，稳定性收入与不稳定性收入都呈现上升趋势，稳定性收入所占总收入的比例逐年下降，由1995年的91.48%下降到2010年的85.1%，这主要是由于稳定性收入中工资收入增长较为缓慢，其所占总收入比例逐年下降所引起的，不稳定性收入所占比例则逐年上升，由1995年8.52%上升至2010年的14.9%。分析其主要原因，其一在于不稳定性收入中经营性净收入增长迅速，这主要是由于政府鼓励民营经济发展的一系列政策的贯彻实施，并且为个体私营经济发展创造越来越好的外部环境，个体私营经济发展较快，居民家庭中个体经营从业人员不断增加，经营净收入迅速增长；其二在于随着资本市场的不断完善，城镇居民的投资渠道不断拓宽，股票、保险等投资收入不断增长，其三在于城镇居民在利用工作之余所从事的其他劳动收入的增加，如稿费、讲课费等。

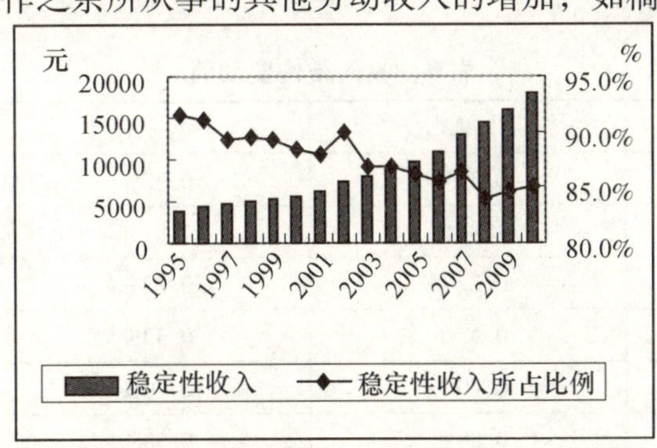

图6　稳定性收入与所占总收入比例

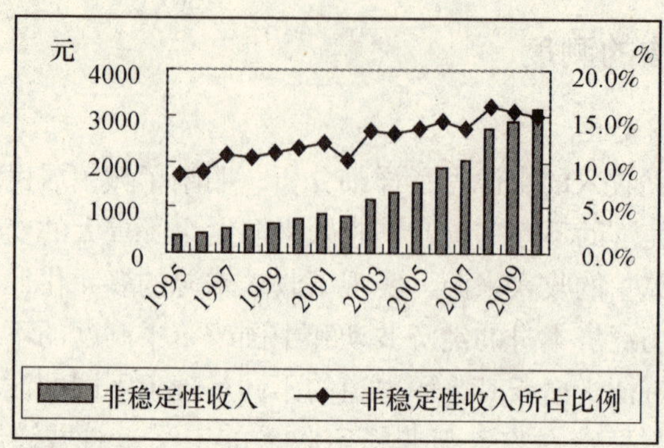

图7　不稳定性收入与所占总收入比例

（二）收入结构变动值测度

为了能够更好地揭示城镇居民收入结构的变动趋势，本书除了运用不同收入比重较为直观的一些指标外，还使用了收入结构变动的测度指标。收入结构变动值是反映各项收入变动度的指标，可通过各项收入本年度比重与上一年度的差额绝对值之和来测算。[101] 其计算公式可用下式来表示：

$$\Delta X_t = \sum_{i=1}^{n} |X_{ti}^1 - X_{ti}^0| \tag{5.1}$$

其中，ΔX_t 表示‘年收入结构变动值，n 表示收入构成的项目数，X_{ti}^1 表示 t 年 i 项收入总收入中的比重；X_{ti}^0 表示 $t-1$ 年 i 项收入比重。[102] 根据上面的公式，以稳定性收入与不稳定性收入比重的变动差额绝对值之和来测度城镇居民收入结构变动值，结果如表8所示，各年分收入比重变化有着明显的差异性，呈现阶段性变化趋势，分别在1997年、2002~2003年变动幅度较大，而在其余年份的变动程度较小（见表8）。

表8　收入结构变动值

年份	$\|X_{t1}^1 - X_{t1}^0\|$	$\|X_{t2}^1 - X_{t2}^0\|$	ΔX_t
1996	0.35%	0.35%	0.70%
1997	1.84%	1.84%	3.68%
1998	0.22%	0.22%	0.43%
1999	0.32%	0.32%	0.65%
2000	0.70%	0.70%	1.41%
2001	0.58%	0.58%	1.17%
2002	1.96%	1.96%	3.93%

续表

年份	$\left\| X_{t1}^{1}-X_{t1}^{0} \right\|$	$\left\| X_{t2}^{1}-X_{t2}^{0} \right\|$	ΔX_t
2003	3.08%	3.08%	6.17%
2004	0.15%	0.15%	0.30%
2005	0.66%	0.66%	1.32%
2006	0.78%	0.78%	1.56%
2007	0.99%	0.99%	1.98%
2008	2.49%	2.49%	4.98%
2009	0.62%	0.62%	1.24%
2010	0.48%	0.48%	0.96%

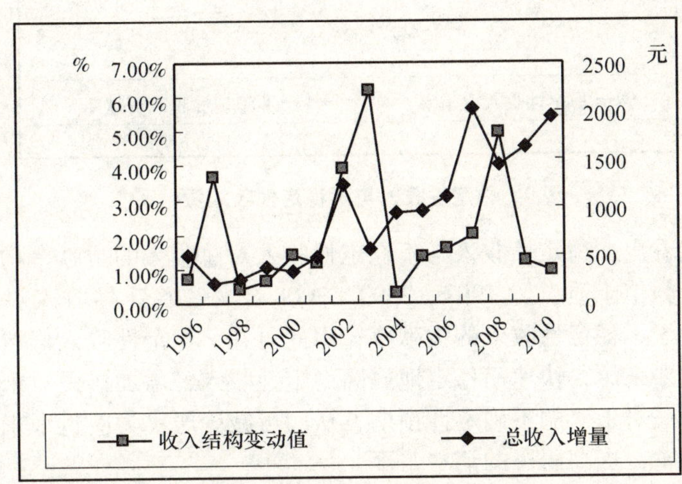

图 8 收入结构与总收入增量

总体来看（见图 8），城镇居民收入结构变动的波动性特征较为明显，而且收入结构变动与其水平增量的变化趋势呈现出一致性，城镇居民实际收入增量较大的年份，其收入结构变动的幅度也较大，而且从图中还可以看出，自 2004 年以后实际收入的增量呈现快速上升趋势，城镇居民收入结构变动幅度不大，但也呈现出上升趋势。

（三）结构变动的增长效应

以 1995 年的不变价计算，1995 年至 2010 年城镇居民实际收入水平是逐年上升的，但从图 9 可知，其增长的速度并不平稳，呈现出很强的波动性，这也反应不同类型收入增长速度是不稳定的，由此可知，不同类型收入对总收入增长的贡献率也应是不同的，应用贡献率的定义，即稳定性收入贡献率 = 稳定性收入增量/总收入的增量，不稳定性收入贡献率 = 不稳定性收入增量/总收入的增量，计算不同类型收入对总收入增长的贡献率，如下图：

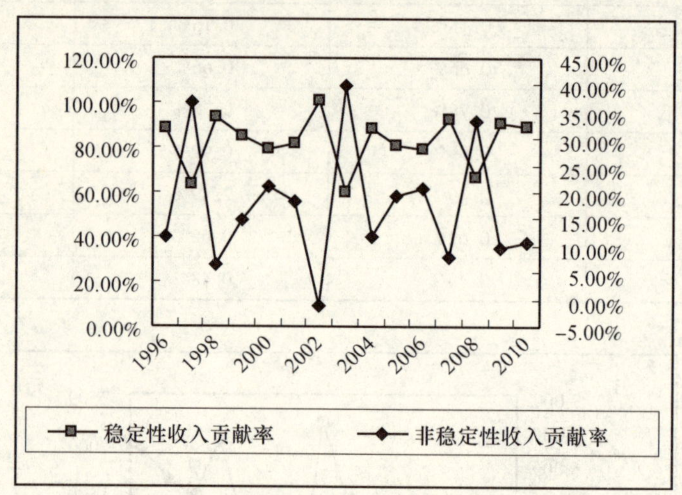

图 9　稳定性收入与不稳定性收入贡献率

从图可以看出，稳定性收入与不稳定性收入对总收入的贡献率均呈现出较大的波动性，从数值上看，除 1997、2003、2008 年外，稳定性收入对总收入增长的贡献率均大于不稳定性收入的贡献率，由此可知，稳定性收入仍然是我国城镇居民收入的主要来源，快速而稳定地提高稳定性收入，增加居民对未来的稳定性感受，降低居民对未来的不确定性预期，从而可减少居民为应付未来的不确定性支出而做的储蓄，提高居民的消费水平。

第三节　中国城镇居民收入结构和收入稳定性的状态分析

一、收入结构的变化趋势

随着我国各项改革的不断深化和全面展开，国有企业改革、经济结构调整使居民对收入的预期转差，城镇居民中稳定性收入比例逐渐降低，不稳定性的收入比例日益提高。一方面，随着国企改革的深化，许多居民面临失业的威胁，使本属于固定收入的劳动工资在许多居民眼中成为预期的不确定性收入。在我国城镇居民收入来源中，工薪收入占居民可支配收入的比例越来越小，同时，经营性收入所占比例显著上升，在我国居民的传统观念中，经营性收入的稳定性要远远低于工资性收入。特别是在经济调整时期，经营性收入的稳定性将大大降低，不确定性将增强，使居民总体的预期收入降低从而影响消费增长。另一方面，在经济形势好的时期成为稳定性收入的财产收入、债券利息收入、奖金等，由于目前处于经济调整期，前景差，又转变为不稳定性的收入。再者，在增加的收入中，来自工资的收入比例小，而来自其他不稳定收入比例大，这也扩大了不稳定性收入和稳定性收入比。

二、收入稳定性的状态分析

居民收入结构的变化实际上是我国市场经济改革逐渐深化和收入分配体制改革的映射，从20世纪80年代开始，为了对企业职工形成有效的激励与约束机制，提高国有企业的经济效益，国家逐步改革了企业内的收入分配方式。但这种改革主要是通过增加职工的收入以及激发职工积极性的物质刺激，并没有减少职工的收入。在1991年底，全国预算内国营工业企业亏损面达29.7%，亏损额达310亿元，政府的规定仍仅限于亏损企业不能增加工资和发放奖金。[103]国家对亏损企业的各种补贴仍至少能支撑职工基本工资的发放。职工仍基本上不存在因企业效益不好而被解雇的可能，其基本工资与企业盈利能的相关性也不非常密切，因此，尽管这一时期中的企业盈利能力已经有所差异，但职工的基本收入仍是有所保障的，城镇居民收入主要来源于工资和奖金，收入结构没有发生大的变化，总体上是比较稳定的。

城镇居民收入结构真正开始发生变化或许是20世纪90年代中期，国有企业改革开始采取了新的改革措施。“抓大放小”与国有企业的战略性改组使国有经济在保持或强化其对国民经济控制力的同时，国有经济的数量或规模有所下降。一些国有企业破产，留存的国有经济内部也开始减员增效，一系列的改革措施相继出台。1994年，国有企业开始试行破产制度，原有企业职工面临着被解雇的可能，居民的收入风险增加；1995年开始深化企业养老保险制度改革，基本养老保险费用由企业和个人共同负担，实行社会统筹和个人账户相结合，鼓励建立企业补充养老保险和个人储蓄性养老保险，个人养老支出增加；1996年医疗保障制度改革，由国家、单位和职工三方负担医疗费用，减轻企事业单位的社会负担，自我承担健康风险增加；1997年，规范破产，鼓励兼并，对国有企业富余职工实施再就业；以产定人，下岗分流，减员增效，并分离企业办社会职能的有效途径，财政、社会保险、企业、个人合理分流分离经费，这些改革举措减少就业机会，增大了收入风险。[104]同时这些改革措施使企业的市场化程度不断提高，工资收入逐步同劳动力市场价位相衔接，以市场为基础的工资形成机制已基本确立，企业职工工资的稳定性不断降低。

在企业如火如荼改革进行的同时，国家机关与事业单位也采取了一些改革措施，国家机关精简机构，事业单位也开始进行市场化改革，制定实施了结构工资制，通过实施职务工资、奖励工资等制度，突出了岗位因素，加强了收入分配制度的激励作用。同时，大量的冗员被释放，减少了新增劳动力的就业机会，现有就业人员也面临着被解雇的可能。这样由于就业机会的不稳定性，居民收入的稳定性大大降低。[105]

我们通常将公有制、国有经济称为体制内经济，而把非公有制经济称为体制外经济，如果从劳动就业的角度看，20 世纪 90 年经济体制改革的特点之一就是体制外经济的成长速度低于体制内经济的收缩速度。[106]这必将导致就业机会的锐减，同时，既使下岗人员能够得到再就业机会，就业的稳定性与收入的稳定性都将受到很大程度的冲击。更为严重的是，不仅城镇居民的就业机会在下降，既使是在职职工，收入的风险也在增加；原因在于职工随时都存在被解雇的可能，从而将失去获取收入的机会，而且即便是处于就业状态，工资水平的刚性特征也被逐渐打破，个人从企业中所获得的收入也将随企业盈利能力的变化而变化。而在市场经济条件下，企业的赢利能力同样受到许多不可预测因素的影响，职工收入的稳定性降低。

与此同时，由于我国经济结构调整而增加的下岗和失业人数，加上社会保障制度的不完善等因素，使得居民预期收入降低，而住房、教育、医疗等这些以往完全由国家、企业负担的项目，逐步转为国家、企业和个人共同负担，使城镇居民对未来的支出预期上升。而根据理性预期相关理论，来自于稳定性收入的边际消费倾向一般会高于来自不稳定性收入的边际消费倾向。如果稳定性收入在居民总收入中所占比例减小，同等收入中居民的边际消费倾向就会偏低，这完全符合理性预期消费理论的相关描述。综上所述，我国城镇居民收入的稳定性降低，稳定性与不稳定性收入比例下降，是导致我国居民边际消费倾向偏低的主要因素之一。

第八章　中国城镇居民收入结构对消费影响的实证分析

我国城镇居民对未来的悲观预期以及不断增强的不确定性感受是导致其稳定性收入与不稳定性收入边际消费倾向偏低的主要原因。

借鉴弗里德曼将收入分类的方法，将中国城镇居民收入分为稳定性收入与不稳定性收入，建立收入与消费的模型，在 eviews 中用 1995～2007 年的数据分析，结果显示稳定性收入与不稳定性收入两者皆与消费高度相关，进行回归的模型则显示，稳定性收入的边际消费倾向略高于不稳定性收入的边际消费倾向，但二者的边际消费倾向均较低，这与前文的分析结果是一致的。进一步用 ELES 模型分别分析稳定性收入、不稳定性收入与消费分项支出的影响，结果发现无论是稳定性收入还是不稳定性收入对于居民消费中交通通讯、文教娱乐、医疗保健均具有较高的消费倾向，这些研究结果对于制定合理的消费政策，提高居民消费率，对于促进经济持续稳定的发展有着非常重要的意义。

第一节　城镇居民收入结构对消费的计量分析

一、基本分析框架

现有的研究表明，在改革开放前的计划经济体制下，我国城镇居民收入稳定单一，收入长期保持在较低的水平上，决定居民消费支出的主要因素是现期收入，近似于凯恩斯的绝对收入理论假说。改革开放至 1992 年有计划经济阶段，城镇经济体制改革是城镇居民工资增加，收入快速增加，但居民支出福利基本上没有减少，企业职工的收入是有所保证的，对收入具有稳定的预期，加之消费市场逐渐放开，居民消费的选择性增强。几十年的消费欲望被释放，居民消费热情快速升温，产生了炫耀和攀比思想，因此这一时期我国城镇居民的消费行为更接近于杜森贝利的相对收入理论假说，这一阶段收入来源虽然逐渐改变了原有计划经济体制下单一性，但除工资及单位福利之外的不稳定性收入来源极少，且数额很低，对消费的影响可以说是微乎其微，因此对这一阶段收入与消费问题的研究不作为本文的研究重点。然而，随着城镇用工制度的改革、收入分配制度以及各项即将推出的改革措施，城镇居民收入来源渠道得到了拓展，收入来源逐渐多元化，除工资之外的不稳定性收入快速增长，对消费的影响力也在逐渐增加。对这一阶段收入与消费问题的现有研究主要是用弗里德曼的持久性收入假说理论，但与此同时一些学者并不认为弗里德曼持久收入假定的消费函数能直接适用于分析中国居民消费与收入之间的关系，原因在于：（1）西方消费理论具有局限性，西方消费理论往往是超越消费的制度约束，抽象研究消费者的选择行为。居民的经济行为是在特定的经济环境下发生，因而与经济制度环境密不可分，如果抽象掉其制度因素，仅仅研究决定消费行为的收入、财产、生命周期等因素，得出不合乎实际的结论。同时西方消费函数的模型是假定社会制度相对稳定，人们面临的不确定性是市场的不确定性，这种不确定性的直接反映是人们收入的不确定性。而我国正处于转型时期，人们不仅面临市场的不确定性，同时还面临制度的不确定性。特别应注意到的是，西方消费理论研究的是发达的、成熟的市场经济下消费者的选择行为，而我国不仅是一个发展中国家，市场经济发展程度还很低，同时，由于我国正处于经济转轨时期，各种不确定的因素较多，未来长期目标不易确定，居民难于以一生时间跨度来寻求效用最大化，生命周期假说的应用受到限制。（2）数据处理上的不同会导致不同的结论，如前文所述，一些学者在用弗里德曼持久性收入假说研究中国问题，采取了不同的数据分解方法，从而导致了不同的结果。

本书虽然认为弗里德曼的持久性收入假说并不能完全解释中国城镇居民的消费行为，但同意其“消费者对不同类型的收入会做出不同的反应”这一观点，并借鉴其思路与方法，对城镇居民的收入按照其来源与特点分为稳定性收入与不稳定性收入，分析不同类型的收入对消费的影响，构建模型如下：

$$C = a + a_1 Ys + a_2 Yi \tag{8.1}$$

$$Ln(C) = b + b_1 \ln(Ys) + b_2 \ln(Yi) \tag{8.2}$$

式中，C 为消费，Ys 为稳定性收入，Yi 为不稳定性收入，a 为不受收入水平影响的消费需求，a_1、a_2 分别为稳定性收入与不稳定性收入的边际消费倾向，b_1、b_2 分别为消费的稳定性收入弹性与不稳定性收入弹性。模型（8.2）是为了消除现期消费和暂时收入的非线性因素对回归的影响，对模型（8.1）进行双对数变换。

二、模型的建立

（一）稳定性收入与不稳定性收入的与消费的相关性分析

这里的相关性分析所涉及的内容主要包括各个指标序列之间的相关性分析，粗略考察各个指标的特性以及他们之间的相互关联程度。本章计量的数据均用到前面第五章所选取的指标。根据查阅和计算到的数据，对 1995～2007 年城镇居民稳定性收入与不稳定性数据与人均消费支出做相关性分析，计量数据均在 eviews 6.0 上实现：

表 9　收入类型与人均消费支出相关性矩阵

	C	Ys	Yi
C	1	0.99918	0.99153
Ys	0.99918	1	0.98882
Yi	0.99153	0.98882	1

根据表 9 的相关系数矩阵进行分析，城镇居民稳定性收入与不稳定性收入都与人均消费支出存在很强的相关性，城镇居民稳定性收入与消费的相关系数为 0.99918，存在强正相关性，不稳定性收入与消费的相关系数略低于稳定性收入，为 0.99153，也存在强正相关性，说明稳定性收入对消费的影响要略大于不稳定性收入对消费的影响力。还需要注意的是，稳定性收入与不稳定性收入也存在着强正相关性，相关系数 0.98882，这一点也是符合逻辑的，因为不稳定性收入的一大部分来源于稳定性收入的积累，如由稳定性收入积累而形成储蓄、投资等则构成了不稳定性收入的一大来源。

（二）数据的平稳性检验

传统消费函数理论建立在消费和收入数据平稳的假定基础之上，但是人们在研究有关变量时间序列自相关图时，发现它们并非是平稳序列，因此用普通最小二乘法建立的消费收入关系模型缺乏统计意义上的逻辑论证，容易产生伪回归。伪回归的模型可能具有很高的 R^2 值和 t 值，但是估计出的参数却毫无意义。[107] 对于这一问题的解决，源于 20 世纪 80 年代计量经济学中协整理论的产生，这一理论为解决伪回归问题提供了坚实的基础，为非平稳序列建模提供了科学的方法。

描述非平稳时间序列其中一种方法是设定为单位根过程，本书利用 Dickey 和 Fuller（1974）提出的 ADF 检验法对各变量进行单位根检验。本书选取的样本期为 1995～2010 年，数据来源于《中国市（镇）生活与价格年鉴》（1996～2010），经过上文的方法得到我国城镇居民 1995～2010 年的人均稳定性收入（*Ys*）与不稳定性收入（*Yi*）和人均消费支出额（*C*）的数据。利用 Eviews6.0 软件对这三个变量进行单位根检验，结果如表 10：

表10　1992～2007年收入消费序列的单整检验（ADF）结果①

变量	检验类型	T统计量概率值	单整阶数
Ys	(0，0，0)	0.0028 ***	2
Yi	(0，0，0)	0.0000 **	2
C	(0，0，0)	0.0030 ***	2
ln*Ys*	(0，0，0)	0.0002 **	2
ln*Yi*	(0，0，0)	0.0000 ***	2

从表2的检验结果可以看出，1995～2010年城镇居民人均稳定性收入与不稳定性收入和人均消费支出额的水平值都不是平稳的，而它们的二阶差分均在1%和5%的显著性水平下平稳，因此认为，这两个序列都是Ⅰ（2）序列。若直接建立回归模型，则有可能出现伪回归，因此要对数据进行协整检验。

（三）数据的协整检验

协整性检验其实就是检验协整回归方程的残差是否存在单位根。对于一些时间序列，虽然它们自身是非平稳的，但其某种线性组合却平稳，这种线性组合反映了变量之间长期稳定的比例关系。应用上文的模型，建立收入与消费的方程：

$$C = 1055.93 + 0.61Ys + 0.58Yi \quad (8.3)$$

$$(9.350265)(12.1133)(2.270018)$$

$$(0.0000)(0.0000)(0.0466)$$

调整后的 $R^2 = 998709$，$F = 4642.321(p = 0.0000)$

$$\ln C = 1.63 + 0.71lnYs + 0.10lnYi \quad (8.4)$$

$$(9.949755)(18.93659)(3.943804)$$

$$(0.0000)(0.0000)(0.0028)$$

调整后的 $R^2 = 0.999356$，$F = 9309.899(p = 0.0000)$

调整后 R^2 在0.99以上，F 检验也表明模型是高度显著的，表明方程拟合效果很好，各变量系数均通过t检验，由于dw残差自相关性检验只能检验变量在15以上的方程，在此采用LM检验方法检验残差的相关性，结果表明，残差不存在自相关性。接着，运用恩格尔—格兰杰（Engle-Granger）协整检验法，检验残差项的单位根，如果方程具有协整关系，则其残差应该是平稳的。采用（0，0，

① 检验类型（C，T，K）分别表示单位根检验方程中的常数项、时间趋势项和滞后阶数，*** 和 ** 分别表示在1%和5%的水平上统计显著。

0）的检验形式，对方程的残差做单位根检验，结果显示，其在1%水平下平稳，因此认为，人均消费与人均稳定性收入与不稳定性收入存在协整关系，表明因变量与自变量之间存在长期均衡的关系。

从回归结果看，我国城镇居民消费与收入之间存在协整关系，稳定性收入与不稳定性收入对1995～2007年的消费具有解释力，且稳定性收入的边际消费倾向略大于不稳定性收入的边际消费倾向，说明城镇居民稳定性收入的消费份额略大于不稳定性收入的储蓄份额，即当稳定性收入增加1元时，居民用0.61元用作消费，用0.39元用作储蓄；当不稳定性收入增加1元时，居民把0.58元用作消费，用0.42元用作储蓄。可以看出，城镇居民的稳定性收入与不稳定性收入的边际消费倾向都较小，这也验证了我国城镇居民消费率偏低的消费状态，而长期偏低的消费水平主要是源于城镇居民在经济转轨时期的不确定性感受及流动性约束而增强的预防性储蓄动机[48]。从模型（8.2）的回归结果（8.4）看，消费的稳定性收入弹性大于不稳定性收入弹性。说明城镇居民消费支出变动对稳定性收入变动反映敏感，而相对于不稳定性收入变动的敏感性要弱，即当稳定性收入增加1%时，会引起消费支出增加0.71%，当不稳定性收入增加1%时，会引起消费支出增加0.71%。说明稳定性收入的增加速度对居民消费的增加速度有很大的促进作用

三、调查问卷的结果分析

分别在spss中绘制稳定性收入、不稳定性收入的散点图，见图10，11，从图中可以观察到，散点图分布成一个边届不规则的椭圆，并且两变量比较均匀的分散在回归直线的两边，有较强的相关性，并且从图上可见稳定性收入与消费的相关度要大于不稳定性收入与消费的相关度，也就是说消费者会根据自己的稳定性收入来安排自己的消费支出，这点也比较符合逻辑。

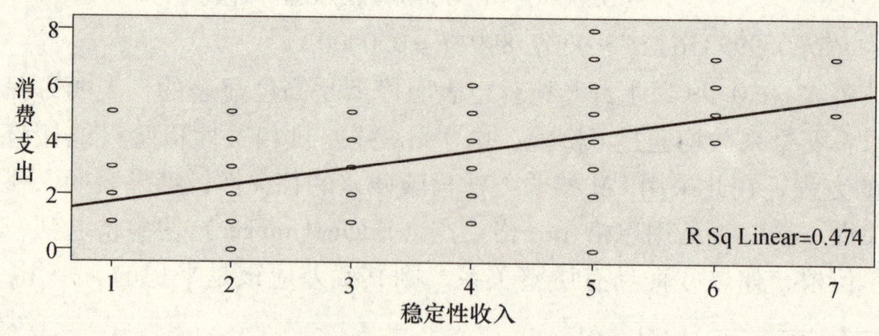

图10　稳定性收入与消费支出散点图

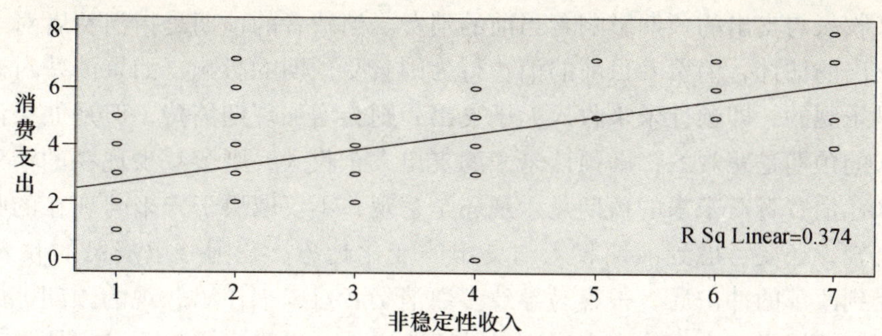

图 11　不稳定性收入与消费支出散点图

进一步做相关性分析可以看出，稳定性收入与消费支出的相关系数为0.688，不稳定性收入与消费支出的相关系数为0.612，而且两个相关系数的显著水平0.000 < a 值0.01（足够显著），充分说明稳定性收入与不稳定性收入的越高，消费支出的水平也将越高。

将问卷调查中的消费支出项作为因变量，将稳定性收入、不稳定性收入作为自变量，用多元线性回归法得出如下统计结果：

表 11　多元线性回归法的统计结果

Model	Unstandardized Coefficients		Standardized Coefficients	T	Sig.
	B	Std. Error	Beta		
1	(Constant)	0.956	0.128	7.459	0.000
稳定性收	0.497	0.043	0.513	11.514	0.000
不稳定性收	0.390	0.044	0.395	8.853	0.000

Dependent Variable：消费支出

从表11的参数看，稳定性收入、不稳定性收入变量的显著性水平 a 值均 < 0.01（很显著），进一步表明这这两个自变量均与消费支出有关。所以，回归模型为：

消费支出 = 0.956 + 0.497 * 稳定性收入 + 0.390 * 不稳定性收入（8.5）

由此可见，通过问卷调查，对城镇居民的收入结构与消费支出状况做了进一步的研究分析，得出了与前文相同的结论，无论是城镇居民的稳定性收入还是不稳定性收入，均会影响到其消费支出行为。

四、计量结果的原因分析

（一）未来收入支出的不确定性的悲观预期

持久性收入假说理论和生命周期假说理论有隐含着一个共同假定：即消费者

对未来收入与支出的预期影响着当前的消费。消费者的预期是指消费者对未来收入与支出的估计，消费者目前的消费行为则会受预期的影响，如果消费对未来的预期是乐观的，即预计未来收入大于支出，则会增加现期消费，但是如果消费者对未来的预期是悲观的，即预计未来的支出大于收入，则会减少现在的消费。一般说来，消费者对未来的预期是乐观还是悲观，不仅取决于未来与现在的收入与支出比较，还要考虑到前期收入与支出的变化趋势。我国城镇居民的收入从90年代受到改革的冲击后，很容易导致多数消费者对未来作出悲观的预期，原因在于我国城镇居民对未来收入支出判断的不确定性。严格来说，不确定性是存在一切时代、一切社会的，每个国家的居民都面临着不确定性的未来。但是在经济运行稳定、制度成熟、健全的国家，其面临的是一个相对稳定的未来，消费者个体可能会做出乐观或悲观的预期，但整个社会的预期一般会是中性的。与此相对应，单个居民可能减少或增加现期消费，但是整个社会的消费水平将会与收入水平保持着较为稳定的关系。而中国正处于经济转型期，宏观上主要表现在：由于转轨目标的体制模式受到转轨初始条件与路径等因素影响所表现出的不确定性；微观上，由于经济中的微观个体难以预料未来的体制走向，从而很难对其将来可能发生的收支状况作出准确的判断，这些都不可避免地给人们带来制度不确定性预期，因而，中国的城镇居民面临着一种特殊的不确定性，具体表现在：

首先，在于中国的不确定性是突然出现的，居民很容易放大其所面临的不确定性，强化了消费者的预防心理。正如前文所论述的，计划经济时代的社会保障制度，使城镇居民从摇篮到坟墓基本上都由国家或企业给包了下来，从而造成了居民对国家和单位形成了一种严重的依赖心理，抵御风险、应对不确定性的能力被严重消弱。当开始从计划经济到市场经济的改革时，原本在市场经济条件下非常正常的事情，均会引起城镇居民的不安，体现在消费上，就是减少当前的消费，增加预防性储蓄。

其次，源于20世纪90年代以来不断深化的城镇改革，使得城镇居民对未来的关注都集中支出的快速增长上。这些支出的改革措施主要包括：1992年的《关于加快改革和积极发展普通高等教育的意见》、1994年的《关于城镇住房改革的决定》、《关于加快改革和积极发展普通高等教育的意见》、1994年的《关于城镇住房改革的决定》、1997年的《关于建立统一的企业职工基本养老保险制度的决定》、1998年的《关于城镇职工基本医疗保险制度的决定》和1991年的《失业保险条例》等。这些改革措施的基本内容为：改革学生上大学的免费体制，上大学应缴纳学费；实现了住房的商品化，职工住房由“分房”改为“买房”；城镇职工的看病问题采取“双方负担、统帐结合”的方式；养老保险实行社会统筹与个人账户相结合的办法。失业保险金由企业负担工资总额的2%，职工个人缴纳工资总额的1%。[35]

这些都使处于变革时代的中国城镇居民，一方面，要承受住房、医疗、就业、教育等改革所增加的支出，另一方面，又缺乏足够的物质与精神准备。这样改革带给居民的第一感觉是原来稳定的饭碗被打破，原来由国家（单位）负责的医疗、住房、子女上学等费用将由个人来承担。这种感觉无疑使许多居民对未来感到担忧，产生对未来悲观的预期。而作为一个理性的消费者，在保证基本消费的前提下，其在规划这些不确定性支出所做的储蓄计划时，往往依据的是个人稳定性的收入来源，每月或每年从稳定性收入中拿出相对固定的一部分用作储蓄以应对未来的消费支出，而当其获得不稳定性收入时，也将一大部分取出作为储蓄以应付未来的不确定性消费，这也就解释了城镇居民稳定性收入与不稳定性收入边际消费倾向均比较低下的原因。

（二）城镇居民的短视行为

西方的消费理论指出为了应付未来收入与支出的不确定性，居民需要调整储蓄和消费规模，使整个生命周期中的多期消费效用最大化，正如里兰德（Leland，1968）预防性储蓄假说[108]所强调的，一个理性的消费者会通过一生的收入规划未来的消费，从而使一生的效用最大化，那么消费者将尽量熨平一生中的消费波动，将消费保持在一定的水平上，在收入低时负债，在收入高时储蓄；即在盛年时期储蓄，在老年时期负储蓄。但是研究表明，在中国，不论是收入低的年轻人还是收入高的年老者都具有较高的储蓄倾向。[109-110]原因在于我国城镇居民所面临的较强的不确定性经济环境，长期目标很难确定，因此其不是以一生为时间跨度来寻求效用最大化，消费支出安排具有显著的阶段性。通常情况下，居民的一生可以划分为几个重要阶段：婚前、婚后、供养子女及退休等。那么未婚青年要为自己的婚事准备资金，已婚的青年人要为子女未来的教育、购置耐用品做储蓄计划时，退休后年老者不仅为自己储蓄，同时受中国传统文化的影响，主张生活“精打细算”“细水长流”，因此他们尽量是将钱存起来，用在子女上学、结婚、购房等方面以减轻子女在转轨期所增加的支出负担。所以无论是年轻人还是年老者都不能花完现在和“最近的将来”所预期所有的收入与流动性资产，必须有一定数量的储蓄，要为“最近的将来”实现储蓄目标，而不论这些收入是来源于稳定性收入还是不稳定性收入，从而降低了边际消费倾向。

（三）流动性约束对消费的限制

流动性约束，即信贷约束，是指居民从金融机构以及非金融机构和个人取得贷款以满足消费时所受到的限制。LCH-PIH 理论假定消费者只要最终能够偿还贷款，就能以与储蓄相同的利率获得信贷，这显然是以完全信息和充分发达的信贷市场为前提的，假设不存在流动性约束或信贷约束。但实际上是，即使在发达的金融市场上，由于信贷市场信息不对称等原因，必然会存在流动性约束。在中国，除了信贷市场的信息不对称之外，不发达的金融体制使得流动性约束更为严重。

中国从 1978 年改革开放以来，金融体制发生了很大变化，消费信贷有了一定程度的发展，虽说购房、买车的贷款比率较之以前有了很大的提高，但首付款或大部分支付款仍然是依靠消费者自己的积蓄。同时近年来我国居民的消费结构发生了很大的变化，在总消费支出中食品、衣着等生活必需品所占比重在不断下降，而高档的耐用品的比例是不断上升的。但是，我国并没有私人耐用消费品的租赁市场，如果居民想增加耐用消费品的消费，必须一次性地将耐用品购买下来。然而，我国人均收入水平偏低，加之私人消费信贷市场的不发达，许多的消费者必须储蓄一段时间后才能买得起消费品。一般来说，高档耐用消费品的使用寿命比较长，早消费的效用要比迟消费的效用大。我国城镇居民在不存在私人消费信贷市场的条件下要尽快消费的途径只有提高储蓄率。

从银行方面来看，社会信用制度尚未真正建立和银行在交易中可供利用的相关法律、法规还很欠缺，可操作性和约束性不强等因素增加了银行提供消费信贷的风险。银行只好通过制定严格的贷款条件，增加贷款手续，减少贷款额度，缩短贷款期限等方式来规避和减少贷款风险，所有这些因素降低了消费信贷供给，又给消费信贷的需求设置了过多的“门槛”。

可见，需求和供给两方面的作用必然提高消费信贷约束的程度，而贾伯利和帕格诺（Jappeli&Pagano，1994）认为如果一个经济中消费者面临的流动性约束比较强，这个经济的储蓄率就会比较高，也就是说当消费者面临较强的流动性约束时，会导致消费者减少现期消费，增加储蓄。

（四）发展型消费的需求

行为生命周期理论认为，人们在进行消费决策时，总是面临着是现在消费还是通过储蓄推迟到未来消费的抉择，这是一种“痛苦的”抉择，因为人们都有及时行乐、希望尽可能多地享受眼前消费而不愿意推迟到以后消费的倾向，这就是现期消费产生的“诱惑”。要为未来消费而进行储蓄，需要用人的“意志力”来抵抗眼前消费的诱惑放弃及时享受，这是一种“内在的冲突”，是痛苦的“自我控制”过程。[111]

同时，行为生命周期理论还引进了“心理账户”的概念，根据各种不同的收入来源和形式，将它们划分为不同的心里账户。行为生命周期理论认为，对不同账户的财富，消费者的行为是不同的。对中国城镇居民可以划分为两个心理账户，现期可消费的收入账户和未来收入账户。中国城镇居民在面临转轨时期的不确定性而做的储蓄时，每月从现期收入中提取一定的比例作为子女教育、医疗支出和购房等作为将来短期或长期的支出，不到一定的阶段是不做支取的，从而将现期收入账户的财富转移一部分到未来收入账户上，而现期收入账户的主要来源是稳定性收入，也就是说稳定性收入的一部分被用作保证个体及家庭的基本消费，另一部分则被分配为未来收入账户上。

中国城镇居民处于这样一种艰难的选择矛盾状态，其在关心长期的利益，满足基本生活消费的条件下，倾向于将稳定性收入中的一大部分用于储蓄以应对他所面临的支出；而对于获得不稳定性收入时，其消费欲望得到了释放，无法抵制现期消费所产生的“诱惑”，并不如弗里德曼所描述的将其全部作为储蓄，而是将不稳定性收入的一部分作为用于消费以提升自己的消费水平和消费质量，这也就解释了不稳定性收入的边际消费倾向只是略低于稳定性收入边际消费倾向的原因。

第二节　中国城镇居民收入结构与消费增长态势研究

近几年，关于城镇居民收入与消费问题的研究有不少文献，但不论是对全国情况的研究，还是对特定地区的研究，都是从居民可支配收入与消费结构的角度进行研究的，鲜有从不同类型收入与消费结构角度进行研究的，从上文的研究结果可知，不同类型的收入具有不同的边际消费倾向，也就是说，不同类型的收入对消费的影响是不同的，因而研究出的结论缺乏针对性。基于此，本书在以上研究的基础上，进而研究城镇居民稳定性收入与不稳定性收入与不同类型的日常消费之间的关系，分析消费结构，试图得出某些趋势性的结果，并进一步分析消费的增长态势，找到针对不同类型的收入刺激消费增长的途径，以期找到中国城镇居民消费率长期偏低的真正原因。

一、中国城镇居民消费结构的变动特点

消费结构是在一定的社会经济条件下，人们（包括各种不同类型的消费者和社会集团）各种不同类型消费在消费总量中所占的比重以及它们之间的关

系。按实际支出的方面，消费结构可分为吃、穿、住、用、行等具体形式；按消费的内容，可分为实物性消费和服务性消费；按支出形式，可分为自给型消费和商品性消费；按人的需求层次划分，可分为生存消费、享受消费和发展消费等。[112]

总体而言，我国城镇居民的消费结构自1992年以来发生了很大的变化。从绝对数上来说，随着我国经济持续稳定的发展，城镇居民的人均可支配收入增加显著，各项消费支出也都增长明显，具体见图：

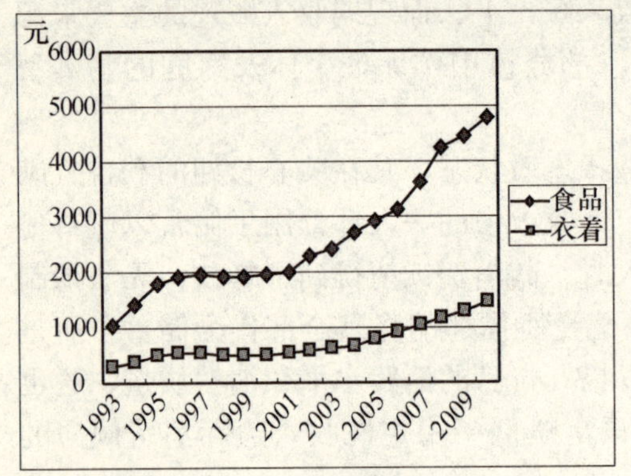

图12 城镇居民食品及衣着支出情况

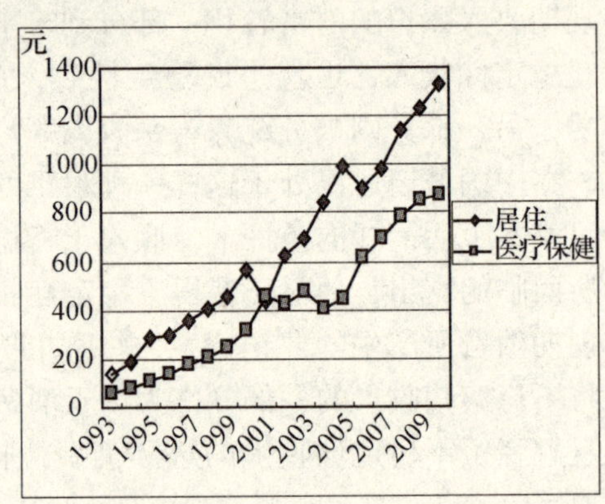

图13 城镇居民居住及医疗保健支出情况

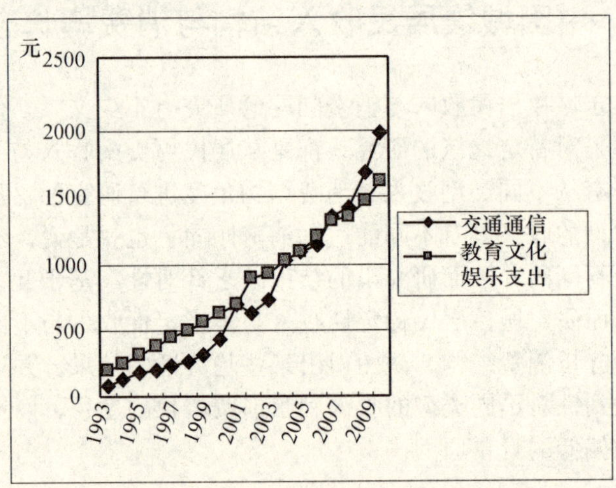

图14 城镇居民交通通信及教育文化娱乐支出情况

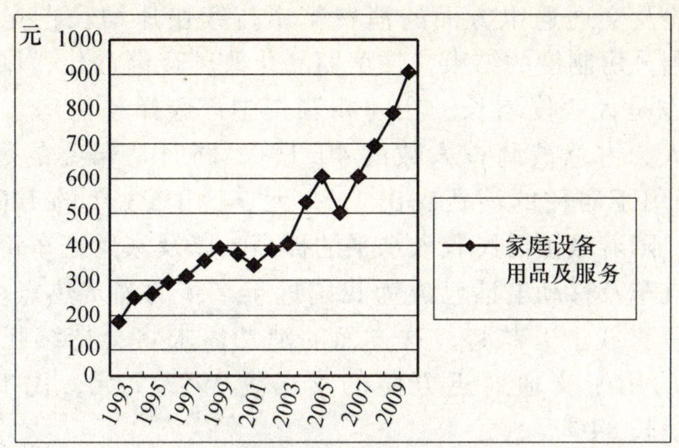

图 15　城镇居民设备用品支出情况

同时调查问卷的结果如下：

表 12　消费支出情况

	消费支出 1	消费支出 2	消费支出 3	消费支出 4	消费支出 5	消费支出 6	消费支出 7
N Valid	340	303	171	230	106	157	32
Missing	86	123	255	196	320	269	394

具体说来，近年来城镇居民消费结构的变动有如下特点：

第一，食品、衣着消费支出总量不断上升，比重平稳下降，增长幅度及趋势相似。近年来，政府部门十分重视农产品结构调整，各种优质农副食品产量逐步增加，市场货源充足；服装品牌的多样化也丰富了人们的选择。在调查问卷中，对问题 9 的回答，有 340 人选择食品消费是其主要的消费支出之一，有 303 人选择衣着消费是其主要的消费支出之一。同时统计年鉴的数据显示，我国城镇居民 2010 年食品的人均消费性支出为 4804. 71 元，比 1993 年增长了 354%。衣着消费则比 1993 年同期增长 380%。而食品在居民消费中所占的比重由 1993 年的 50% 下降为 2007 年的 37%，衣着在居民消费中所占的比重由 1993 年 14% 下降为 2010 年的 10. 7%。这表明，我国城镇居民食品、衣着消费支出在绝对数不断上升的同时，相对比重平稳下降，城镇居民正从以满足吃、穿为主的生存型消费阶段逐步向发展和享受型消费阶段过渡。期间，食品及衣着在从 1993 在快速增长后，至 1996 ~ 2000 年进入平稳期，增长幅度有所降低，然而自 2001 年起，两者均快速增长，幅度明显大于前期。这一方面是由于收入的因素引起的，另一方面是源于，居民在满足基本的温饱问题后，对于食品及衣着消费的质量及品种的多样化有了更多更高的要求。

第二，居住及交通通讯方面的消费支出持续快速增长，支出比重日益增大。伴随着福利分房制度的结束，住房商品化改革逐渐深化，城镇居民用于住房方面的支出也是大幅度增长。在问卷调查中，选择“住房、汽车等贵重物品”的有 171 人，占总被调查人数的 40.1%。同时从年鉴的数据也可获知，如 2010 年人均用于居住的消费支出 1332 元，比 1993 年的 140.01 元增长了 8512%。同时，随着城镇居民收入水平的提高，以及家用汽车价格、电子通讯的下调，私人汽车及移动电话已成为我国近年来新的消费热点。从图形上看，这方面的消费呈直线上升趋势，这方面的消费需求将会持续旺盛。如数据所示：2010 年人均用于交通通迅方面的支出为 1983.7 元，比 1993 年增长了 2360%，年均增长 84%。

第三，文教娱乐及医疗保健的消费比重上升的幅度也较大。随着国家对教育体制的改革，以及人们对教育重视程度的提高，特别是自 1997 年高等教育收费制度的开始，我国城镇居民对教育的消费支出增长快速，同时由于文化娱乐产品的丰富，人们在初步满足物质消费后，对精神文化需求也成为必然需求，文教消费占家庭消费支出的比例逐年加大，由 1993 年的 9% 上升到 2010 年的 14.7%。在调查问卷中，问题 9 中选择“子女教育”的有 230 人，占总被调查人数的 54%，医疗制度的改革导致了人们用于医疗的支出增加，绝对支出额和相对支出比重上升的同时，预期消费也随之增长。在医疗保健方面，由 15 年前的 56.89 元，猛增至 871.77 元，增长了 15 倍。

第四，家庭设备用品在支出总量上保持平稳，比重上呈现下降趋势。如图 15 所示，在经历 90 年代初的快速增长后，90 年代中后期及 21 世纪初基本上都是平稳发展，因为中低档的消费品对城镇居民而言已经达到饱和状态。但近几年，城镇居民对家庭设备的支出总量增速有所上升，这一方面是由于设备用品更新换代引起的，另一方面则是由对高档消费品的需求引起的。

二、中国城镇居民稳定性收入与消费结构计量分析

（一）ELES 模型描述

扩展的线性支出系统模型（Extended Linear Expenditure System，简称 ELES 模型）是经济学家 Liuch（1973）在英国经济学家 R·stone（1954）提出的线性支出系统（LES）的基础上提出来的。[113] ELES 的基本思路是：认为某一时期人们对各种商品的需求量取决于人们的收入和各种商品的价格，而且人们对各种商品和服务的需求分为“基本需求”和“非基本需求”两部分，其中基本需求和收入水平无关，只是为了维持最基本的生活水平，而非基本需求却取决于满足所

有基本消费需求后的“剩余收入”和消费者的偏好。ELES 模型的基本形式为：

$$P_iX_i = P_iX_i^0 + \beta_i(Y - \sum P_iX_i^0) \quad i = 1, 2, \cdots n \tag{6.6}$$

式中，Y 为收入；P_iX_i 为第 i 种商品的消费支出；$P_iX_i^0$ 为第 i 种商品的基本消费支出；β_i 为第 i 种商品的边际消费倾向，表示收入扣除基本消费支出之后剩余的余额中，用于对第 i 种商品或服务追加支出的比例，且 $0 \leqslant \beta_i \leqslant 1$，$\sum\beta_i \leqslant 1$。为估计模型未知参数，假设同一截面上不同收入的消费者同一商品价格 P_i 是相同的。由 6.6 式得：

$$P_iX_i = (P_iX_i^0 - \beta_i \sum P_iX_i^0) + \beta_iY + u_i \quad i = 1, 2, \cdots n \tag{6.7}$$

令 $a_i = (P_iX_i^0 - \beta_i \sum P_iX_i^0)$，这是一项只与 i 有关的常数，则有：

$$P_iX_i = a_i + \beta_iY + u_i \quad i = 1, 2, \cdots n \tag{6.8}$$

式中，u_i 为随机误差项，直接利用某种商品的消费支出和收入的样本观察值，采用最小二乘法（OLS）可得到 6.8 式中参数 a_i、β_i 的估计，由此可得到基本消费总支出：$\sum P_iX_i^0$，第 i 项商品的基本消费支出：$P_iX_i^0$ [113 - 114]。

国内现有的研究基本上都是从居民可支配收入与消费分项支出分别建模，分析各类消费支出的基本消费支出及边际消费倾向，找到居民的消费重点与消费规律[115 - 116]。本书在此基础上，应用 ELES 模型，将城镇居民的收入分解为稳定性收入与不稳定性收入，分别研究不同的收入类型对消费分项支出的影响，分析不同类型收入的边际消费倾向，找到影响消费的主要因素，对于制定合理的消费政策，促进生产与消费协调发展，进一步发挥消费对经济增长的推动作用，从而实现经济的持续、稳定和健康的发展，有着重要的现实意义。

（二）模型的参数估计及检验

根据国家统计局公布的对城镇居民家庭人均消费支出情况资料，中国居民家庭消费支出分为八大项：食品、衣着、居住、家庭设备、交通通讯、文教娱乐、医疗保健以及杂项。以由表 1 所计算出的 1995 ~ 2010 年的城镇居民稳定性收入为自变量，分别以各项消费支出为因变量，采用 Eviews 6.0 软件进行估计，见表 6 - 4：

根据表 13 从回归结果可知，各类商品或服务的 t 统计量都通过了显著性检验（$p < 0.05$），修正决定系数 R 基本上都在 80% 以上。F 统计量能在 1% 的显著性水平下通过检验，模型的整体效果较好，这表明对城镇居民来说，其稳定性收入对八类商品消费的影响是显著的。由 T 值可知，所有 β_i 的值也在 1% 的水平下显著。

表 13 稳定性收入与消费结构

	a_i	β_i	T 值	R^2	F 统计量
食品	897.5114	0.204288	23.21442	0.978178	538.9095
衣着	183.0228	0.062925	13.43872	0.937369	180.5993
居住	25.95738	0.079486	15.13223	0.949997	228.9845
设备用品及服务	194.9467	0.028862	7.554230	0.823702	57.06640
医疗保健	-111.6446	0.068837	14.9138	0.948591	222.4213
交通通信	-392.5865	0.139408	2159.373	0.994471	2159.373
教育文化娱乐服务	-44.88587	0.115569	15.75704	0.953719	248.2842
杂项商品与服务	81.90110	0.020421	5.645009	0.743387	31.86613

（三）稳定性收入的边际消费倾向

稳定性收入的边际消费倾向是指居民新增加的每单位稳定性收入中用于增加消费支出的份额，居民对各类消费品的边际消费倾向反映了居民各类消费需求的顺序和新增购买力的投向。表 13 中 β_i 估计值即居民对第 i 类商品（或劳务）的边际消费倾向。根据上表计算可知，城镇居民稳定性收入的边际消费倾向为 0.71，与上文中所估计的 0.61 相差不多，同样说明了城镇居民稳定性收入的边际消费倾向是偏低的。同时，从表 13 可以看出，食品的边际消费倾向是最高的，因为食品是居民生存和发展最基本的消费资料，说明一旦稳定性收入增加，居民首先考虑的是购买食品，增加食品的消费数量。同时也说明了我国城镇居民的消费结构还处在比较低级的阶段。稳定性收入边际消费倾向排第二的是交通通信，说明市场经济强化了人们的时间观念和信息观念，家庭轿车、手机、电脑成为城镇居民消费的热点。排第三的是文教娱乐消费这反映了 1997 年以后我国教育收费改革对城镇居民消费支出的影响，同时也说明了近年来我国城镇居民特别重视文化素质的培养及子女的教育。居住的边际消费倾向也较高，随着人们收入的增加和政府的住房体制改革，居民消费中用于住房消费的比重有一定的上升。总而言之，这些不但体现出我国城镇居民的生活水平迈上了一个新的台阶，同时也反映出虽然城镇居民的稳定性收入边际消费倾向较低，但因为其仍然是居民收入的主要来源，因此居民在作消费计划时，主要依靠的是稳定性收入来保证其基本的生活及发展的需要。

（四）稳定性收入的需求收入弹性

需求收入弹性是指当所有的商品价格不变时，收入变化 1% 所引起的第 i 种商品需求量变化的百分比。需求收入弹性可以用来度量需求量对收入变动所作反应的程度，其基本公式为：$\eta_i=\beta_i Y/P_iX_i$，式中 Y 为各地人均可支配收入，P_iX_i 为第 i 种商品的消费支出。由需求收入弹性定义可知，如果 $0<\eta_i<1$，表明随着收入的增加，对第 i 种商品的需求量将增加，但这类商品支出占总收入的比重在下降。如果 $\eta_i=1$，表明随着收入的增加，对第 i 种商品的需求量与收入同步增加。如果 $\eta_i>1$，表明随着收入的增加，对第 i 种商品需求量将增加，并且这类商品的支出占总收入的比重也将增加。一般说来，生活必需品的收入弹性小，非生活必需品（奢侈品或高价商品）的收入弹性大。[117] 结合上面的计算结果和统计年鉴数据，可计算出 2007 年各类消费项目的需求收入弹性系数值，如表 14。

表 14 稳定性收入的需求收入弹性

	食品	衣着	居住	设备用品	医疗保健	交通通信	教育文化及娱乐服务	杂项
η_i	0.73	0.78	1.04	0.62	1.27	1.32	1.12	0.74

由表 12 可以看出，在稳定性收入增加的情况下，八项收入的弹性均为正值，说明随着稳定性收入的提高，会刺激各类商品的消费，各种消费品仍然有消费增长空间。其中居住（1.04）、医疗保健（1.27）、交通通信（1.32）与教育文化及娱乐服务（1.12）的 η_i 大于1，表明这四项的消费仍属于城镇居民消费中的奢侈品，居民对医疗保健、交通通信及教育文化及娱乐服务需求量的支出会高于稳定性收入的增长幅度，这四类消费性支出将会保持良好的增长势头。食品、衣着、家庭设备的需求收入弹性较小，是现阶段居民消费中的“必需品”。当消费者的稳定性收入上升时，尽管消费者对必需品和奢侈品的需求量都会增加，但对必需品需求量的增加是有限的，而对奢侈品的需求量的增加是较多的，同时对需求收入弹性大的消费增加的多，对收入弹性小的消费增加的少。

三、不稳定性收入与消费增长态势

通过上文的计量结果可知，稳定性收入的边际消费倾向只是略低于稳定性收入的边际消费倾向，也就是说不稳定性收入用于消费的比例要与稳定性收入用于消费的比重大致相同，原因在于城镇居民在面临未来的不确定性时，在满足了日常生活的基本消费需求之后，将稳定性收入的大部分用作储蓄应对未来的不确定性。而不稳定性收入同样也具有较高消费倾向的原因在于人们消费欲望的释放，而不稳定性收入主要用于消费支出中的哪些方面，对于制定消费政策有一定的指导意义，下面就应用 ELES 模型分析不稳定性收入主要用于那些消费支出。同样根据国家统计局公布的城镇居民家庭人均消费支出情况资料，居民家庭消费支出分为八大项：食品、衣着、居住、家庭设备、交通通讯、文教娱乐、医疗保健以及杂项。以由表1所计算出的1993年~2010年的城镇居民稳定性收入为自变量，分别以各项消费支出为因变量，采用Eviews 6.0软件进行估计，见表15。

表15 稳定性收入与消费结构

	a_i	β_i	T值	R^2	F统计量
食品	1322.883	1.033778	16.03366	0.955237	257.0784
衣着	313.0805	0.319400	141.8132	0.921473	141.8132
居住	254.6792	0.146424	7.190002	0.808601	51.69614
设备用品及服务	254.6792	0.146424	7.190002	0.808601	51.69614
医疗保健	30.13624	0.349907	13.22528	0.935452	174.9080
交通通信	-104.8898	0.708068	23.69627	0.979040	561.5132
教育文化娱乐服务	196.0589	0.584516	12.68787	0.930225	160.9821
杂项商品与服务	122.0085	0.105772	5.936446	0.740492	35.24139

根据表15从回归结果可知，各类商品或服务的t统计量都通过了显著性检验（$p<0.05$），修正决定系数R基本上都在80%以上。F统计量能在1%的显著性水平下通过检验，由T值可知，所有β_i的值也在1%的水平下显著。但是值得注意的是β_i之和远远大于1，不符合ELES模型中对于β_i的定义，$\sum\beta_i$是边际消费倾向，其值应小于1。本文认为出现这种情况的原因在于，虽然在改革开放后，特别是1992年的城镇化改革后，而不稳定性收入的增长速度很快，其占居民总收入的比重越来越大，但是从绝对数额上看，不稳定性收入的绝对额很低，1995年仅仅为365.17元，在经过15年的增长之后，2010年仅为3136元。这说明城镇居民在用稳定性收入保证了与生活息息相关的日常商品等基本的消费后，在八项消费支出做出合理的安排与计划后，不稳定性收入仅能满足这八项支出中的某一两项部分支出，而要将不稳定性收入消费在具体的哪方面，这取决于消费者的个人偏好。因此，在假定城镇居民将其不稳定性收入用于某项其喜好的支出时，上面的计量结果也可以说明一些问题。除去大于1的系数之外，系数的大小依次为教育文化娱乐服务、居住、医疗保健，而这与上文中稳定性收入的所做的计量结果惊人地一致，而教育、文化娱乐和商品房、医疗保健属于个人发展型和享受型消费。这些充分说明了居民在满足了基本生活消费后，依据个人喜好和偏好将不稳定性收入的绝大部分用于满足其追求更高品质生活的消费。同时，也充分说明要提高城镇居民的消费率，应大力发展教育文化产业，加大商品房的供应以及保障医疗保健行业的健康发展。

第九章 中国城镇居民各收入阶层收入与消费的总体状况分析

不断扩大的收入差距使城镇居民形成了不同的收入阶层，各阶层收入的来源及稳定性呈现不同的特点。

改革开放以来，随着我国经济体制由计划逐步向市场的转型，作为经济体制改革重要组成部分的收入分配体制也发生了重大的变化。计划经济时期单一按劳分配、平均主义分配体制被打破，市场经济条件下的激励机制和竞争机制不断引入。通过三十多年的改革实践，我国的收入分配制度已经发生了革命性的变化，基本形成了以按劳分配、按要素分配、按技术分配等多种分配为主体，按贡献分配、按要素分配、按技术分配等多种分配并存的收入分配体制。收入分配体制的变化带来了我国城镇居民收入分配差距的不断扩大。1978 年，我国城镇居民收入分配的基尼系数只有 0. 16 左右，至 2011 年已达到，收入差距的快速拉大使城镇居民形成了不同的收入阶层，各收入阶层收入的来源及稳定性有着其各自的特点，对消费的影响也是不同的。

第一节　中国城镇居民收入各阶层形成的原因分析

一、阶层的含义

社会阶层是社会学研究社会关系的一个重要概念。在现代经济理论中，社会阶层是指依据一定经济利益、政治态度或生活方式等同一性标准而在社会成员中形成的不同层次的社会集团。人们在一个社会中的地位，是由自身职业和经济收入、权力和声望、思想和教育等多种因素决定的，许多社会成员由于在其中一些因素上具有同一性而成为同一利益集团或同一利益群体，这些不同层次中的同一集团、同一利益群体就是社会阶层①。

根据研究目的的不同，阶层理论有不同的划分标准，比如可以依据对生产资料的占有，拥有的收入和财富、职业、知识技能、信息资源以及受教育的高低和社会声望等，可以划分出不同的阶层。可见，对于阶层的划分，实质上是关于人

① 齐晓安．我国阶层收入差距分析及调整对策研究［D］，东北师范大学，2005

们对各类资源的占有关系，而对资源占有的不同则决定了人在社会中其他社会关系、社会地位的不同。在研究收入与消费问题中，学术界常见的有两种划分依据：一是按职业划分（常新、邓俊荣，2002）；二是以衡量消费者消费水平的恩格尔系数作为消费分层的依据（李培林、张翼，2000）①。

本书认为，以职业作为划分的标准是不准确的。当前我国处于市场经济改革的转型时期，生产资料实行是以公有制为主体，多种所有制经济成分共同发展的所有制结构，这个特点便决定了处于不同所有制生产部门的人，其所从事的职业是相同的，但其收入和消费的差异性却很大。举例来说，比如私营企业的职工和经理与国有企业的职工和经理、个体经营的司机和国家机关、企事业单位的司机，其收入和消费属于不同的等级，收入的来源及结构差别较大，即职业与其所拥有的经济收入、消费等相关性不大。因此，在我国市场经济转型过程中，以职业作为划分阶层的标准来研究消费问题是不合适的。

同时，本书认为恩格尔系数作为划分的标准也是不准确的。在经济体制比较稳定时，以恩格尔系数可以作为划分阶层的依据。但是，我国处于经济转型期，制度变迁的因素较为突出。因为在改革开放初期，城镇居民的温饱问题没有解决，基本营养也没有得到满足。在这种情况下，随着人们生活水平的提高，恩格尔系数也随之上升，而当居民由温饱型消费向营养型转变时，居民的副食产品的消费量则会大幅度上升，恩格尔系数也随之上升。加之，随着城市生活节奏的加快以及餐饮服务业的快速发展，城镇居民外出就餐的频率及支出也大大提高，致使恩格尔系数长期居高不下。同时，由于城市经济体制改革的不断深入，打破原来计划经济体制下由国家及企业承担的教育、医疗、居住的制度，均会影响恩格尔系数的大小。简而言之，由于制度的变迁，社会发展阶段的不同，相同数值的恩格尔系数背后却代表着不同的含义，这使以恩格尔系数划分阶层也不标准。

鉴于此，本书根据历年的《中国统计年鉴》《中国城镇生活价格统计年鉴》，以货币收入为主要依据，进行归纳整理。国家统计局城市社会经济调查总队将所有调查户按照人均可支配收入由低到高排队，按10%、10%、20%、20%、20%、10%、10%的比例依次分为最低收入组、低收入组、中等偏下收入组、中等收入组、中等偏上收入组、高收入组、最高收入组共七组。将这七组按低、中、高组合划分为三组，则低、中、高收入群体分别占城镇居民家庭总数的20%、60%、20%；分别研究这三组群体的收入结构及消费特点。

① 李培林、张翼．消费分层：启动经济的一个重要视点．中国社会科学［J］．2000，1

二、不同收入阶层形成的原因和必然性

（一）收入分配制度的改革

中国的经济改革是要实现从计划经济向市场经济的根本性转变，在市场经济体制下，市场机制调节会导致收入分配不公平。我国要建立社会主义市场经济体制，在分配制度上，就必然要承认和实行按生产要素分配的原则。因而在转轨过程中，居民收入差距的扩大则不可避免，从而形成了不同的收入阶层。

自1978年实行改革开放政策以来，我国城镇内部收入分配制度的显著变化是国有和集体单位内部的工资制度改革。迄今为止，我国城镇的工资制度改革主要有三次，改革的对象主要是国有经济单位，包括政府部门、国有企业以及国有事业单位。第一次是在1985年，工资改革的主要内容是，在国有企业内部，工资的分配逐渐与行政、事业单位脱钩，开始实施与市场经济体制相适应的工资体制，即企业职工的工资总额与企业经济效益和个人贡献挂钩，实行计件工资制、计时工资制等分配方式。伴随着这些改革措施的逐步出台，打破了原有平均主义的分配方式，按劳分配、按绩效分配的分配方式逐渐拉大了国有企业内部和国有企业之间的职工收入差距的扩大，收入阶层逐渐分化。

行政机关和事业单位的工资制度改革始于1993年。其中行政机关实行的是以职务级别为主的职级工资制，调整了工资收入结构：工资中包括了一部分的福利性补贴，同时新的工资增长机制和新的津贴制度建立。事业单位则根据所处行业，实行职务岗位工资制、专业技术职务等级工资制、艺术结构工资制、体育津贴奖金制和工人工资制等五种类型，这种制度体现了行业的特点。在此种制度下，行政事业单位内部职工之间的收入差距开始拉大，但总体上还比较平均。而在国有企业内部开始逐步引入了租赁制、承包制和年薪制、甚至个别国有企业的领导和高级管理人员以部分股权和期权，从而形成了一部分高收入阶层。同时，从1996年底开始的国有企业以“减员增效”为核心的改革造成了大批国有企业职工下岗失业，形成了低收入阶层①。在这种情况下，在国有企业内部，企业负责人和高级管理人员与企业普通员工之间的收入差距开始进一步拉大。

收入分配制度的第三次改革始于2002年，主要以行政机构和事业单位为主，主要是工资制改革。自2002年以来，全国各省陆续进行的公务员工资制度改革，实行“阳光工资”制度。行政机构的公务员工资制度改革一方面通过简化工资结构、增设级别、增强级别功能完善工资调整办法等措施，大幅度提高了公务员

---

① 周云波．中国居民收入分配差距实证分析［D］．南开大学出版社，2008，P60

工资，调动了公务员工作的积极性及热情，另一方面，拉大了不同职务级别之间的工资水平。在行政机关进行工资调整的同时，事业单位的工资制度也相应做了调整，主要是建立绩效工资制，实行事业单位分类工资管理办法，以及完善高层人才收入分配机制等。这样，在行政机构和事业单位内部收入差距逐渐拉大，形成了不同的收入阶层。

（二）经济体制改革

改革开放以后，随着市场化程度的提高以及对外开放程度的增大，我国城镇内部经济结构也发生了巨大的变化，变化之一就是所有制结构的多元化，即包括外商独资、中外合资、中外合作、民营和个体等各种形式的非公有经济获得长足的发展，原来国有经济一统天下的局面发生了根本性的改变，国有经济在国民经济中的比重大幅度下降，一个以混合所有制为基础的市场经济的轮廓已形成。

（三）国民产出中的所有制结构的变化

从国民经济的总体构成看，根据国家统计局的统计，1978 年，我国工业总产值为 4237 亿元，其中国有及国有控股企业工业产值为 3289 亿元，集体企业为 948 元，分别占总产值的比例为 77.63% 和 28.82%，在计划经济体制下，只允许发展公有制经济，而无非公有制经济。改革开放后，非公有制经济开始发展，国民经济结构逐渐发生了很大的变化。上世纪 90 年代后，国有企业改革国有企业改革进入了一个新的阶段。1993 年 11 月，中共十四届三中全会明确指出，我国国有企业改革的目标是建立现代企业制度，1995 年，中共中央提出“抓大放小”这一国企改革的大思路，国有企业的数量逐渐减少。与此同时，包括个体私营经济、外资和港澳台经济、以股份制为主的混合经济从无到有，从 1980 年的 0.49% 上升至 1990 年的 9.8%，90 年代后这一类型的经济占有份额明显上升。至 1999 年为 33%，年均递增 2.5 个百分点。国民经济总体角度分析，根据国家统计局的测算，1997 年，我国实现的国内生产总值为 74772 亿元，其中，非公有经济实现 18096 亿元，占整个国民经济的比重为 24.2%，而公有经济仍占主导地位，占 75.8%。这是根据新标准计算的，即公有制经济中包含了混合经济中的公有成分。如果按照旧有口径计算，那么非公有成分大约在 32.9%，公有经济的比重大约为 67.1%①。

进入 21 世纪后，随着改革开放程度的不断深入，私营企业取得了更快的发展，2000 年私营单位 22128 个，实现工业产值为 5520.36 亿元，占国民经济总产值的 5.3%，至 2010 年私营单位的数量为 273259 个，实现工业产值 213338.57

① 王冬梅．中国经济的结构变动与就业增长［J］，劳动就业研究，2005，3，P113－114

亿元，是2000年的40.86倍，占国民经济总产值的比例上升至53.2%。与此同时，随着国企改革的不断深入，国有及国有控股企业的个数逐渐减少，由2000年的53489个减少为2010的20253个，实现工业产值为185861亿元，比私营企业工业产值少了27477.55亿元。可见国有企业的工业份额呈不断降低趋势，而私营企业的工业份额则呈现上升趋势。

（四）就业结构的变化

伴随着非公有制经济体的快速发展，所有制结构的逐渐多元化，其不仅在国民经济中占据了越来越大的份额，同时也吸纳了大量的劳动力就业。

表1　中国城镇劳动力就业的所有制结构（1978～2010）

年份	城镇劳动力总数（万人）	国有经济及集体经济单位		非国有经济单位	
		从业人数（万人）	占城镇劳动力总量的比重	从业人员	占城镇劳动力总量的比重
1978	9514	9497	99.82%	17	0.18%
1980	10525	10444	99.23%	81	0.77%
1985	12808	12314	96.14%	494	3.86%
1990	17041	13610	79.87%	3146	18.46%
1995	19040	14408	75.67%	4632	24.33%
1998	21616	11021	50.99%	10595	49.01%
1999	22412	10284	45.89%	12128	54.11%
2000	23151	9601	41.47%	13550	58.53%
2001	23940	8931	37.31%	15009	62.69%
2002	24780	8285	33.43%	16495	66.57%
2003	25639	7876	30.72%	17763	69.28%
2004	26476	7607	28.73%	18869	71.27%
2005	27331	7298	26.70%	20033	73.30%
2006	28310	7194	25.41%	21116	74.59%
2007	30953	7132	23.04%	23821	76.96%
2008	32103	7109	22.14%	24994	77.86%
2009	33322	7038	21.12%	25294	75.91%
2010	34689	7113	20.51%	27576	79.49%

如表所示，1978年，我国国有和集体经济单位的从业人员数为9497万人，占城镇劳动力总量的比例高达99.82%，而非国有经济单位的从业人数只有17万

人，占城镇劳动力总量的比重仅为0.18%。1985年，国有和集体经济单位的从业人数增加到了123.14万人，占城镇劳动力总量的比重下降至96.14%，而非国有经济单位的从业人数增加到494万人，占城镇劳动力总量的比重增加到3.96%。1995年为转折点，国有和集体经济单位的从业人数达到了顶峰为14408万人，占城镇劳动力总量的比重下降至75.67%，而非国有经济单位的从业人数增加至4632万人，占城镇劳动力总量的比重增加到24.33%。1999年又是一转折点，这一年国有和集体经济单位的从业人数减少到10284万人，占城镇劳动力总量的比重为54%以上。截至到2010年，我国国有和集体经济单位的从业人数为7113万人，占城镇劳动力总量的比重为20.51%，而非国有经济单位的从业人数为27576万人，占城镇劳动力总量的比重达到了79.49%。

（五）新兴行业的兴起

另外一个变化就是，由于技术进步、经济发展水平的提高以及市场经济体制的逐步完善，出现了许多新兴的行业和领域，如计算机、房地产、金融等。这些行业吸收了越来越多的城镇劳动力。据统计年鉴的数据显示：信息传输、计算机服务和软件业、金融业和房地产业所吸纳的城镇劳动力数量，从2003年的116.8万人、352.3万人和120.2万人，增加到了2010年的185.8万人、470.1万人和211.6万人，占城镇劳动力从业人数的比重从2003年的1.42%、3.6%和1.62%，增加到了2010年的1.42%、3.6%和1.62%。

表2　2003～2010年我国城镇计算机、房地产和金融也的就业情况

年份	信息传输、计算机服务和软件业		金融业		房地产业	
	人数（万人）	占城镇从业单位就业人数比重	人数（万人）	占城镇从业单位就业人数比重	人数（万人）	占城镇从业单位就业人数比重
2003	116.8199	1.06%	353.335	3.22%	120.2293	1.10%
2004	123.7118	1.11%	356.0244	3.21%	133.4288	1.20%
2005	130.0994	1.14%	359.2851	3.15%	146.5131	1.28%
2006	138.1913	1.18%	367.3915	3.14%	153.9451	1.31%
2007	150.2277	1.25%	389.7128	3.24%	166.4653	1.38%
2008	159.4985	1.31%	417.5503	3.42%	172.678	1.42%
2009	173.8119	1.38%	449.0479	3.57%	190.9221	1.52%
2010	185.7708	1.42%	470.0814	3.60%	211.6302	1.62%

资料来源：《中国统计年鉴》2011。

新兴行业的迅速发展不仅吸纳了大量的城镇劳动力，同时也给这些行业的职工带来了较高的收入，加大了行业收入的差距。在改革开放以前，我国居民行业间收入差距并不是很大。根据国家统计局统计，1978 年，全国全民所有制单位人均年工资水平较高的行业是地质勘探业、建筑业、交通运输邮电业、制造业、科学研究业、党政机关、金融保险业等。最高行业的职工年人均工资是最低行业的 1.81 倍。伴随着新兴行业的逐渐兴起和国家调整经济政策的逐步推进，行业收入差距愈演愈烈。

如表 3 所示，最高报酬和最低报酬的行业也发生了很大的变化。根据《中国统计年鉴》的相关数据显示，从 1990 年开始，农、林、牧、渔业一直是劳动报酬最低的行业，而从 2000 年开始，最高劳动报酬始终属于科学研究和综合技术服务业、金融和保险业以及信息传输、计算机服务和软件业。这种变化说明传统行业的劳动生产效率提高的速度不如有一定技术含量的行业提高的速度快，而近年来对于人力资本的重视和第三产业以及资本市场的迅速发展使得相关行业的平均报酬水平较高并且增长较快。我国城镇单位就业人员平均劳动报酬的最高和最低数之绝对差额由 1978 年的 458 元逐年迅速上升至 2010 年的 51789 元；最高报酬与最低报酬之比由 1978 年的 2.17 倍上升到了 4.10 倍，其中 2006 年曾达到 4.59 倍（虽然期间有的年份有所下降，但是总的趋势仍是迅速上涨的）。

表 3　1978～2010 年按行业分我国城镇单位就业人员平均劳动报酬比较

年份	最低报酬行业	最高报酬行业	最高、最低报酬差额	最高、最低报酬倍数
1978	社会服务业 292 元	电煤水生产和供应 850 元	458 元	2.17 倍
1980	社会服务业 475 元	电煤水生产和供应 1035 元	560 元	2.18 倍
1985	社会服务业 777 元	地质勘察水利管理 1035 元	629 元	1.81 倍
1990	农林牧渔业 1541 元	采掘业 2718 元	1177 元	1.76 倍
1995	农林牧渔业 3522 元	电煤水生产和供应 7843 元	4321 元	2.23 倍
2000	农林牧渔业 5184 元	科研和技术服务 13620 元	8436 元	2.63 倍
2001	农林牧渔业 5741 元	科研和技术服务 16437 元	10696 元	2.86 倍
2002	农林牧渔业 6398 元	金融、保险业 19135 元	12737 元	2.99 倍
2003	农林牧渔业 6930 元	信息传输、计算机软件业 30471 元	23542 元	4.40 倍
2004	农林牧渔业 7534 元	信息传输、计算机软件业 32682 元	25148 元	4.34 倍
2005	农林牧渔业 8260 元	信息传输、计算机软件业 37804 元	29543 元	4.58 倍
2006	农林牧渔业 9266 元	信息传输、计算机软件业 42506 元	33240 元	4.59 倍
2007	农林牧渔业 10898 元	信息传输、计算机软件业 46534 元	35636 元	4.27 倍
2008	农林牧渔业 12593 元	信息传输、计算机软件业 54096 元	41503 元	4.30 倍
2009	农林牧渔业 14381 元	金融业 59209 元	44828 元	4.12 倍
2010	农林牧渔业 16688 元	金融业 68478 元	51789 元	4.10 倍

第二节　中国城镇居民不同收入阶层形成的动态分析

一、改革开放后我国城镇居民收入分配差距的变化

经济体制和经济结构的变化对我国城镇居民收入分配产生了巨大的影响，其中最重要的影响是导致城镇居民收入差距逐渐拉大，产生了不同的收入阶层。改革开放前夕，我国城镇居民收入分配格局基本上处于高度平均的状态。根据国家统计局的计算，1978 年我国城镇居民的基尼系数为 0.16。改革开放以后，受经济体制与经济结构变化的双重影响，城镇居民的收入分配格局发生了很大的变化，城镇居民收入水平快速提高的同时，收入差距也不断扩大。如图所示，我国城镇居民收入差距的变动，从总体上来说，经历了四个阶段：

第一阶段：（1978 ~ 1984 年），改革开放初期，城镇居民收入增长较平稳，处于高度平均状态

众所周知，中国的改革是从农村开始的，在农村取得了不错的成绩后，改革才转向城市，开始于 1984 年。因此，从 1978 ~ 1984 年，城镇经济体制和收入分配制度基本保持了传统体制下的特征。城镇居民的基尼系数低于 0.16，处于高度平均状态。其中 1981 ~ 1983 年处于更低水平，为 0.15，其他年份均为 0.16。虽然基尼系数很低，但城镇居民的收入水平却得到了大幅度的提高，1984 年城镇居民收入水平比 1978 年增长了 308 元，翻了近一番。这主要是因为，在计划经济体制下，我国长期实行的是高投资率、低消费率的发展战略，生活用品都是计划配给供应，城镇居民的可支配收入很低。1978 年改革开放后，政府调整了发展战略，降低投资率、提高消费率，向个人倾斜的收入分配政策促使城镇居民的收入水平有了显著的提高，激发了全体劳动者生产积极性的客观要求。

第二阶段：1984 ~ 1994 年，城镇居民收入快速增长，收入差距迅速拉大

从 1984 年开始，中国经济体制改革的重心从农村转移到城镇。党的“十三大”根据社会主义初级阶段理论提出“按劳分配为主，多种分配形式并存”的分配制度，大大促进了非国有制经济的发展和社会主义市场经济的发展。而直接影响城镇居民收入差距变动的改革措施主要有两项：一是企业实行承包制，使企业的所有权和经营权分离，体现了企业劳动者之间素质的差距，因此拉开了企业之间、职工之间的收入差距；二是企业内部实行按劳分配，进一步拉开了职工之间的差距。这些改革措施对扩大收入分配差距产生了十分积极的效应。因此，在宏观经济快速增长的推动下，城镇居民收入水平持续高速增长，可支配收入年均

增长 18.3%，同时，收入差距也迅速扩大。研究表明，1985 年城镇居民的基尼系数由 0.16 上升至 0.19，这是第一次大幅度的上升，增加了 3 个百分点。第二次跨越是 1988 年，由上一年的 0.2 上升至 0.23，同样增加了 3 个百分点。在保持了 3 年的 0.23 后，第三次是跨越式上升是 1993 年，上升了 2 个百分点，第四次是 1994 年又增加了 3 个百分点。可见这一阶段城镇居民收入水平的高速增长，不是普遍的、均等的增长，这种不均衡的增长使居民收入差距拉大。从收入等级分组看，1986～1995 年，10% 的最低收入组人均收入增长了 3.4 倍，10% 的最高收入组却增长了 5.1 倍①。

第三阶段：1995～1999 年，城镇居民收入增速放缓，收入差距继续扩大

1992 年在确立了市场经济的发展目标之后，连续两年的市场经济宏观调控体系的重大改革，经济取得了快速的增长，经济增长率平均在 13% 以上。但过高的经济增长率也使各方面的平衡关系过度紧张，阻碍了结构调整和经济效益提高，过大的需求刺激了物价上涨。引发了严重的通货膨胀。为了防治经济过热带来的进一步影响，我国经济进入了结构调整时期，国家采取了多项措施使经济在较高水平上缓慢回落，城镇居民收入增幅也开始下降，城镇居民可支配收入增速由上一阶段 18.3% 的高速增长回落至这一阶段的 11%，与此同时，国有企业改革逐渐深入，力度加大，使大量职工下岗，失去了工作的保障，产生了大批的低收入阶层，城镇贫困阶层开始凸显。但同时，为了解决城镇中低收入群体的问题，各级政府采取一系列措施，加快了社会保障制度建设的步伐，这些措施的出台与实施在一定程度上缓解了城镇居民收入差距的继续扩大。

基尼系数在连续多年的持续增长之后，出现了第一次下降，由 1994 年的 0.3 降到 1995 年的 0.28，下降了 2 个百分点，这一阶段，基尼系数一直在 0.28～0.3 之间波动，但未超过 0.3，收入差距迅速扩大之势有所收敛，但总体的平均水平还是高于前一阶段。主要有三方面的原因：一是 1994 年开始的机关、事业单位的工资制改革，使得不同年龄层次、职务级别的工资差距扩大；二是由于国有企业改革的力度加大，国有企业亏损面不断扩大，一些国有企业陷入停产或破产，造成了大量的职工下岗，城镇低收入阶层不断扩大；三是，国家出台并制定了多项鼓励非国有经济的发展的政策和措施，促使非国有经济发展迅速，其中包括个体、三资及私营企业，促使非国有经济部门的增长率大大超过了国有经济的年均增长率，这些非国有经济部门的经营者、管理者大多具有很高的收入水平，成为城镇居民高收入阶层的主要组成部分。

---

① 冯虹．经济加速转型期我国城镇居民收入分配差距研究［D］．北京交通大学，2006

第四阶段：1999年至今，城镇居民收入增长快速，差距急剧分化

随着市场化改革的进一步深化，资本等非劳动生产要素所获得的收入比例不断上升。党的十五大提出，要把按劳分配和按生产要素分配结合起来，鼓励资本、技术等生产要素参与收益分配，基本形成了按劳分配与按要素分配相结合的收入分配制度，从而使要素市场的供求关系成为收入分配的基础性调节机制，促使了收入来源多元化，调动了劳动者的积极性，但同时也使收入差距进一步拉大。党的“十六大”进一步“确立劳动、资本、技术和管理等生产要素按贡献参与分配的原则”，进一步明确了技术、管理、知识等生产要素按市场化原则进行分配，知识、技术、管理在收入分配中的权重比例越来越大，使得具有不同文化程度的劳动者和管理者收入差距明显扩大。同时，伴随着国有企业改革进入深化阶段，企业内部分配机制不断改革，按生产要素贡献参与分配的制度引起了不同职工收入差距的扩大，加之，下岗职工人数不断增加，收入明显下降等等原因，致使企业内部收入差距迅速扩大。同时，非公有部门内部的分配机制是以效率为主导的，充分体现劳动者素质的高低，包括资本收入和经营风险收入，在非国有部门内部收入差距要远大于国有部门，在拉开国有和非国有部门收入差距的同时，使城镇居民收入差距扩大加剧。相关的资料表明，中国城镇居民基尼系数由在1987年以前一直在0.2以下，属于收入绝对平均阶段，1988～1999年，逐渐由0.2上升至0.3，属于收入比较平均阶段，此后，基尼系数不断上升，逐渐由2000年的0.319上升至2010年0.56，已进入收入差距悬殊阶段。

二、城镇不同收入阶层收入状况分析

综上所述，我国城镇居民收入分配总体上改变了原来高度平均的装况，收入差距开始全面拉大，这符合市场经济发展的客观规律，也有效地调动了劳动者的积极性。但与此同时，城镇居民的收入分配中也存在着不容忽视的问题，即高收入阶层的收入所占比重不断增加，高低收入阶层之间的贫富差距日益加剧。

根据国家统计局的相关数据分析表明，1995～2010年间，我国城镇不同收入阶层的收入差距呈现不断扩大趋势。如中国社科院发布的《2005年社会蓝皮书》所示，城镇居民中最富有的10%家庭与最贫穷的10%家庭人均可支配收入差距超过八倍，收入最高的10%家庭财产总额占城镇居民全部财产的比重接近50%，而收入最低的10%家庭财产总额占城镇居民全部财产比重仅为1%。《2008年社会蓝皮书》显示，2006年城镇最高收入户的人均可支配收入仅为全国

平均水平的38.8%。此外，高收入家庭收入的增长速度明显快于低收入家庭最高收入户与最低收入者的收入差距以每年5.78%的速度扩大。目前我国城镇收入分配群体分布呈“金字塔型”模式，高收入群体最少，中等收入群体，中等偏下和低收入群体占绝对多数。

如图1所示，1995年以来，城镇居民阶层收入均呈现上升趋势，各阶层收入和生活水平均得到不同程度地的提高。但是，各收入阶层的收入提高程度却不相同，低收入阶层的收入增长速度远低于高收入阶层的增速，整体趋势是越低收入阶层收入的增速越低，层级越高的收入阶层收入增速越高。1995~2010年，最低收入、低收入、中下收入、中等收入、中上收入、高收入、最高收入阶层的收入增速平均依次为：6.11%、7.28%、8.19%、8.89%、9.63%、10.39%、11.89%，致使最高收入阶层与最低收入阶层的收入差距呈扩大趋势。最低收入户人均实际可支配收入从1995的2177.72元增加到2010年的5148.771元，增长2.4倍，但同期最高收入户人均实际可支配收入从元8231.31增加到43344.98元，增长了5.3倍。1995年，最高收入阶层人均可支配收入是最低收入阶层收入的3.8倍，2010年为8.4倍。

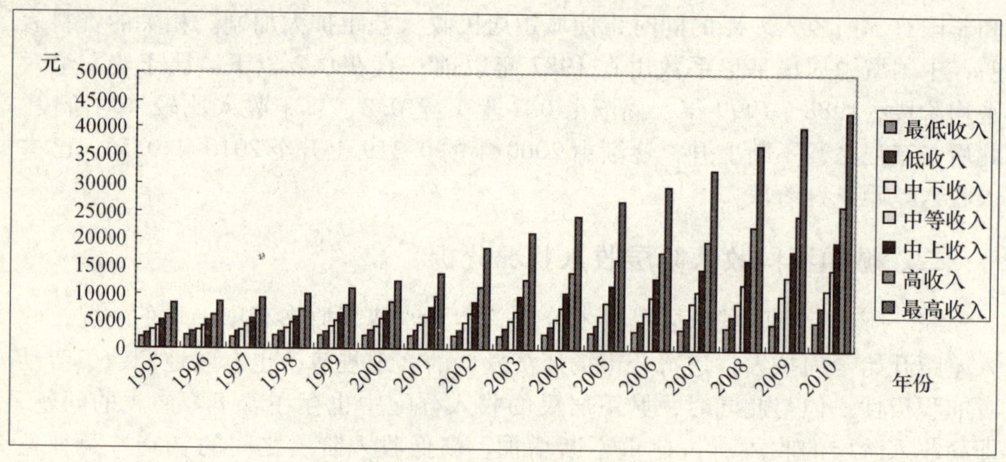

图1 城镇居民不同阶层实际收入增长图

从不同收入阶层的人口比重和收入比重分别来观察我国城镇居民收入差距状况，分别选取1995、2000、2010年不同家庭阶层的收入状况，分别如表4、表5、表6所示。1995年最高10%收入阶层的可支配收入是总收入18.3%，2000年上升至18.8%，2010年23.4%，15年间提高了5.1个百分点；1995年20%高收入阶层获得了32%的总收入，2010年上升至38%，提高了6个百分点；

1995 年 40% 的高收入阶层的收入是总收入的 57%，2010 年上升至 60%，提高了 3 个百分点。可见，收入最高的 10%、20%、40% 的阶层收入相对份额不断提高，说明富者越富。而与此同时，伴随高收入阶层收入的高速增长，低收入阶层的收入状况却不断恶化。1995 年最低 10% 收入阶层的收入是总收入的 5. 6%，2000 年为 4. 6%，2010 年降至 3. 5%，，下降了 2. 1 个百分点；1995 年最低 20% 的收入阶层是总收入的 12. 6%，2000 年为 10. 7%，2010 年下降至 8. 9%，下降了 3. 7 个百分点；1995 年最低 40% 收入阶层的收入占总收入的 28. 8%，2000 年为 25. 9%，2010 年下降至 22. 9%，下降了 5. 9 个百分点。可见，收入最低的 10% 和 20%、40% 阶层的相对收入份额不但处于很低的水平，而且出现下降的趋势，这意味着穷人变得更加贫困。

表 4　1995 年城镇不同收入阶层收入情况表

	最低收入	低收入	中下收入	中等收入	中上收入	高收入	最高收入
人口	13036	12396	23869	22946	22164	10620	9910
人口比重（%）	10	10	20	20	20	10	10
人均可支配收入（元）	1923. 8	2505. 68	3040. 9	4073. 88	4958. 42	6036. 43	8231. 3
收入比重（%）	5. 6	7. 0	16. 3	20. 9	24. 6	14. 4	18. 3

表 5　2000 年城镇不同收入阶层收入情况表

	最低收入	低收入	中下收入	中等收入	中上收入	高收入	最高收入
人口	15838	14818	28496	27269	25079	12407	11574
人口比重（%）	11. 3	10. 9	21	20. 1	20	9. 1	8. 5
人均可支配收入（元）	2802. 8	3856. 5	4946. 6	6366. 2	7487. 37	10374. 9	15115
收入比重（%）	4. 6	6. 1	15. 2	18. 7	22. 6	13. 8	18. 8

表 6　2010 年城镇不同收入阶层收入情况表

	最低收入	低收入	中下收入	中等收入	中上收入	高收入	最高收入
人口	21612	21024	39695	36950	35427	17103	16435
人口比重	10. 01	10. 1	20. 3	19. 97	20	9. 99	9. 98
人均可支配收入（元）	5908. 1	9288. 61	12702. 08	17224. 01	23188. 9	31044. 04	51432
收入比重	3. 5	5. 4	14. 0	17. 6	22. 8	14. 7	23. 4

第三节　我国城镇不同阶层收入和消费的协整检验及误差修正模型

一、误差修正模型的基本原理

传统的经济模型通常表述的是变量之间的一种“长期均衡”关系，而实际经济数据却是由“非均衡过程”生成的。因此，建模时需要用数据的动态非均衡过程来逼近经济理论的长期均衡过程。最一般的是自回归分布滞后模型（autoregressive distributed lag，ADL）。

如果一个内生变量 y_t 只被表示成同一时点的外生变量 x_t 的函数，x_t 对 y_t 的长期影响很容易求出，然而每个变量的滞后也出现在模型之中，其长期影响将通过分布滞后函数来反映，这就是 ADL 模型。先考虑一阶 ADL 模型，记为 ADL（1，1）：

$$Y_t = \beta_0 + \beta_1 y_{t-1} + \beta_2 \chi_2 + \beta_3 \chi_{t-1} + \mu_t \tag{10.1}$$

式中，$\mu_t \sim i.i.d$，（0，∂^2），记 $Y^* = Ey_t$，$X^* = EX_t$，由于 $E\mu_t = 0$，在式（10.1）两边去期望得：

$$Y^* = \beta_0 + \beta_1 y^* + \beta_2 \chi^* + \beta_3 \chi^* \tag{10.2}$$

进而有

$$Y^* = \frac{\beta_0 + (\beta_2 + \beta_3) + x^*}{1 - \beta_1} = \frac{\beta_0}{1 - \beta_1} + \frac{(\beta_2 + \beta_3)}{1 - \beta_1} x^* \tag{10.3}$$

记 $K_0 = \dfrac{\beta_0}{1 - \beta_1}$，$K_1 = \beta_2 + \beta_3 /（1 - \beta_1）$，则式（3.3）可写为

$$y^* = K_0 + K_1 x^* \tag{10.4}$$

式中，K1 度量了 y_t 与 x_t 的长期均衡关系，也是 x_t 关于 y_t 的长期乘数；在式（10.1）两端减去 y_{t-1}，在右边加减 $\beta_2 \Delta \chi_{t-1}$ 得：

$$\Delta \gamma_t = \beta_0 + (\beta_1 - 1) y_{t-1} + \beta_2 \Delta \chi_t + (\beta_2 + \beta_3) \chi_{t-1} + \mu_1 \tag{10.5}$$

式中，Δ 为差分算子，$\Delta y_t = y_t - y_{t-1}$，利用 $\beta_0 = \kappa_0$（$1 - \beta_1$），$\beta_2 + \beta_3 = \kappa_1$（$1 - \beta_1$），式（10.5）又可写成：

$$\Delta y_t = (\beta_1 - 1)(y_{t-1} - \kappa_1 \kappa x_{t-1}) + \beta_2 \Delta x_t) + \beta_2 \Delta x_t + u_t \tag{10.6}$$

令 $\alpha = \beta_1 - 1$，则式（10.6）可写成

$$\Delta y_t = \alpha (y_{t-1} - \kappa_0 - \kappa_1 x_{t-1}) + \beta_2 \Delta x_t + \mu_t \tag{10.7}$$

式（10.1）和式（10.7）包含相同的关系，它们是等价的，可以根据不同的需要使用这两种模型来分析、研究经济现象或经济系统，但每个方程都有不同

的解释与含义，特别地，式（10.7）被成为误差修正模型。当存在长期平衡关系 $y^* = K_0 + K_1 x^*$ 时，误差修正项是如 $y_{t-1} - \kappa_0 - \kappa_1 x_{t-1}$ 形式，它反应了 y_t 关于 x_t 在 t 时点的短期偏离。一般来说，由于式（10.1）中 $|\beta_1| < 1$，所以误差项的系数 $\alpha = (\beta_1 - 1) < 0$，通常成为调整系数，表示 t－1 期 y_{t-1} 关于 $\kappa_0 - \kappa_1 x_{t-1}$ 之间的偏差调整的速度。

原始模型式（10.1）的右端除解释变量 x_t 外含 y_t 与 x_t 的滞后项，y_t 与 x_t 之间有长期均衡关系，对经济数据而言，x_t 有 x_{t-1} 也高度相关，因此这三个解释变量之间存在较强的多重共线性。由于 y_t 的滞后项作为解释变量，也增强了模型扰动项的序列相关性。使用误差修正模型可以消弱模型的多重共线性，以及扰动干扰项的序列相关性。

二、ECM 模型的建模步骤

尽管上述模型要求 y_t 与 x_t 是平稳的，但是协整理论表明，对于某些序列，虽然它们本身不平稳，却可能存在一个向量，使这些序列的线性组合成为平稳序列，表明这些序列时间存在长期均衡关系。具体对于两个变量而言，Engle 和 Granger 两部法基本思路如下。

第一步求模型：

$$y = \kappa_0 + \kappa_1 x_t + \mu_t, t = 1, 2, \cdots, T \tag{10.8}$$

使用普通最小二乘（ordinary least square，OLS）方法估计，又称协整回归，得到 κ_0、κ_1 及残差序列：

$$\hat{\mu}_t = ecm_t = y_t - \hat{k}_0 - \hat{k}_t x_t, t = 1, 2, \cdots, T \tag{10.9}$$

第二步首先检验

$$\hat{\mu}_t = ecm_t + \beta_2 \Delta x_t + \varepsilon_t, t = 1, 2, \cdots, T \tag{10.10}$$

再用 OLS 方法估计其参数，则可实现对误差修正模型的估计。

误差修正模型不再单纯地使用变量的水平值（指变量的原始值）或变量的查分建模，而是把两者有机地结合在一起，充分利用这两者所提供的信息。从短期刊，被解释变量的变动是由较稳定的长期趋势和短期偏离所决定的，短期内系统对于均衡状态的偏离程度的大小直接导致波动振幅的大小导致波动振幅的大小。从长期看，协整关系式起到引力线的作用，将非均衡状态拉回到均衡状态。

三、我国城镇不同阶层收入和消费的协整检验及误差修正模型

（一）协整检验

本节收集了 1995～2010 年我国城镇居民七个不同收入阶层的消费性支出、

可支配收入及价格指数数据，对它们进行协整检验与分析。

设消费函数为：

$$c_{it} = \kappa_{0i} + \kappa_{1i} y_{it} + \mu_{it}, t = 1,2,\cdots,7, t = 11,2,\cdots,T \quad (10.11)$$

式中，c_{it}为城镇居民实际消费性支出；Y_{it}为城镇居民实际可支配收入；c_{it}和Y_{it}分别用当你名义消费性和名义可支配收入经过价格指数平减①得到：$i=1$，2，3……7，分别代表最低、低、中等偏下、中等、中等偏上、高、最高七个收入组。

按照协整的定义，如果消费与收入之间存在协整关系，二者必须是同阶单整的。因此，协整分析第一步就是考察每个变量单整的阶数，如果消费与收入都是平稳时间序列，即它们都是零阶单整的，就没有必要作进一步的检验，因为，平稳时间序列满足古典线性回归模型的要求，可以直接用 OLS 方法估计参数。如果消费与收入不是同阶单整的，则二者之间肯定不存在长期均衡关系，即不存在协整关系。表 7 为七个收入组实际消费与实际收入的 ADF 单位根检验结果。

表 7　变量的单位根检验（ADF）结果

变量	检验类型	T 统计量概率值	单整阶数
C_{1t}	（C，T，0）	−3.91843 **	1
C_{2t}	（C，T，0）	−3.961972 **	1
C_{3t}	（C，T，0）	−4.138509 **	1
C_{4t}	（C，T，0）	−5.317307 ***	1
C_{5t}	（C，T，0）	−5.389567 ***	1
C_{6t}	（C，T，0）	−4.614159 **	1
C_{7t}	（0，T，0）	−6.850126 ***	2
Y_{1t}	（C，T，0）	−3.943116 **	1
Y_{2t}	（C，T，0）	−3.482142 *	1
Y_{3t}	（C，T，0）	−6.119791 ***	1
Y_{4t}	（C，T，0）	−0.3929771 **	1
Y_{5t}	（C，T，0）	−3.929771 **	1
Y_{6t}	（C，T，0）	−4.046365 **	1
Y_{7t}	（0，T，0）	−4.639291 ***	2

① 本节采用城镇居民消费价格指数（1995 = 100）进行价格平减得到城镇居民实际收入和实际消费支出数据。

从表 8 可知，七个收入组中，只有最高阶层的实际消费性支出和实际可支配收入是 I（2）变量，其他收入组的这两个变量都是 I（1）变量，则这七个阶层的实际收入组和实际消费性支出及实际可支配收入之间是否具有协整关系，还要对照式（10. 11）估计后的残差进行检验。表 8 为七个不同收入组居民消费函数的估计结果及残差的单位跟检验结果。

表 8　不同收入阶层消费函数的参数估计及残差的单位根检验结果

组别	K_0	K_{1i}	残差的单位跟检验		
			ADF 统计量	P 值	检验类型
最低收入组	538. 0254*** (15. 88101)	0. 720354*** (66. 16191)	−2. 977850	0. 0058	(0, 0, 0)
低收入组	783. 1550*** (12. 90193)	0. 641696** (48. 58887)	−1. 676985	0. 0875	(0, 0, 0)
中等偏下收入组	982. 6302*** (12. 39775)	0. 600367*** (47. 40230)	−4. 194181	0. 0004	(0, 0, 0)
中等收入组	1073. 705*** (23. 18371)	0. 596616* (107. 2216)	−1. 668693	0. 0889	(0, 0, 0)
中等偏上收入组	1296. 857*** (19. 47951)	0. 571165*** (96. 26655)	−4. 194181	0. 0004	(0, 0, 0)
高收入组	1427. 208*** (19. 59075)	0. 560820** (116. 0598)	−2. 342119	0. 0230	(0, 0, 0)
最高收入组	1789. 432*** (11. 93279)	0. 528007* (86. 63228)	−1. 940514	0. 0526	(0, 0, 0)

*** 表示在 1% 显著水平下拒绝原假设；** 表示在 5% 显著水平下拒绝原假设；* 表示在 10% 显著水平下拒绝原假设，( ) 数据为 t 统计的值

注：最后三列给出模型残差的 ADF 单位根检验结果，七个方程经过单位根均为平稳的，因此不存在伪回归

由估计结果可知，七个不同阶层的残差在 5% 水平下都是平稳的，因此可以得出结论：七个收入组各自的实际消费性支出与实际可支配收入之间存在协整关系。

（二）误差修正模型及检验结果

从协整检验检验结果可以看出，我国城镇居民七个不同收入阶层居民的消费与收入之间具有协整关系，即具有长期的均衡关系，但短期很有可能出现偏离均衡的情况，因此将式（10. 11）的残差作为均衡误差项，建立误差修正模型，模

型形式为

$$\Delta C_{it} = \beta_i \Delta Y_{it} + \alpha_i ecm_{t-1} + \varepsilon_{it} \tag{10.12}$$

估计的参数结果如表 9 所示。

表 9 误差修正模型的参数估计结果

组别	B_i	α_i	R^2	DW 值
最低收入阶层	0.722243*** (15.06838)	−0.779423* (−2.738523)	0.949807	1.868282
低收入阶层	0.596391*** (12.32133)	−0.713064** (−2.210489)	0.885629	1.993011
中下收入阶层	0.432822*** (6.177343)	−0.692233** (−2.389589)	0.772041	1.405041
中等收入阶层	0.446398** (2.781822)	−0.702789* (−2.041724)	0.973854	2.746833
中上收入阶层	0.576784*** (11.17638)	−0.6110313*** (−2.282547)	0.913043	1.968658
高收入阶层	0.564776 (13.94054)	−0.526241* (−0.2131487)	0.942561	2.01100
最高收入阶层	0.567515*** (10.95536)	−0.499531* (−1.960840)	0.894325	1.775923

*** 表示在 1% 显著水平下拒绝原假设；** 表示在 5 显著水平下拒绝原假设；* 示在 10% 著水平下拒绝原假设；

（三）城镇居民阶层消费与收入关系分析

根据以上模型的检验结果，通过对城镇居民消费与收入的关系进行分析，得出以下结论。

1. 我国城镇居民的自发性消费随收入的增加而增加

式（10.11）描述的是消费与收入的长期均衡关系，在表 9 中的参数估计结果中，K_{0i} 代表不同收入阶层居民的自发性消费，从最低收入组到最高收入组 K_{0i} 值分别为 583、783、982、1073、1297、1427、1789，依次递增，越高收入的居民自发性消费越高，这符合凯恩斯的消费理论。

2. 我国城镇居民的消费倾向随着收入的增加而递减

表 9 中的参数代表不同收入居民的消费倾向，从最低收入阶层到最高收入阶层的 K_{0i} 分别为 0.72、0.64、0.60、0.59、0.57、0.56、0.53，以此递减，最高收入阶层比最低收入组低 20%。可以看出，收入越高的阶层，其消费倾向也越

低，收入中用于消费的部分越少，用于储蓄的部分越多，这也符合凯恩斯的消费理论。

3. 我国城镇居民七个收入阶层居民的实际收入之间都具有长期稳定的均衡关系，但短期内会经常偏离长期均衡

式（10.11）的检验结果表明我国城镇七个收入阶层居民的实际消费与实际收入之间都具有长期稳定的均衡关系，但由于种种原因，消费与收入的关系经常会偏离长期的均衡关系，系统将根据偏离的程度不断调整消费。

从图2可以看出，最低和最高收入阶层消费和收入之差逐年增加，且收入差距远大于消费的差距。其他收入组的数据也反映了这样的事实，即城镇居民的消费差距和收入差距都在逐年拉大，低收入阶层居民消费和收入的增长相对缓慢，而高收入居民的消费和收入增长相对较快。换言之，低收入阶层的收入和消费增长相对缓慢，而高收入居民的消费和收入增长相对较快。低收入阶层居民的收入主要用于维持基本的生存性消费，其收入弹性较大，而高收入居民的收入除用于维持基本的生存性消费外，还有大量的收入用于奢侈性商品的消费，其消费和收入弹性小。反映到消费和收入长期均衡关系上，就是中低收入阶层的消费与收入关系更加稳定，相应的短期变动相对较小；而中高收入组的消费与收入的关系相对不稳定，其短期变动相对较大。

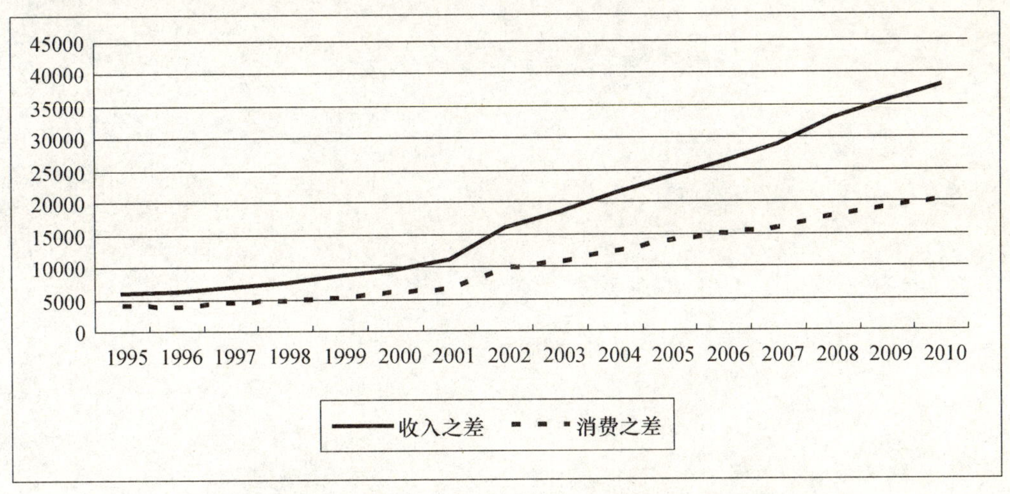

图2　最高收入阶层和最低收入阶层的消费和收入之差

第十章　城镇居民各阶层收入结构与消费问题

由低收入阶层到高收入阶层，稳定性收入边际消费倾向呈逐渐增大趋势，而不稳定性收入的边际消费倾向则逐渐减小。

改革开放以来，中国社会结构的最显著变化就是从改革开放以前的“去阶层化”到现在的“阶层分化”。改革开放以前，实行的是平均主义的分配政策，中国居民主要是一种政治分层，改革开放后，这种政治分层逐渐被经济分层所取代，不同社会成员的经济地位出现很大的分化。伴随着经济地位的分化，不同社会阶层的消费也都发生了变化。

第一节　各收入阶层收入来源及稳定性分析

目前，中国国家统计局等部门的一些分析研究，主要是根据居民家计抽样调查的资料，按收入水平从高到低排列，再通过对样本按设计的百分比切块分等的方法来确定收入等级的，按 10%、10%、20%、20%、20%、10%、10% 的比例依次分为最低收入组、低收入组、中等偏下收入组、中等收入组、中等偏上收入组、高收入组、最高收入组共七组，则低、中、高收入阶层分别占城镇居民家庭总数的 20%、60%、20%。

一、各收入阶层人群特征

（一）低收入阶层人群特征

“低收入阶层”的概念具有很大的相对性，它往往是指在一个国家或地区范围内的、以一定历史时期为时限的、满足相对低水平消费支出的标准。狭义上的城镇低收入阶层主要是指收入水平低下的一部分人的集合体。但广义上的城镇低收入阶层，则不仅仅是一个收入水平低下的概念，而是包括与收入水平密切相关的消费水平、生活质量、社会竞争地位、主观感受等一系列特别的质的含义，并带有显著的时代特征。因此，广义上的低收入阶层不是单独用某一具体的收入水平能够界定的，需要结合当代弱势群体的特征进行界定和描述。具体到中国的现实，笔者认为，我国的城镇低收入阶层是指当今城镇社会中，在就业和生存竞争中处于劣势地位，从而收入水平低于社会平均水平进而导致生活质量和主观感受显著低下的那部分社会群体。

本书为了分析的方便，采用国家统计局的相关数据，以七分法中的“低收入户”作为划分我国城镇低收入阶层的上限，并主要以七分法下的“低收入户”和“最低收入户”作为分析重点。

目前，我国城镇低收入阶层主要由三部分人组成：一是以“三无人员”为代表的传统救济对象。据民政部最新统计，截至2011年底，享受城镇低保待遇的“三无人员”为19.3万人，仅占该统计期2276.8万城镇低保人员的8.3%；二是下岗失业人员。由于就业和收入来源的不稳定或完全丧失，下岗失业者的收入水平出现绝对下降。目前，低保对象绝大多数是下岗失业人员及其家属。其中，2010年城市登记失业人员为908万人，是我国城镇低收入阶层的主体；三是在业低收入者。受全球化和经济结构调整的影响，我国劳动力市场结构和就业性质发生了重大变化，新增就业岗位很大程度上在劳动力市场中处于边缘状态，属临时就业或弹性就业。

（二）中等收入阶层人群特征

我国学术界对中等收入阶层大概有从四个方面的定义：一是以收入为主、生活指标为辅，即中等收入阶层指个人有稳定的中等收入、生活水平达到一定程度的社会群体；二是根据区域人均收入划定，即中等收入阶层一般以区域人均收入水平为标准来确定；三是以收入来划定，中等收入阶层的收入应高于平均收入水平；四是参照国际标准，即中等收入阶层收入水平应适当接近国际平均的中等收入标准线。目前，我国有关部门和专家对中等收入阶层的具体界定标准分为四种。一是以收入来划分。国家统计局把个人年均收入在8000～50000元或家庭收入在6万～50万的人群为中等收入阶层。法国百富勤公司将中国的中等收入阶层年收入定义为2.5万～3万元，家庭年收入为7.5万～10万元。二是以家庭财产来划分。以家庭财产30万元为中等收入阶层的收入标准。三是以居民生活水平来划分。这个参考的是国际标准，国际上认为，恩格尔系数60%以上为贫困，50%～60%为温饱，40%～50%为小康，40%以下为富裕。人均GDP3000美元左右，恩格尔系数在50%左右时，多数居民为中等收入阶层。四是多个标准的综合考虑后划分。如职业标准、收入标准、消费及生活方式标准、主观认同标准等多种标准的统一。当然，界定的标准不是固定的，不同区域之间同一界定方法的界定值是不同的。

中等收入阶层并不是一个固定的概念，它是一个不断随着分配和社会结构变化而不断变动的概念。中等收入阶层是一个时间的概念，也是一个经济发展的概念。其次，高收入和低收入都是相对的概念，随着生产力的发展，中等收入标准也会相应的有所提高。随着社会结构的变化，中等收入阶层人群构成也会发生改变。

中等收入阶层是一个群体，这个群体一定时期的稳定收入应达到一定水平，或者说是中等水平。但问题也就随之而来，这个中等收入水平到底怎么样来衡量，这个量的研究显然需要有一个客观的量化标准。现在主要有两个方面的观点：第一是认为应以人群收入的平均值为标准，中等收入阶层指在一定时期里同一区域内达到中等收入水平的居民群体，以各地的人均收入水平来确定中等收入的标准比较合理；另一观点认为应以人群收入的中位数为标准，中等或相对平均的水平首先应划定标准，这应该是一个中位数概念，不是相对多数人群的收入水平或简单的算术平均值。因为我国目前社会收入结构是低收入者偏多、高收入和中等收入阶层偏少的形状，所以不能以收入的众数为标准，因为这将会拉低中等收入的标准。因此分析中以收入的均值为衡量中等收入阶层的标准。但同时要指出的是中等收入阶层虽然是以收入来划定范围，但中等收入是区间数量而不是固定数量，即中等收入是一个大致的区间，不是一个固定的量。另外我们需要注意的是中等收入阶层不仅是一个与收入分配相关的概念，同时还是一个社会结构的概念，所以中等收入阶层不是一个单纯的经济学概念，而是一个由指标体系共同规定的综合体系的概念。中等收入阶层这一概念具有多重的规定性，是一个多重特性趋于一致的群体。但是收入始终是这些指标中最具客观性、最具操作性的指标。所以本书分析研究数据主要是围绕收入来界定中等收入阶层标准的，本书以收入作为划分标准，依照国家统计局七分法的划分标准，将中等偏下收入户、中等收入户及中等偏上收入户归为中等收入户。

城市中能归为中等收入的职业大概有以下几类：科学技术研究领域的专业人员、中小企业的经理、各级公务员、私营业主及小商贩、技术工人和自由职业者。其中私营企业主、小企业主及小商贩这一群体是经济社会发展的一个亮点。他们往往具有较为先进的经营管理理念，科学文化水平较高，对经济发展、社会就业及文化教育等方面的推动作用明显。

现阶段我国中等收入者大多从事脑力劳动，主要靠工资和薪金为主要收入。一般受过良好的教育，具有专业知识和较强职业技能。并有相应的家庭消费能力，他们不仅是传统的住房和教育方面的主导消费群体，还引领着新兴的通讯电子领域的消费。他们是消费市场的主导力量，也是拉动消费和稳定消费市场最主要的力量。他们有一定的闲暇时间，追求生活质量。他们对目前社会现象和当前的改革大都持赞成的社会态度，对自己的生活现状和未来发展多表现得积极而乐观，对社会发展充满信心和希望。他们这种平和健康的心态也使他们成为推动社会发展、深化经济改革、构建和谐社会的重要力量。

（三）高收入阶层人群特征

依照马克斯·韦伯的“三位一体”分层理论，我国当前的高收入群体具有以下几个主要特征：（1）从经济标准来分析。我国当前的高收入群体以年均收入12万元为起点，高收入群体所涉及的人数有1000万人以上，90%左右是由私营企业主构成。由中华全国工商业联合会组织编写的民营经济蓝皮书——《中国民营经济发展报告NO.7（2009~2010）》指出，2010年上半年，登记注册的私营企业达789万户，总注册资本为12万亿元左右，经济规模占我国GDP的比重约为70%。由于当前私营企业主庞大的注册资本和数量，这些私营企业在市场经济中占据着重要的地位，基于马克斯·韦伯的分层中轴原理，以资产数量作为经济标准，成为对这些高收入群体进行社会分层的主要指标之一。（2）从职业标准来分析。我国当前的高收入群体主要集中在银行、保险、证券、烟草、电力、电信、石油、石化、航空、房地产、制造业、医院、高校以及私营企业等行业。据2006年《中国第七次全国私营企业抽样调查报告》显示，75%以上的私营企业主把自己定位为社会的中等阶层，机关干部、企业经营管理人员、专业技术人员这三类人在私营企业主中所占比例上升为67.4%，表明这些高收入群体具有相对固定的职业及相应的社会声望。同时，我国当前的高收入群体一般都有名车、别墅豪宅或是某个高级会所的会员，倾向于海外移民等，他们一般都具有类似的生活方方式具有相对的稳定性，可以作为衡量社会分层的主要指标之一。（3）从其自我评价来分析。2006年第七次全国私营企业抽样调查显示：私营企业主认为自己的经济地位和社会地位在中等以上的达到了75.1%，认为自己政治地位在中等以上有的63.3%，私营企业主自我评价为中等社会阶层[①]。社会分层不单是一种社会事实，还是一种社会心理。社会分层不但可以通过社会指标，如收入、财富、权力等来加以客观评价，还可以通过自我认定进行主观评价，这可称为“阶层归属意识”。所谓阶层意识，指一个社会阶层的成员所分享的、对于他们的共同利益和共同处境的认识。简言之，即是阶层成员之间的一种认同感、身份感。它一方面反映了社会存在，另一方面其本身又是相对独立的存在——心理存在。

二、各阶层收入来源分析

如前文所述，一直到20世纪80年代中期之前，我国城镇居民分配领域的一

① 安徽商务之窗.2006年中国第七次私营企业抽样调查数据分析综合报告［EB/OL］.（2007-02-16）［2010-06-03］.http://anhui.mofcom.gov.cn/aarticle/sjdixiansw/200702/20070204390611.html.

个显著特点就是平均主义盛行，基尼系数大约在 0.16 左右，从国际惯例来看，属于绝对平均分配。在 80 年中以后进行的一系列分配体制改革，尤其是 1992 年确立了市场经济的发展方向，政策允许人们活动劳动收入外，还可以获得非劳动生产要素收入，促使城镇居民的收入逐渐呈现出多元化趋势。

表 1　1995 年各收入阶层收入来源结构

收入来源	最低收入	低收入	中下收入	中等收入	中上收入	高收入	最高收入
可支配收入	100.00%	100.00%	100.00%	100.00%	100.00%	100.00%	100.00%
1. 国有经济单位职工收入	50.27%	54.87%	59.96%	63.78%	63.87%	63.50%	56.06%
2. 集体经济单位职工收入	15.62%	12.89%	10.82%	8.50%	6.30%	4.75%	3.28%
3. 其他经济类型职工收入	0.91%	1.24%	1.08%	1.64%	1.61%	1.63%	2.08%
4. 个体经营者的净收益	2.31%	1.78%	1.54%	1.33%	1.57%	1.65%	1.99%
5. 个体被雇者的收入	0.85%	0.50%	0.50%	0.58%	0.39%	0.23%	0.18%
6. 离退休再就业人员收入	0.81%	1.01%	0.80%	0.86%	0.93%	0.98%	1.46%
7. 其他就业者的收入	0.62%	0.34%	2.56%	0.21%	0.10%	0.06%	0.13%
8. 其他劳动收入	3.31%	3.27%	1.25%	1.86%	2.06%	1.85%	2.41%
9. 职工从单位得到的其他收入	3.90%	4.23%	4.70%	5.16%	5.75%	5.99%	5.92%
10. 财产性收入	1.07%	1.18%	1.25%	1.42%	1.94%	2.56%	4.30%
利息	0.44%	0.50%	0.58%	0.77%	1.14%	1.63%	2.91%
红利	0.12%	0.07%	0.19%	0.16%	0.33%	0.41%	0.95%
其他财产租金收入	0.51%	0.61%	0.49%	0.49%	0.47%	0.52%	0.45%
11. 转移收入	20.58%	18.69%	16.37%	14.70%	15.46%	16.71%	21.99%
离退休金	15.03%	14.22%	12.45%	10.84%	11.48%	11.86%	14.27%
物价补贴	0.21%	0.13%	0.10%	0.11%	0.08%	0.06%	0.07%
赡养收入	1.54%	1.01%	1.00%	0.94%	0.89%	1.22%	1.96%
赠送收入	1.28%	1.38%	1.34%	1.50%	1.79%	2.15%	3.62%
亲友搭伙费	1.48%	1.20%	0.78%	0.67%	0.59%	0.71%	0.61%
记账补贴	0.65%	0.53%	0.47%	0.40%	0.35%	0.30%	0.25%
出售财物收入	0.09%	0.08%	0.06%	0.08%	0.12%	0.19%	0.82%
其他	0.29%	0.13%	0.17%	0.17%	0.16%	0.20%	0.39%
12. 家庭副业生产收入	0.13%	0.09%	0.08%	0.09%	0.09%	0.16%	0.19%

如表 1 所示，在确立市场经济初期，城镇居民各阶层的收入来源有如下特

征：（1）工资是各阶层收入中占比例最大的一项。从各阶层收入特点来看，中等收入阶层工资收入占可支配收入的比例最高，其中国有经济单位工资收入比例为中等偏下收入阶层为59.96%、中等收入阶层为63.78%、中等偏上收入阶层为63.87%，集体经济单位的收入分别为10.82%、8.5%、6.3%。工资收入占可支配收入比例较低的是低收入阶层，其中在国有经济单位获得收入比例最低收入阶层和低收入阶层分别为50.27%、54.87%，在集体经济单位获得的收入分别为15.62%、12.89%。同时可观察到收入越高的阶层，其在集体经济单位工作的比例则越少，因为在当时，集体经济单位收入低于国有经济单位收入，这也是造成居民收入差距的因素之一。（2）转移性收入为第二大收入来源。高、中、低收入阶层，转移性收入都是其收入的主要来源之一。其中低收入阶层来自离退休金的收入占比较高，从低到高收入阶层分别为15.03%、14.22%、12.45%、10.84%、11.48%、11.86%、14.27%，呈现中间低，两头高的分布状态。而赠送收入由低至高收入阶层呈上升趋势，阶层越高者赠送收入的比例越高。（3）个体经营性净收入成为有利补充。随着一系列国有企业改革措施的实施，"抓大放小、减员增效"等改革政策的出台，使一大批职工失去工作，失去了收入保障，贫困问题凸显。为了解决基本的生活问题，许多下岗职工做些小买卖以贴补家用。因此，在各阶层收入来源中，低收入阶层的个体经营净收入占可支配收入的比例最高，最低收入阶层和低收入阶层分别为2.31%、1.78%，中等收入阶层的个体经营收入比例最低，中下收入阶层、中等收入阶层、中上收入阶层分别为1.54%、1.33%、1.61%，与这一阶层的特点非常吻合，中等收入阶层主要是企事业单位的管理人员或科研人员，收入稳定，而且一般情况下，这一阶层的思想较为保守，从事经营性活动的人较少。当然在从事个体经营的人群中，不乏一些头脑灵活、知识丰富、学历较高的人，这些人凭借自身的优势，取得了较高的收入，跻身为高收入阶层。如上表所示，高收入阶层中个体经营性收入所占比例呈上升趋势，高收入、最高收入阶层分别为1.65%、1.99%。（4）财产性收入占比仍然较低。1993年党的十四大提出了"国家依法保护法人和居民的一切合法收入和财产，鼓励城乡居民储蓄和投资，允许属于个人的资本等生产要素参与分配"。如上表所示，各阶层财产性收入主要由利息、红利和其他财产租金收入，其中利息收入所占可支配收入由低到高收入阶层呈上升趋势，分别为0.44%、0.50%、0.58%、0.77%、1.14%、1.63%、2.91%，红利收入分别为0.21%、0.07%、0.19%、0.16%、0.33%、0.41%、0.95%。可见，国家虽已将财产性收入合法化，在由于当时投资环境不完善，加之居民的观望心理，居民的财产收入主要是储蓄带来的利息收入，收入越高者储蓄月多，利息也就越多。

下面我们来分析一下2010年的相应情况，以便对在确立社会主义市场经济体制近20年之后，城镇居民收入来源结构的变动作出对比分析。

表2 2010年城镇居民各阶层收入来源表

收入来源	最低收入户	低收入户	中等偏下	中等收入	中等偏上	高收入户	最高收入
可支配收入	100.00%	100.00%	100.00%	100.00%	100.00%	100.00%	100.00%
1. 工薪收入	72.62%	74.17%	73.61%	72.94%	72.06%	71.82%	68.44%
工资及补贴收入	67.67%	71.26%	71.65%	71.56%	70.87%	70.69%	67.37%
其他劳动收入	4.95%	2.91%	1.96%	1.38%	1.19%	1.13%	1.06%
2. 经营性净收入	12.26%	9.46%	8.17%	7.02%	7.59%	8.25%	12.15%
3. 财产性收入	1.39%	1.23%	1.23%	1.69%	2.29%	3.04%	5.32%
利息收入	0.19%	0.15%	0.20%	0.24%	0.31%	0.45%	0.56%
股息及红利收入	0.12%	0.09%	0.14%	0.22%	0.33%	0.49%	1.11%
保险收益	0.02%	0.01%	0.01%	0.02%	0.02%	0.04%	0.04%
其他投资收入	0.08%	0.04%	0.03%	0.09%	0.15%	0.27%	1.10%
出租房屋收入	0.87%	0.86%	0.80%	0.99%	1.37%	1.70%	2.36%
知识产权收入	0.00%	0.00%	0.00%	0.00%	0.00%	0.00%	0.01%
其他财产收入	0.10%	0.07%	0.06%	0.12%	0.11%	0.10%	0.13%
4. 转移性收入	26.43%	25.50%	26.97%	28.20%	28.02%	27.22%	23.82%
养老金或离退休金	17.26%	20.62%	22.82%	24.36%	24.27%	22.86%	17.86%
社会救济收入	3.45%	0.71%	0.23%	0.09%	0.06%	0.04%	0.02%
辞退金	0.01%	0.02%	0.03%	0.02%	0.03%	0.12%	0.09%
赔偿收入	0.03%	0.01%	0.01%	0.01%	0.02%	0.06%	0.15%
保险收入	0.16%	0.16%	0.10%	0.07%	0.07%	0.08%	0.05%
赡养收入	1.68%	1.02%	0.96%	0.88%	0.79%	0.83%	1.18%
赠送收入	1.74%	1.53%	1.55%	1.61%	1.62%	1.84%	2.51%
亲友搭伙费	0.00%	0.00%	0.00%	0.00%	0.00%	0.00%	0.00%
提取住房公积金	0.01%	0.01%	0.03%	0.08%	0.19%	0.33%	1.14%
记账补贴	1.60%	1.10%	0.88%	0.74%	0.64%	0.55%	0.39%
其他转移性收入	0.49%	0.33%	0.37%	0.32%	0.33%	0.51%	0.42%

1995～2010年，中国城镇居民的收入结构发生了许多显著的变化。其中（1）工资作为第一大收入来源，各阶层工资收入占可支配收入的比例均发生了变化。总体看来，低收入阶层的所占比例增加，其中最低收入阶层与低收入阶层由原来的69.78%、72%上升至72.62%、74.17%，分别上升了2.84和2.17个百分点，原因在于，在上世纪90年代国有企业改革之初下岗的工人，经过再培训，又重新找到工作，有了稳定的工资收入来源，工资性收入增加快速引起的。中等收入阶层工资性收入占比有所下降。其中中等偏下收入、中等收入、中等偏上收入阶层由原来的75.48%、77.44%、75.92%下降至73.61%、72.94%、72.06%，分别下降了1.87、4.5、3.87个百分点。最高收入阶层工资性收入占可支配收入比例也有所上升，由65.26%增加至68.44%，增加了3.17个百分点。（2）转移性收入占比增加。在各收入阶层中，转移性收入所占比例均有不同程度的增加。这一方面说明，我国的老龄化日益严重，离退休人员增加。另一方面，从不同收入阶层的比例可观察到，中等收入阶层转移性收入增幅最大，中等偏下、中等收入、中等偏上收入阶层所占比例分别由16.37%、14.70%、15.46%上升至26.97%、28.20%、28.02%，分别增加了10.6、13.49、12.56个百分点。低收入阶层转移性收入增幅较小，最低收入阶层、低收入阶层分别增加了2.85和6.81个百分点。这主要是由于离退休人员在退休之前所从在行业不同，离退休后工资待遇不同引起的。可见，转移性收入在再分配中并未起到缩小收入差距的作用，而对拉大收入差距起到了促进作用。（3）经营性净收入比例快速上升。1995～2010年间，我国不断强化市场经济体系建设，鼓励非公有制经济，同时出台了各项扶持个体私营经济发展的政策，个体私营经济得到了快速的发展，使经营性净收入增长迅速，在收入结构中比例大幅提高。其中最高收入阶层的经营性收入比例提高迅速，由1.99%增长至12.15%，提高了10.16个百分点，其次为最低收入阶层由2.31%增长至12.26%，提高了9.95个百分点，成为低收入阶层重要收入来源之一。（4）财产性收入比例略有所提高。党的十七大指出应“创造条件让更多群众拥有财产性收入”，说明国家抓住了问题的关键，我国居民的财产性收入增速缓慢，直接影响了我国城镇居民收入的水平。1995～2010年，各收入阶层的财产性收入占可支配收入的比例，虽均有所上升，但幅度不大。最低收入阶层和低收入阶层仅增加0.32和0.05个百分点，最高收入阶层增幅最大，仅为1.02个百分点。但值得一提到的是，在财产性收入构成中，利息收入所占比例在各阶层中均有所下降，股息及红利收入有所增加，其中最高收入阶层增幅显著。此外，出租房屋收入增长迅速，且从低到高阶层呈现上升趋势，收入越高阶层出租房屋收入越多。

第二节　各阶层收入结构的测度

一、收入比例变化

前文对各阶层城镇居民收入来源做了详细的分析，指出随着改革开放的不断深化和市场经济的不断完善，各阶层收入来源发生了重大的变化，逐渐改变了原有计划经济体制下单一的收入来源，实现了收入来源的多元化。但同时由于市场经济本身的经济波动和中国改革过程中制度的不完善，不同的收入来源渠道呈现出不同的稳定性。在此，依照前文对收入的划分，将收入根据来源的不同分为稳定性收入与不稳定性收入，讨论各阶层的稳定性收入与不稳定性收入的变动情况，以期找到针对性提高各阶层的收入的途径，见图1－14。考虑到物价因素，下图均是按1995年的不变价格进行这算，即实际收入＝名义收入/居民消费价格指数。

从以下各图可以看出，我国城镇居民各阶层稳定性收入与不稳定性收入都呈现上升趋势，各阶层的稳定性收入占可支配收入的比例均有所下降，而不稳定性收入占可支配收入的比例均有所上升，但各收入阶层幅度却有所差异。其中（1）低收入阶层稳定性收入占可支配收入比例下降较快，而不稳定性收入占比迅速提高。1995～2010年间，最低收入阶层的稳定性收入占可支配收入的比例由90.51%下降至76.3%，在2003年下降至最低点为69.91%，比1995年低了20.59个百分点，之后又有所上升，至2010年比1995年下降了14.21个百分点。与此同时，不稳定性收入呈上升趋势，至2003年不稳定性占比达到最高值，为30.09%。低收入阶层稳定性收入占可支配收入比例也有较大幅度下降，从1995年的91.06%下降至2010年的82.98%，下降了8.08个百分点，同样是在2003年至最低点，为80.68%，不稳定性收入占比则呈上升态势，由1995年的8.94%上升至2010年的17.08%。（2）中等收入阶层不稳定性收入占可配收入上升速度缓慢。其中中等偏下收入阶层稳定稳定性收入占比下降幅度相对较大，由1995年的91.86%下降至2010年的85.93%，下降了5.92个百分点。不稳定性收入占比由8.14%上升至14.07%。中等收入阶层与中上收入阶层稳定性收入占比分别由1995年的92.29%、91.04%下降至2010年的87.93%、87.64%，分别下降了4.36、3.4个百分点，不稳定性收入占比由分别由1995年的7.71%、8.96%上升至12.07%、12.36%。（3）高收入阶层不稳定性收入占可支配收入比例快速提高。最高收入户不稳定性收入占比由1995年的8.94%上升至2010年的17.02%，增加了8.08个百分点，稳定性收入占比由91.06%下降至82.98%。而高收入阶层稳定性与不稳定性收入占比变化幅度较小，为3.69个百分点。

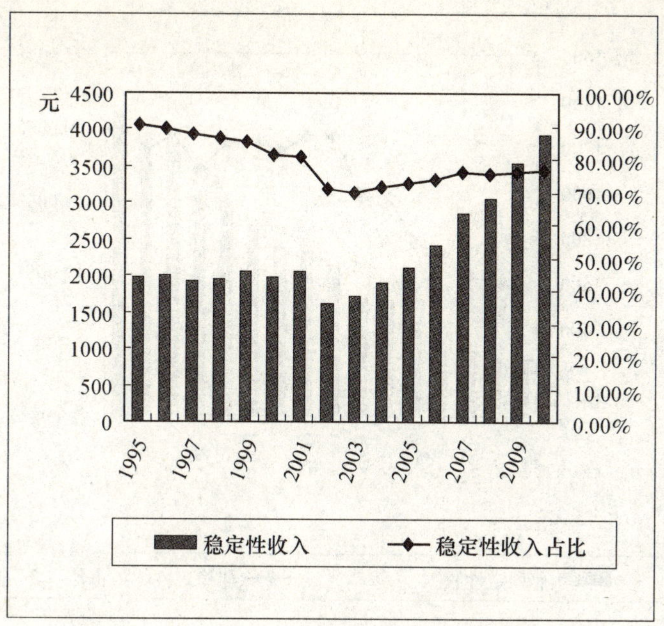

图 1　最低收入阶层稳定性收入占总收入比例

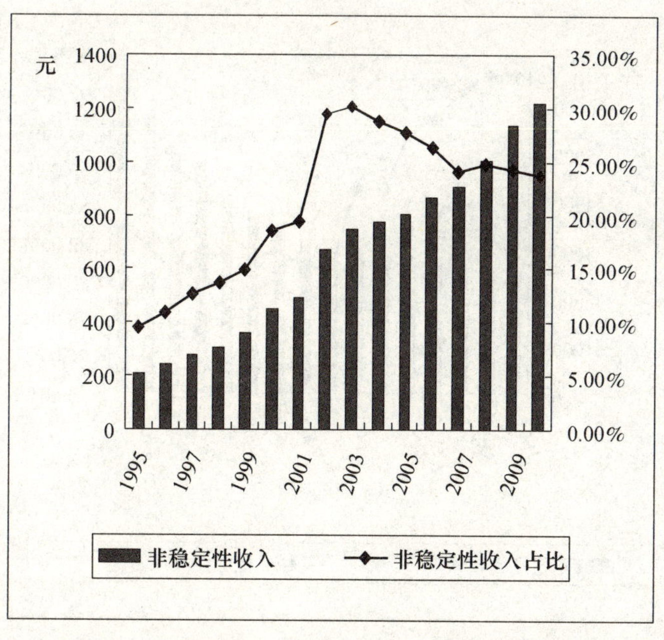

图 2　最低收入阶层不稳定性收入占总收入比例

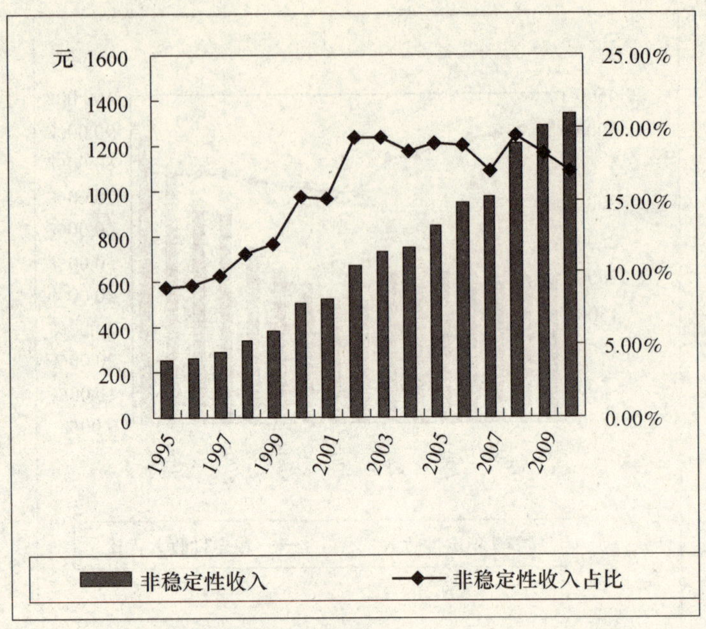

图 3　低收入阶层稳定性收入占总收入比例

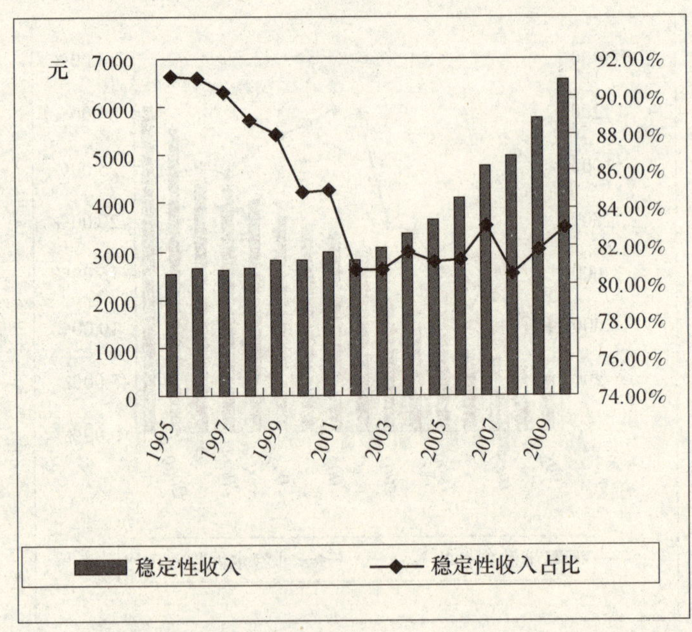

图 4　低收入阶层不稳定性收入占总收入比例

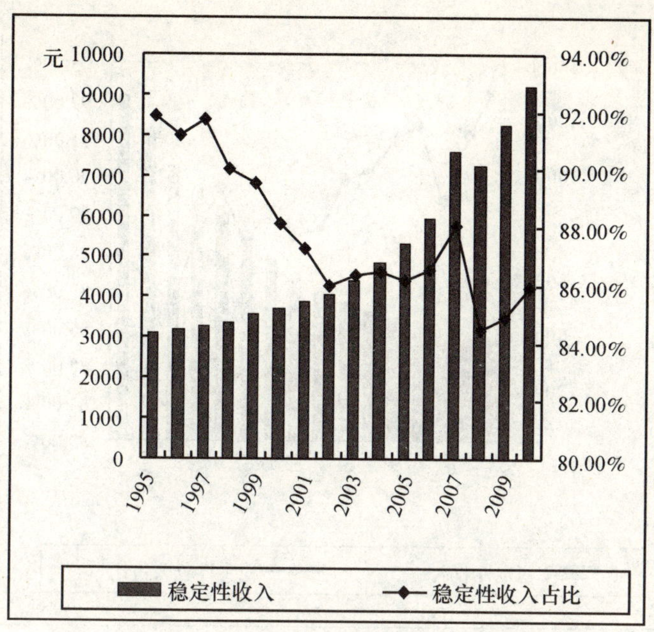

图5　中等偏下收入阶层稳定性收入占总收入比例

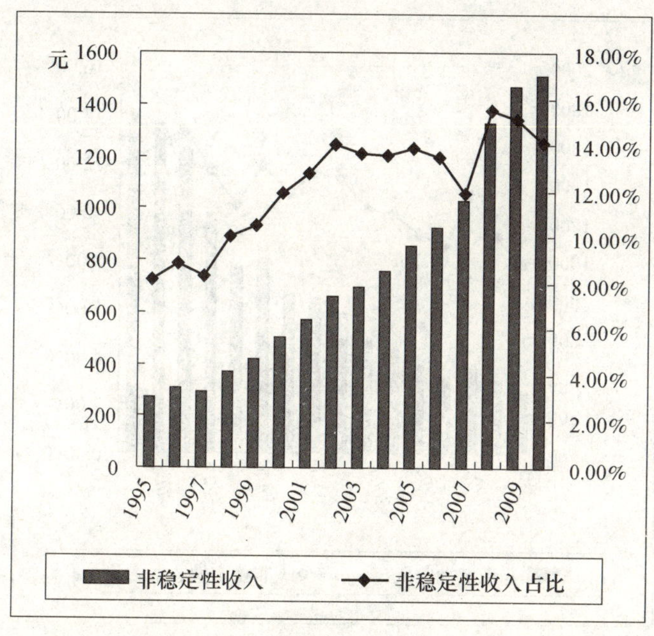

图6　中等偏下收入阶层不稳定性收入占总收入比例

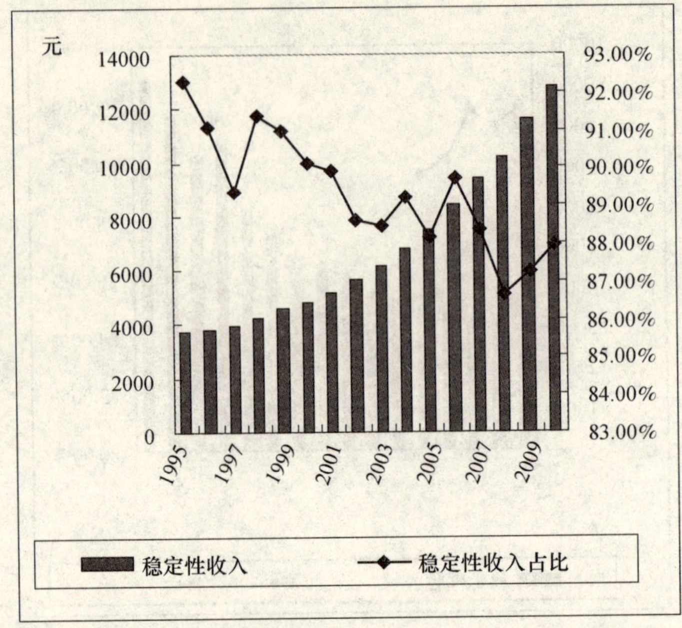

图7 中等收入阶层稳定性收入占总收入比例

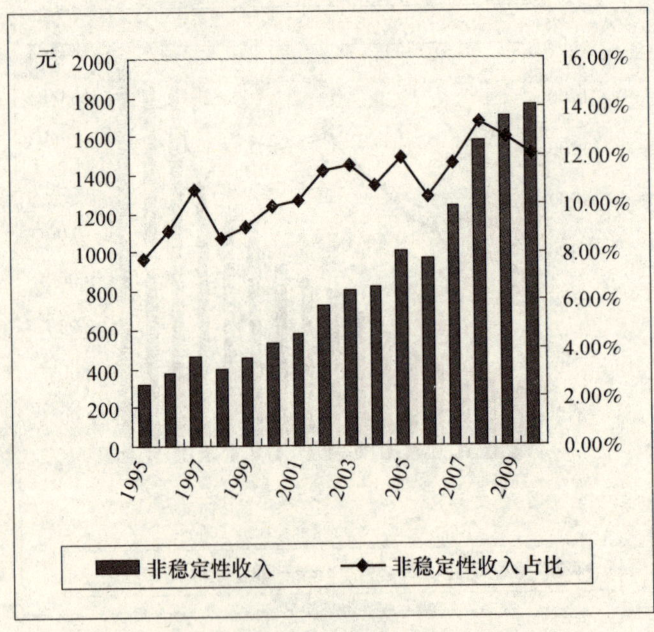

图8 中等收入阶层不稳定性收入占总收入比例

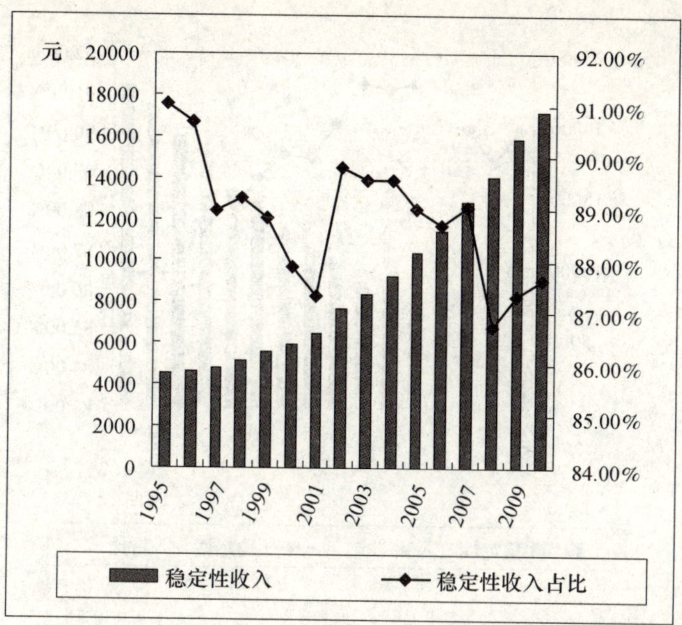

图 9　中等偏上收入阶层稳定性收入占总收入比例

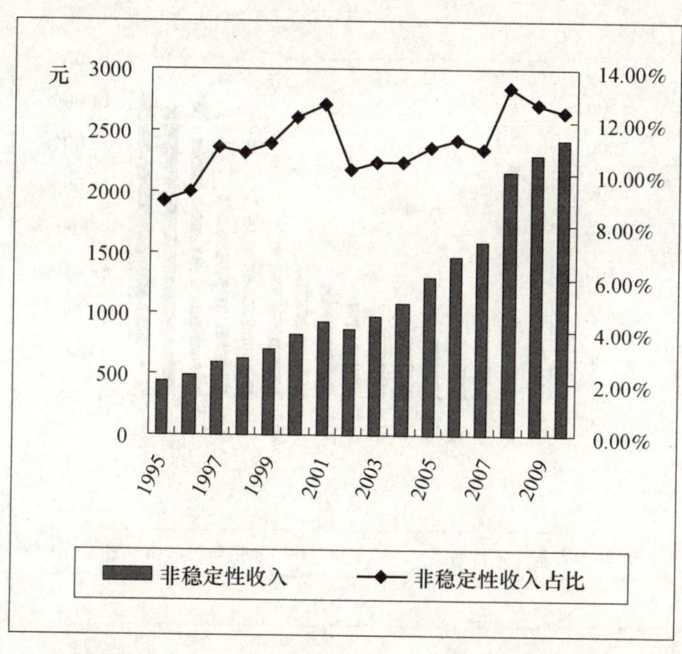

图 10　中等偏上收入阶层不稳定性收入占总收入比例

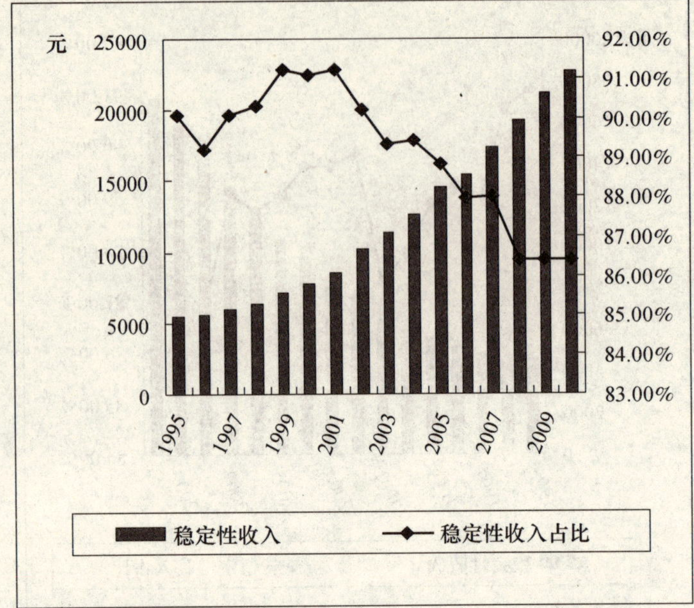

图 11　高收入阶层稳定性收入占总收入比例

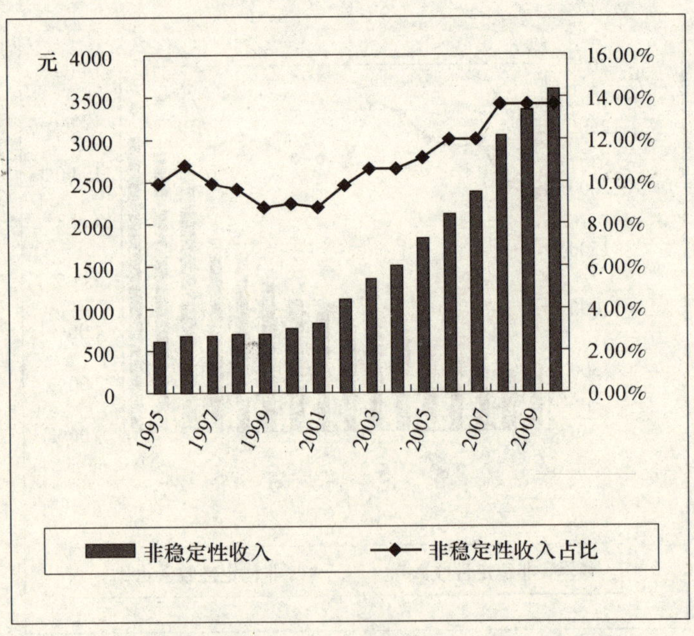

图 12　高收入阶层不稳定性收入占总收入比例

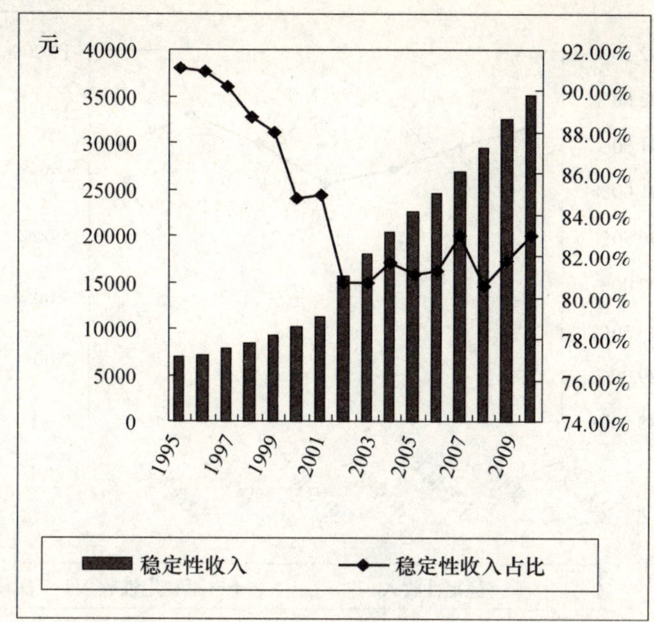

图 13　最高收入阶层稳定性收入占总收入比例

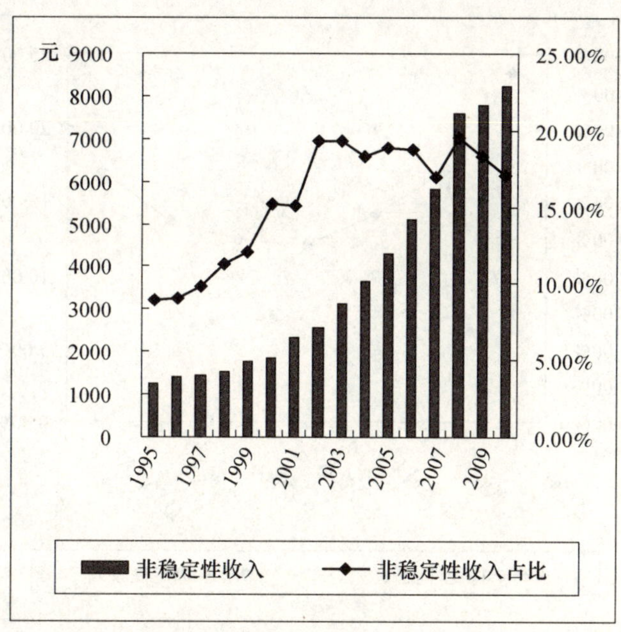

图 14　最高收入阶层不稳定性收入占总收入比例

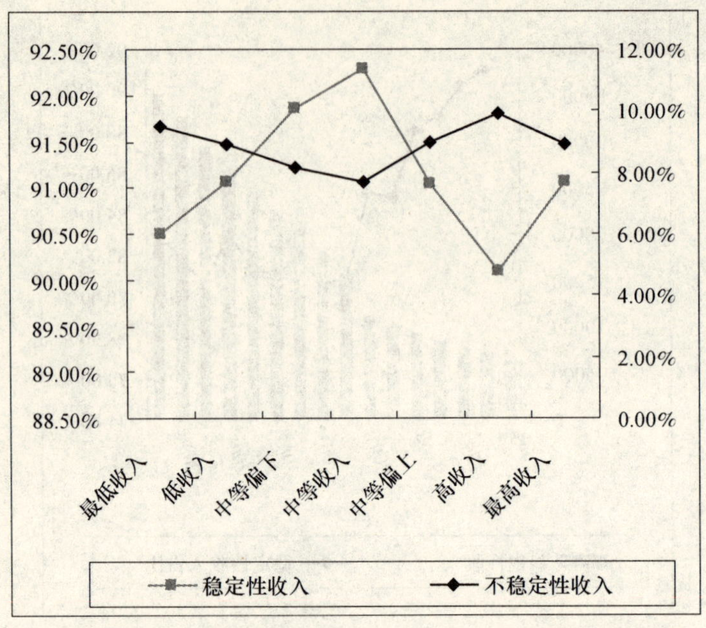

图 15　1995 年各收入阶层稳定性收入与不稳定性收入占比图

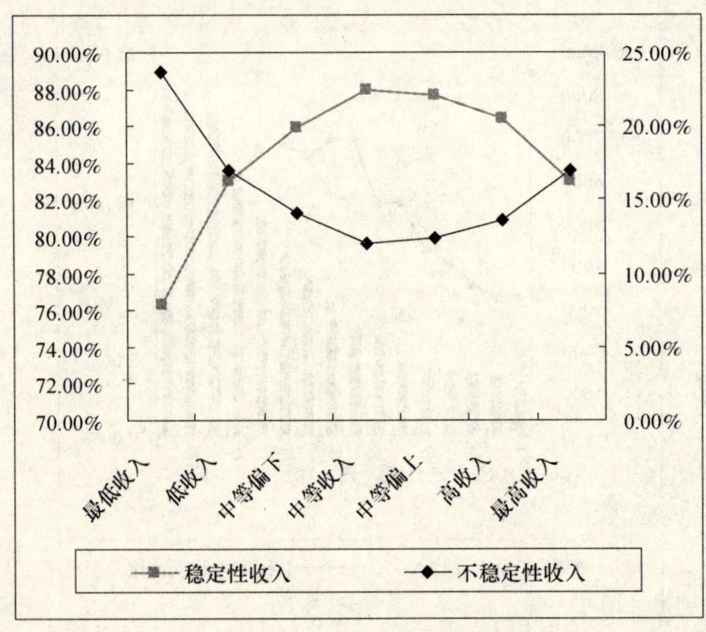

图 16　2010 年各收入阶层稳定性收入与不稳定性收入占比图

二、收入结构变动值测度

为了能够更好地揭示城镇居民各阶层收入结构的变动趋势与不稳定性特点，仍然采用与前文一致的方法，应用收入结构变动的测度指标，通过各项收入本年度比重与上一年度的差额绝对值之和来测算出各阶层收入结构的变动值。如图所

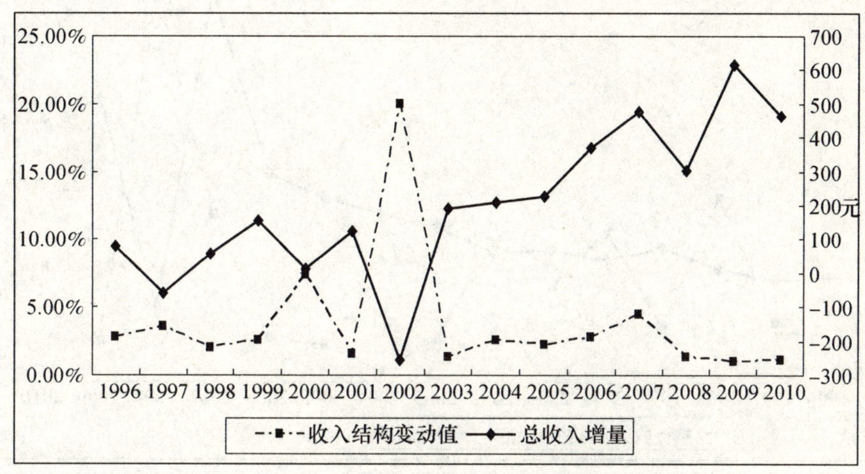

图 17　最低收入阶层收入结构与可支配收入增量

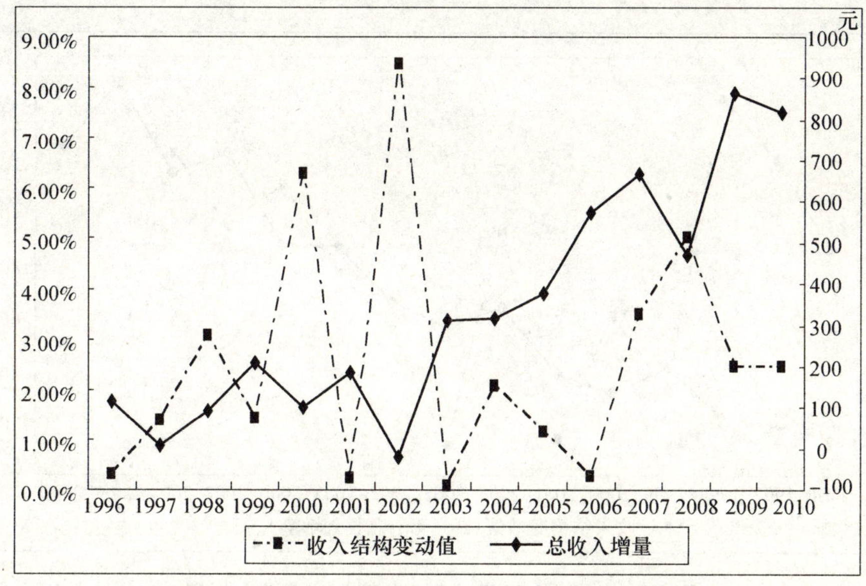

图 18　低收入阶层收入结构与可支配收入增量

示，各阶层的收入结构波动性特征均较为明显，收入结构变动与其水平增量的变化趋势也呈现出一致性，收入增量较大的年份，收入结构变动的幅度也较大。同时各阶层收入比重变化有着明显的差异性。

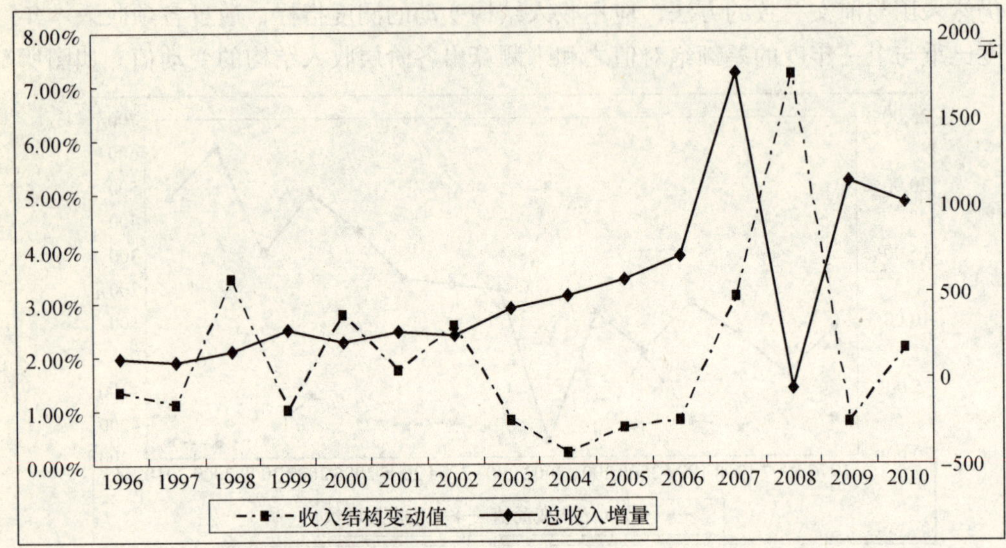

图 19　中等偏下低收入阶层收入结构与可支配收入增量

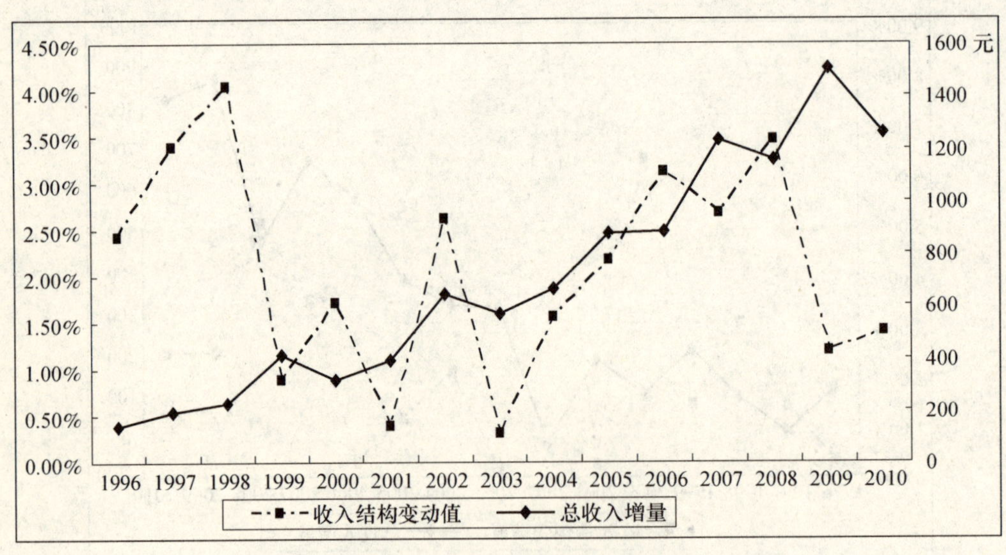

图 20　中等收入阶层收入结构与可支配收入增量

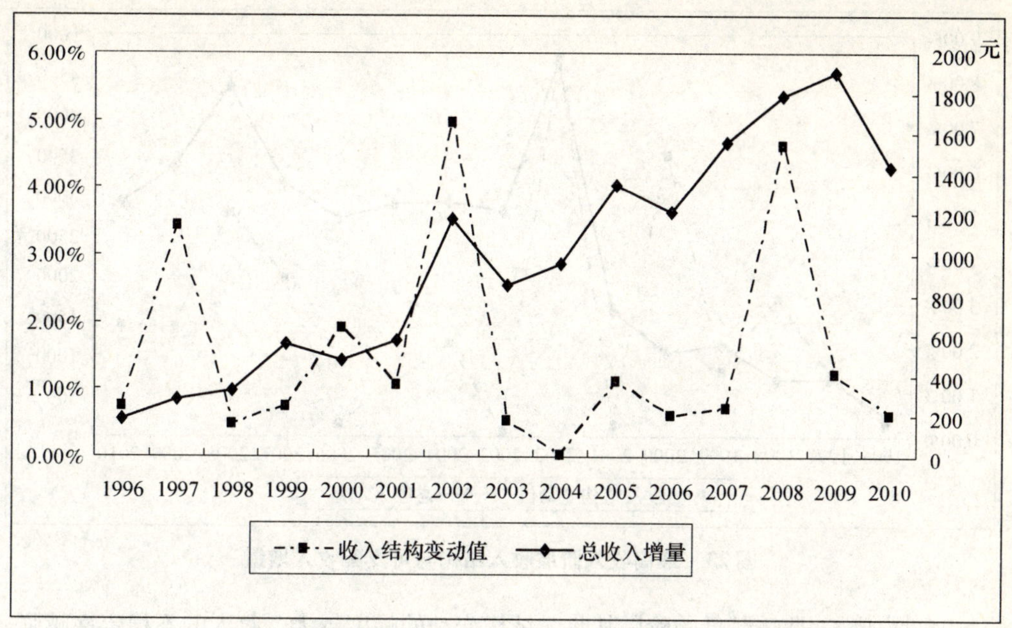

图 21　中等偏上收入阶层收入结构与可支配收入增量

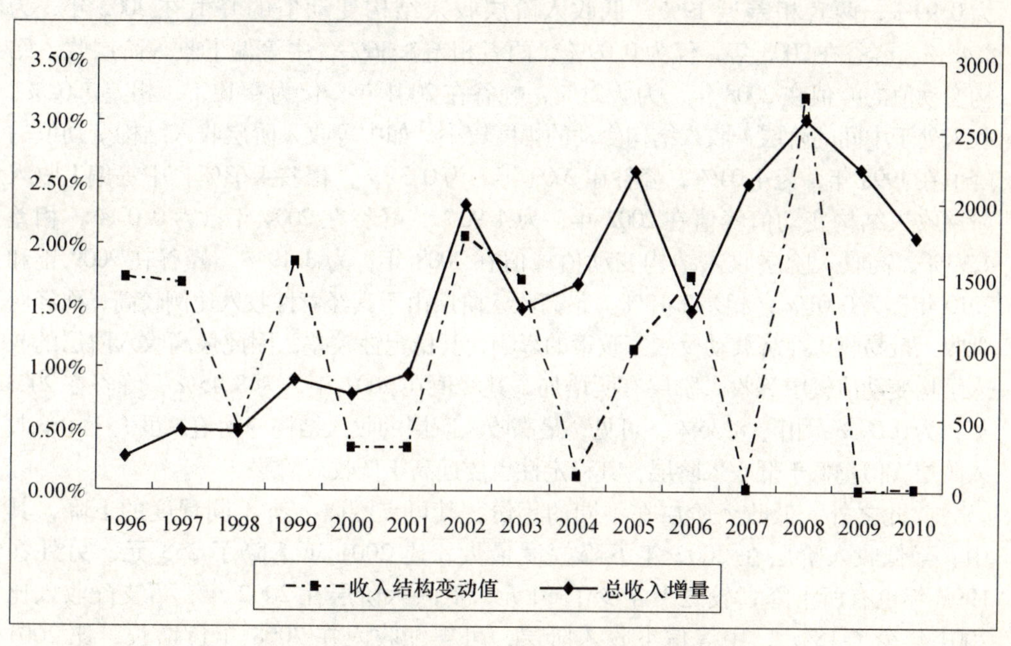

图 22　高收入阶层收入结构与可支配收入增量

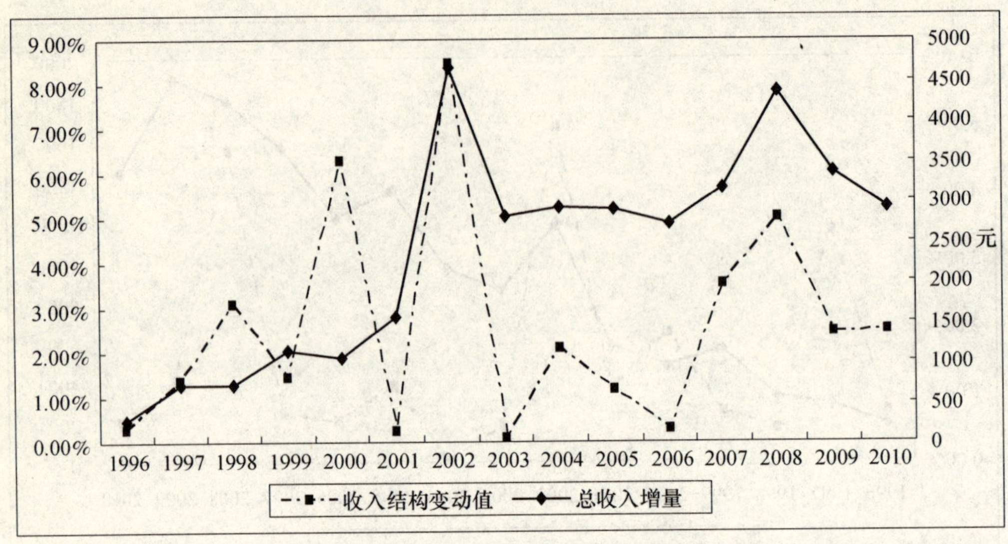

图 23　最高收入阶层收入结构与可支配收入增量

如图所示，收入越低的阶层其收入结构变动的幅度越大，收入的不稳定性越强。如最低收入阶层收入结构变动值的峰值是在 2002 年，为 19.97%，峰谷在 2009 年，仅为 0.99%，两者相差近 19%，低收入阶层收入结构变动值的峰值在 2002 年，为 8.45%，峰谷在 2003 年，仅为 0.09%，两者相差 8.36%，中等偏下收入阶层收入结构变动值的峰值在 2008 年，为 7.21%，峰谷在 2004 年，仅为 0.19%，相差 7.02%。收入处于中间的阶层，收入结构变动的幅度较小，如中等收入阶层收入结构变动值的峰值在 1998 年，为 4.04%，峰谷在 2003 年，为 0.31%，相差 4.63%，中等偏上收入阶层收入结构变动值峰值在 2002 年，为 4.92%，峰谷在 2004 年，为 0.03%，相差 4.93%，高收入阶层收入结构变动值峰值在 2008 年，为 3.19%，峰谷在 2009 年和 2010 年，为 0.01%，相差 3.18%。最高收入阶层由于其经营性收入比例较高，而经营性收入最易收入经济波动及国家政策的影响，其稳定性较差，因此最高收入阶层的收入结构变动值较中等收入阶层有所增加，其峰值在 2002 年，为 8.45%，峰谷在 2003 年，为 0.09%，相差 8.36%，可见，最高收入阶层的收入结构变动值，虽大于中低收入阶层，但仍低于低收入阶层，其稳定性也要远高于低收入阶层。

除此之外，低收入阶层在不同的年份，其可支配收入有不同程度的下降，其中，最低收入阶层在 2002 年下降幅度最大，比 2001 年下降了 253 元，另外在 1997 年也有所下降，较之上年少了 60 元，低收入阶层在 2002 年，可支配收入比 2001 年少了 18 元，中等偏下收入阶层，可支配收入在 2008 年负增长，比 2001 年少了 80 元。而中等收入以上阶层，其收入均是呈现上升趋势，1995 ~ 2010 年没有出现负增长。综合以上因素，低收入阶层的收入结构变动值幅度较大，而且在不同年份还出现负增长，其收入的稳定性较低，而不稳定性较强，给低收入阶层带来了不确定性的感受。

三、各阶层结构变动增长效应

以1995年的不变价计算，1995年至2010年中国城镇居民各个阶层实际收入水平呈现上升趋势，但如图所示，各阶层的增长速度并不平稳，呈现出较大的波动性，稳定性收入与不稳定性收入增长速度是不平稳的，各阶层不同类型的收入对总收入增长的贡献率也是不同的。在此，仍采用前文的计算贡献率的方法，计算各阶层稳定性收入与不稳定性收入对总收入增长的贡献率。

总体来看，各阶层稳定性收入增长速度低于不稳定性收入的增长速度，但由于不稳定性收入基数较低，其对总体收入增长的贡献率要低于稳定性收入的贡献率，同时，各阶层呈现出较大的差异性。其中（1）低收入阶层收入增长速率较低，但波动性较大。1996～2010年最低收入阶层稳定性收入平均增长速率为5.18%，不稳定性收入为12.86%，稳定性收入增长速率最高的是2007年，为18.03%，最低的年份为－21.17%，相差39.2个百分点，不稳定性收入增速最快的年份是2002年，为36.25%，最慢的年份是2004年，为3.8%，相差32.45个百分点。低收入阶层稳定性收入平均增长速率为6.7%，不稳定性收入为12.22%，稳定性收入增长速率最高的是2007年，为15.71%，最低

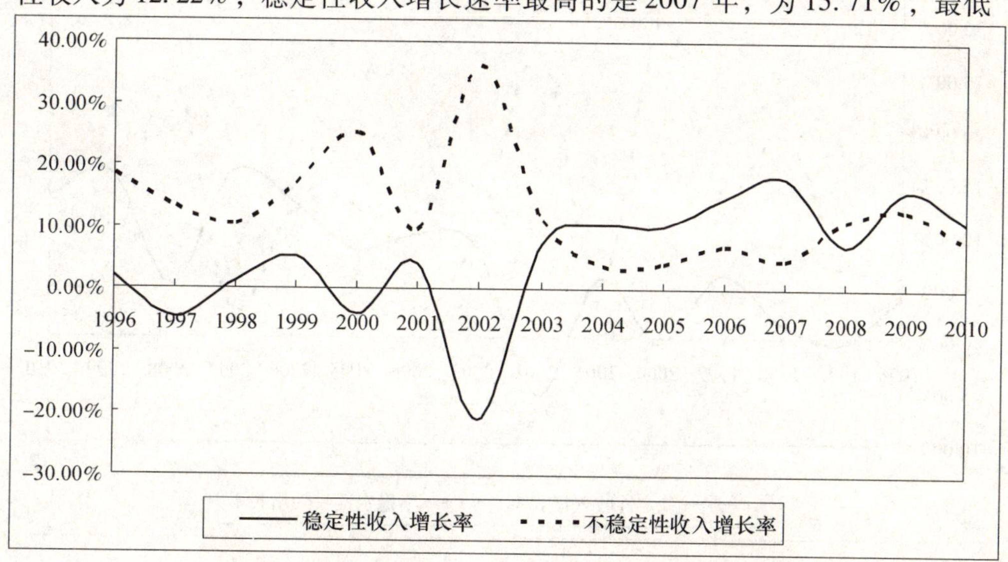

图24　最低收入阶层稳定性收入与不稳定性收入增长率

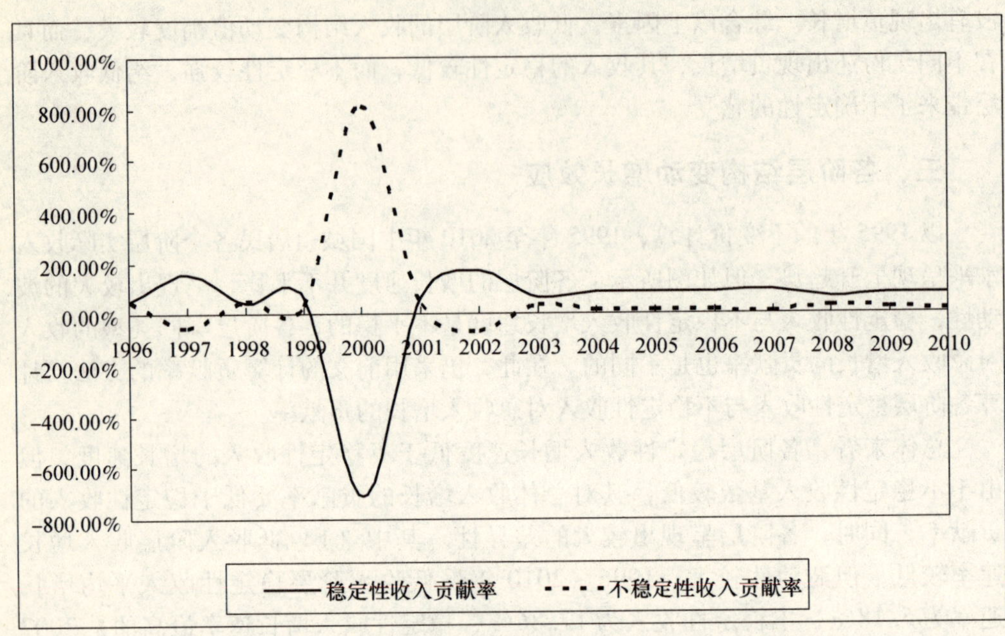

图 25　最低收入阶层稳定性收入与不稳定性收入贡献率

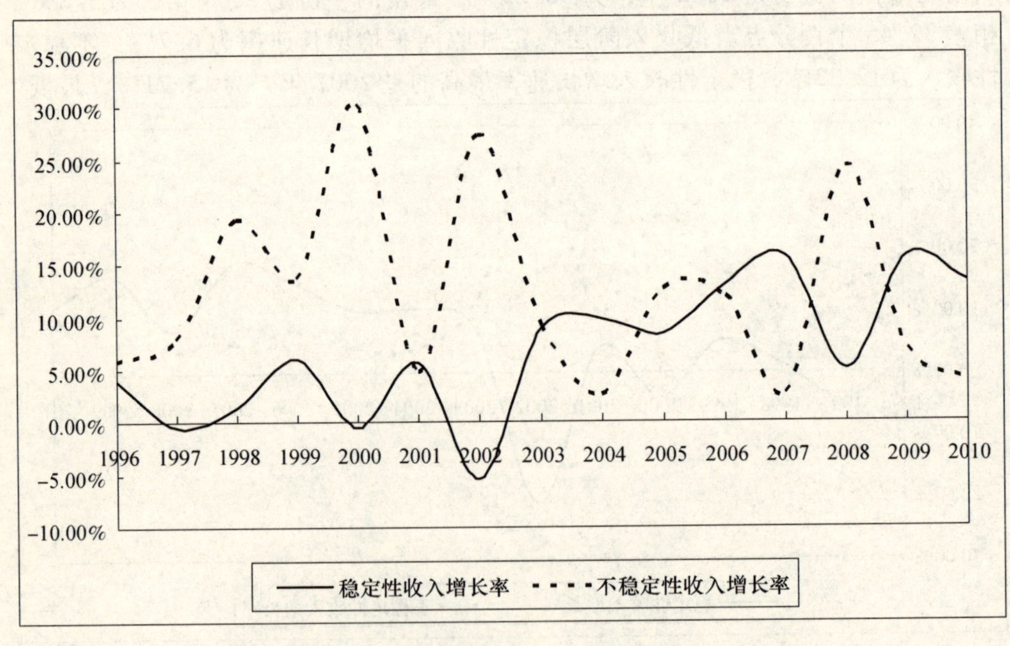

图 26　低收入阶层稳定性收入与不稳定性收入增长率

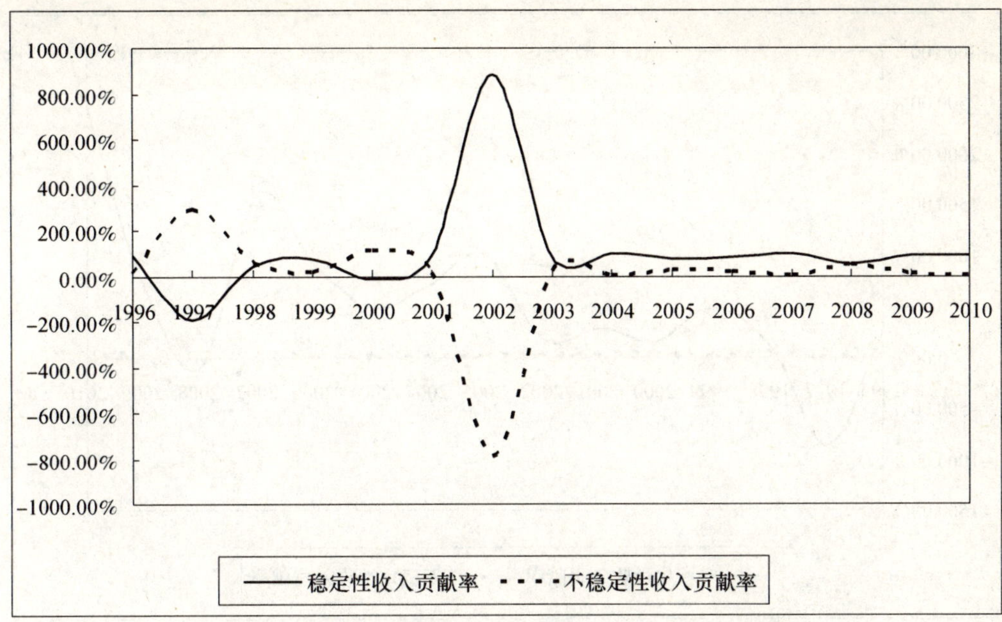

图 27　低收入阶层稳定性收入与不稳定性收入贡献率

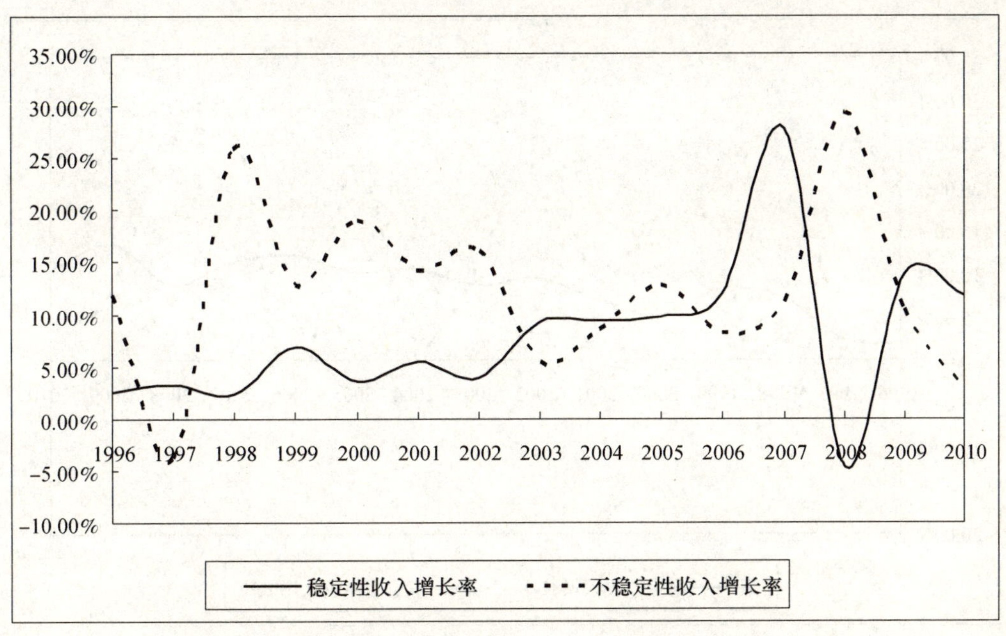

图 28　中等偏下收入阶层稳定性收入与不稳定性收入增长率

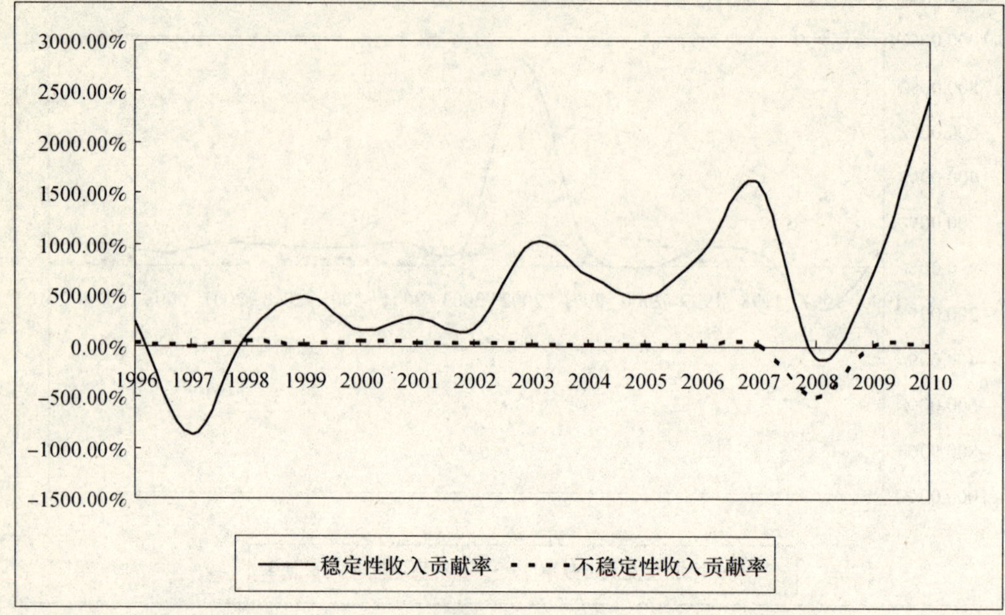

图 29　中等偏下收入阶层稳定性收入与不稳定性收入贡献率

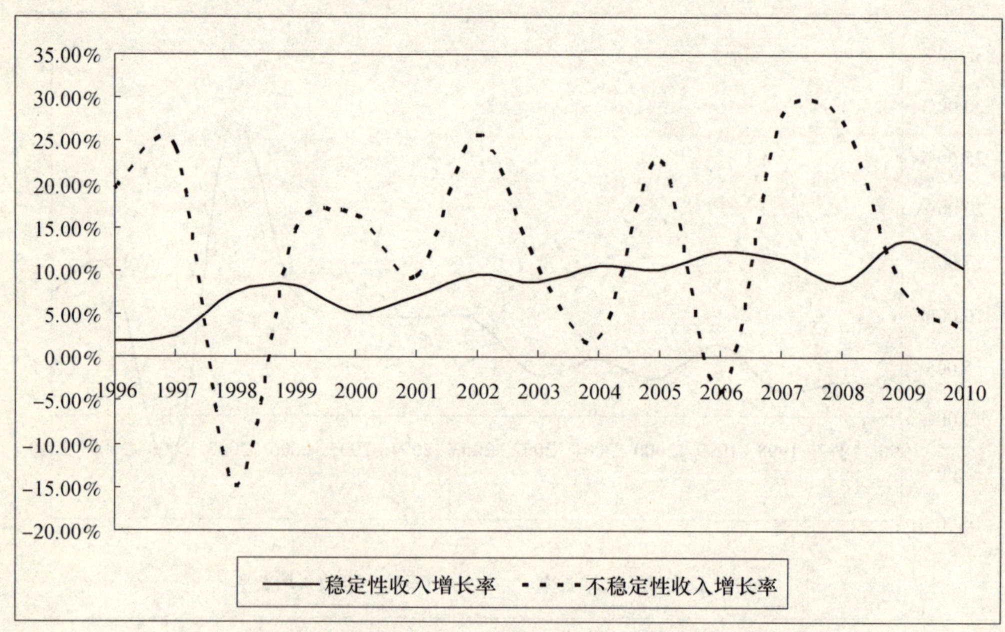

图 30　中等收入阶层稳定性收入与不稳定性收入增长率

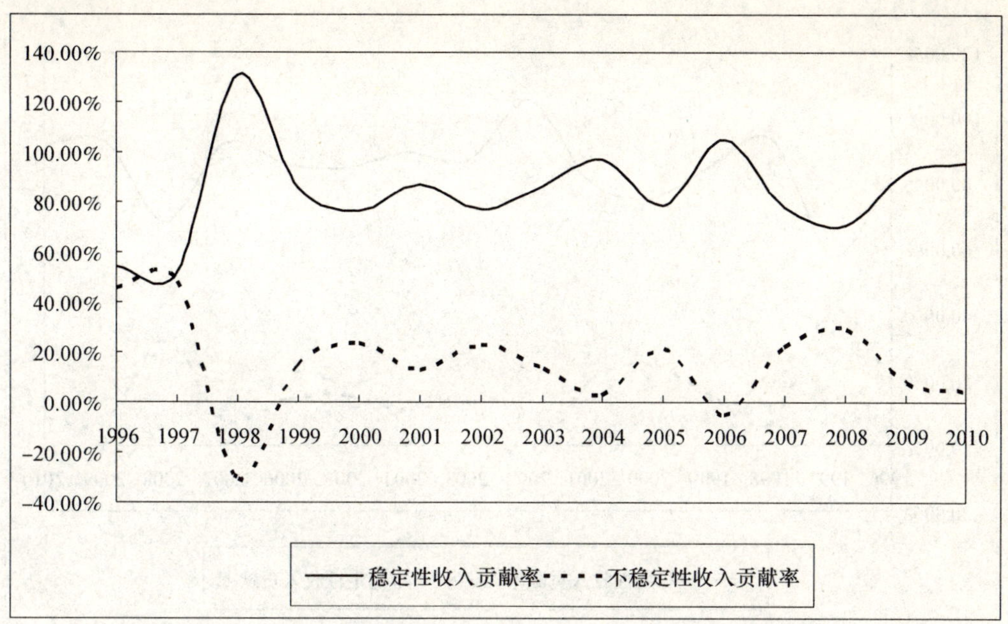

图 31　中等收入阶层稳定性收入与不稳定性收入贡献率

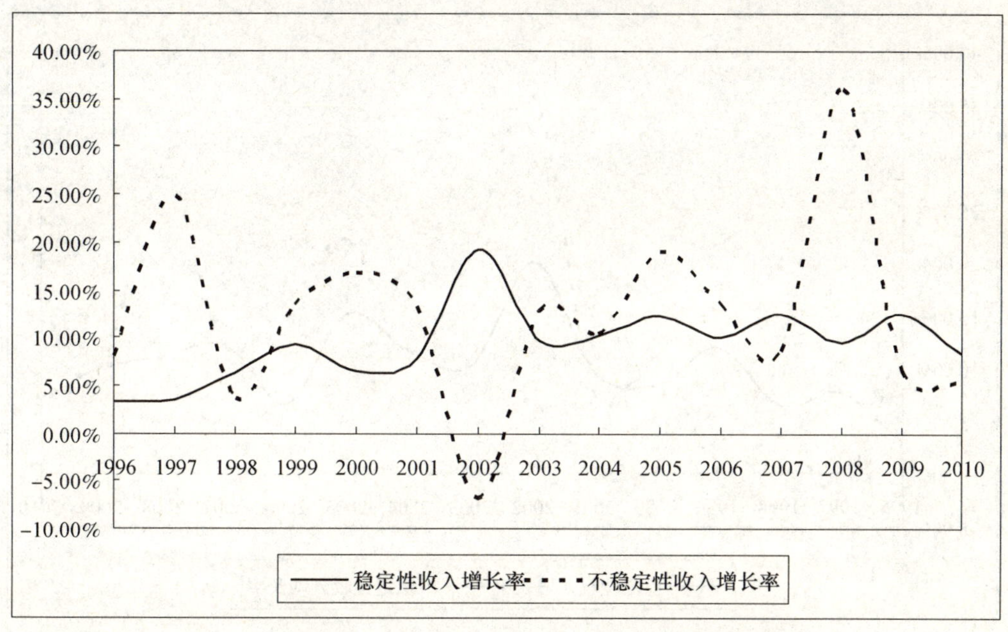

图 32　中等偏上收入阶层稳定性收入与不稳定性收入增长率

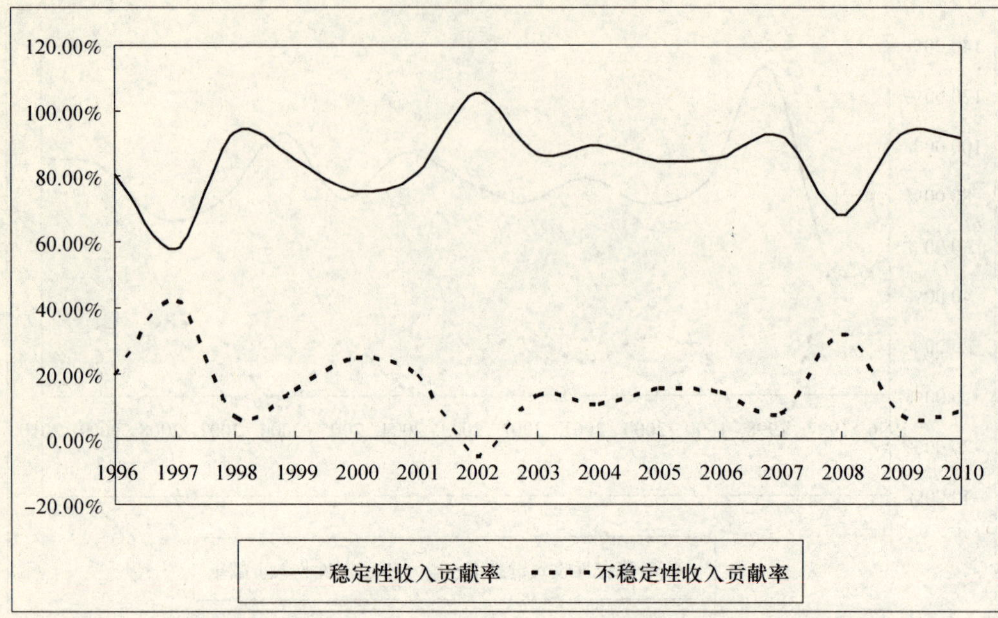

图 33　中等偏上收入阶层稳定性收入与不稳定性收入贡献率

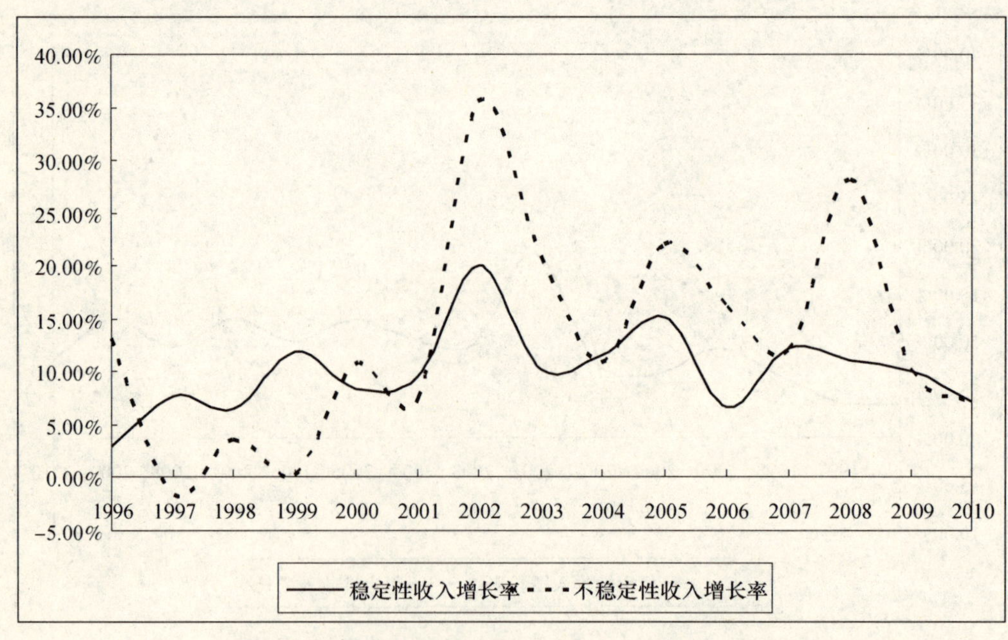

图 34　高收入阶层稳定性收入与不稳定性收入增长率

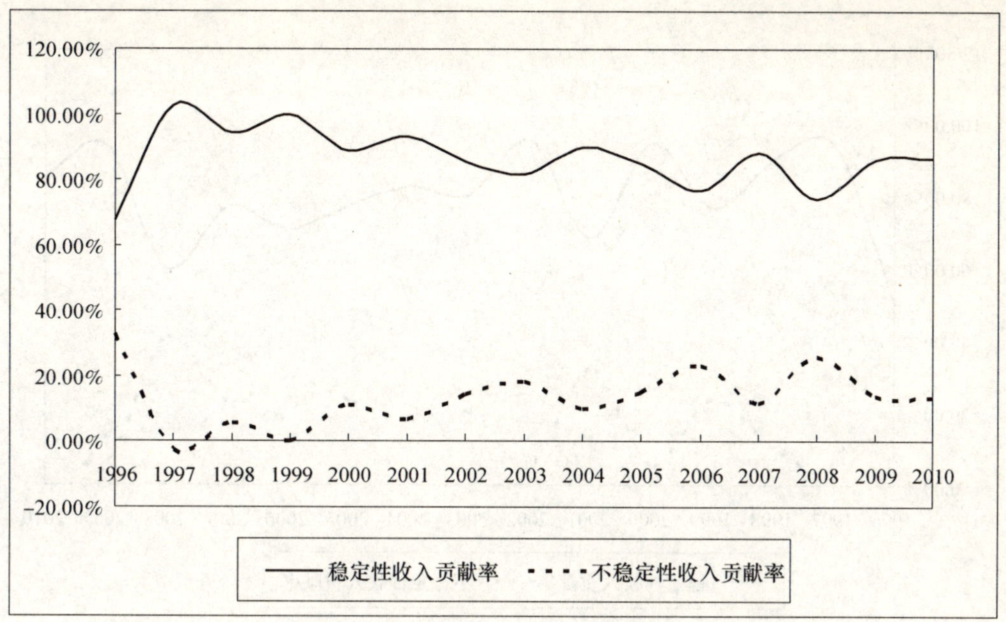

图 35 高收入阶层稳定性收入与不稳定性收入贡献率

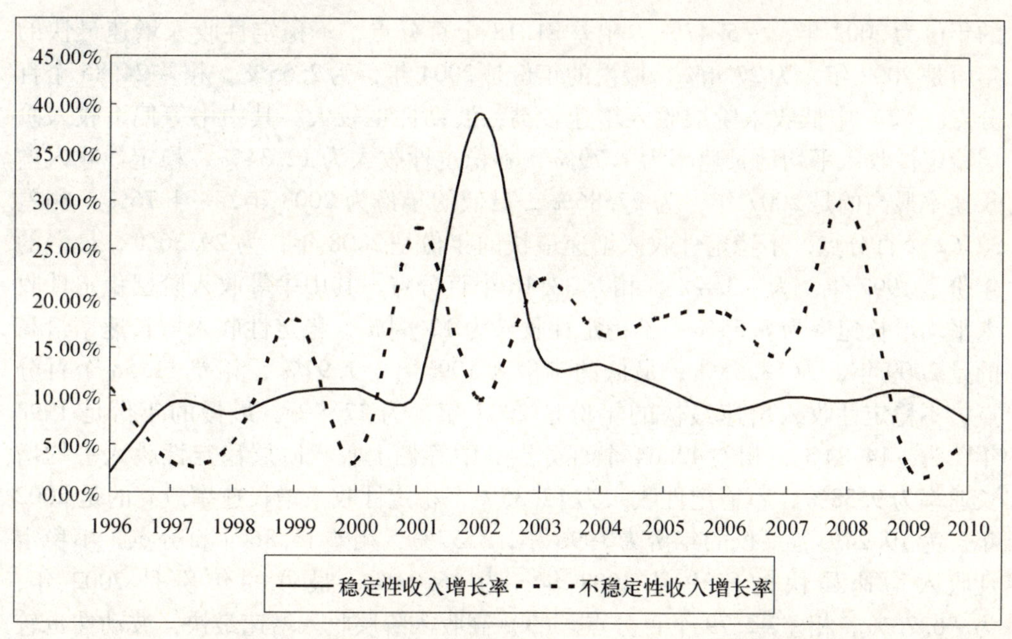

图 36 最高收入阶层稳定性收入与不稳定性收入增长率

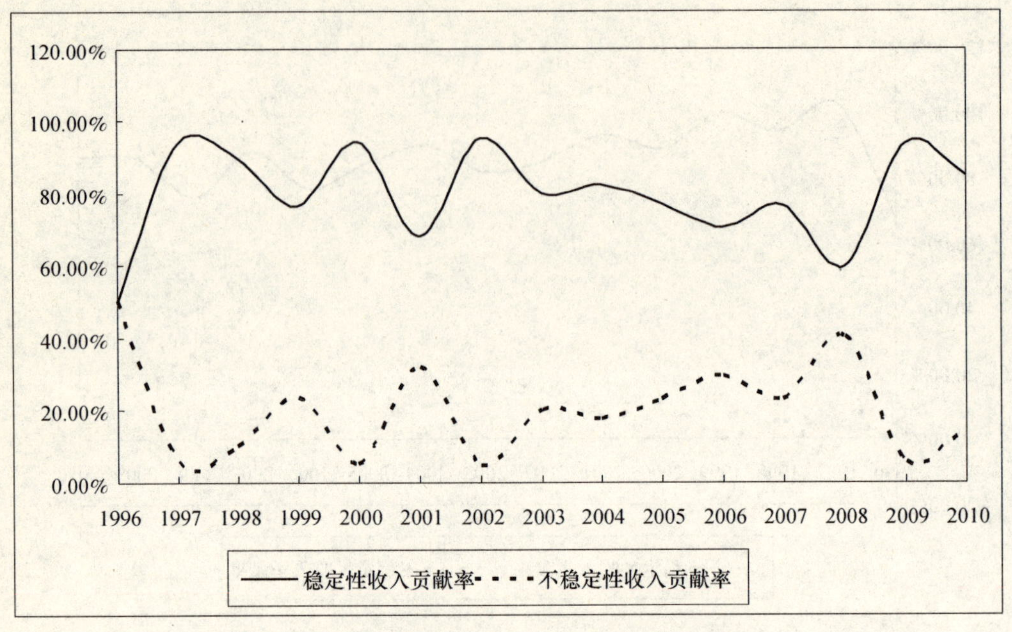

图 37　最高收入阶层稳定性收入与不稳定性收入贡献率

的年份为 2002 年，－5.47%，相差 21.18 个百分点，不稳定性收入增速最快的年份是 2002 年，为 27.4%，最慢的年份是 2004 年，为 2.55%，相差 24.85 个百分点。（2）中低收入阶层收入增速较高，波动性也较大。其中中等偏下收入阶层稳定性收入平均增长速率为 7.79%，不稳定性收入为 12.34%，稳定性收入增长速率最高的是 2007 年，为 27.86%，最低的年份为 2008 年，－4.76%，相差 32.62 个百分点，不稳定性收入增速最快的年份是 2008 年，为 29.36%，最慢的年份是 1997 年，为－3.8%，相差 33.16 个百分点。其中中等收入阶层稳定性收入平均增长速率为 8.54%，不稳定性收入为 12.84%，稳定性收入增长速率最高的是 2009 年，为 13.55%，最低的年份为 1996 年，1.97%，相差 11.58 个百分点，不稳定性收入增速最快的年份是 2007 年，为 27.8%，最慢的年份是 1998 年，为－14.84%，相差 42.64 个百分点。中等偏上收入阶层稳定性收入平均增长速率为 9.38%，不稳定性收入为 12.35%，稳定性收入增长速率最高的是 2002 年，为 19.24%，最低的年份为 1996 年，3.37%，相差 15.86 个百分点，不稳定性收入增速最快的年份是 2008 年，为 36.03%，最慢的年份是 2002 年，为－6.76%，相差 42.79 个百分点。（3）高收入阶层收入增速最快，波动性也较大。其中高收入阶层稳定性收入平均增长速率为 10.07%，不稳定性收入为

13.08%，稳定性收入增长速率最高的是2002年，为19.96%，最低的年份为1995年，2.95%，相差17.01个百分点，不稳定性收入增速最快的年份是2002年，为35.59%，最慢的年份是1997年，为-1.58%，相差37.17个百分点。最高收入阶层稳定性收入平均增长速率为11.62%，不稳定性收入为13.64%，稳定性收入增长速率最高的是2002年，为39.03%，最低的年份为1996年，1.94%，相差37.11个百分点，不稳定性收入增速最快的年份是2008年，为30.1%，最慢的年份是2009年，为2.7%，相差27.4个百分点。

第三节　中国城镇居民不同类型的收入对消费影响的实证分析

本节仍借鉴弗里德曼将收入分类的方法，分析不同来源、不同类型的收入对消费的影响，建立中国城镇居民各阶层稳定性收入、不稳定性收入与消费的模型：$C = a + a_1 Y_s + a_2 Y_i$，式中，$C$ 为消费，Y_s 为稳定性收入，Y_i 为不稳定性收入，a 为不受收入水平影响的消费需求，a_1、a_2 分别为稳定性收入与不稳定性收入的边际消费倾向。

需要说明的是，《中国城市（镇）生活与价格统计年鉴》根据收入将城镇居民分为七个等级，即：最低收入户、低收入户、中等偏下收入户、中等收入户、中等偏上收入户、高收入户以及最高收入户。笔者在前文分析数据时发现，最低收入户、低收入户、中等偏下收入户收入来源结构较为相似，并且这三个等级的消费者面临的外部环境设定基本一致，为行文方便下文统称为“低收入阶层”，同理，将中等收入户、中等偏上收入户统称为“中等收入阶层”，“高收入户、最高收入户”统称为“最高收入阶层”。

一、模型的建立

（一）各阶层稳定性收入与不稳定性收入与消费的相关性分析

相关性分析主要是分析考察数据的特征及他们之间的相互关联程度，各序列均都经过以1995年为基期的消费物价指数平减，对1995~2010年城镇居民各阶层的稳定性收入、不稳定性收入与人均消费支出做相关性分析，计量数据均在eviews 6.0上实现：

根据表3至表5的相关系数矩阵分析，城镇居民各阶层的稳定性收入与不稳定性收入都与人均消费支出存在很强的正相关性。低收入阶层消费支出与稳定性收入的相关系数为0.9939，与不稳定性收入的相关系数为0.9712；中等收入阶层消费与稳定性收入的相关系数为0.9993，与不稳定性收入的相关系数为

0. 9917；高收入阶层消费与稳定性收入的相关系数为0. 9998，与不稳定性收入的相关系数为0. 9869。值得注意的是，各阶层稳定性与不稳定性收入也是强正相关关系，这一点也是符合逻辑的，因为各阶层的不稳定性收入大部分来源于稳定性收入的积累，是由稳定性收入积累而形成的储蓄、投资等构成了不稳定性收入的重要来源。

表3　低收入阶层不同收入与消费支出相关性矩阵

	C	*Ys*	*Yi*
C	1	0. 99391	0. 9712
Ys	0. 9939	1	0. 9428
Yi	0. 9712	0. 94282	1

表4　中等收入阶层不同收入与消费支出相关性矩阵

	C	*Ys*	*Yi*
C	1	0. 9993	0. 9917
Ys	0. 9993	1	0. 9903
Yi	0. 9917	0. 9903	1

表5　高收入阶层不同收入与消费支出相关性矩阵

	C	*Ys*	*Yi*
C	1	0. 9998	0. 9869
Ys	0. 9998	1	0. 9863
Yi	0. 9869	0. 9863	1

（二）数据的平稳性检验

如前文所述，大多数的时间序列虽存在很强的正相关关系，但由于是非平稳序列，如果用普通最小二乘法建立模型，容易产生伪回归，为了解决这一问题，协整理论应运而生，即对各变量进行单位根检验。在此，仍利用 Eviews 6. 0 软件对各阶层的三个变量分别进行单位根检验，结果如下：

从表6、表7、表8 的检验结果可见，1995 ~ 2010 年城镇居民中各阶层人均稳定性收入与不稳定性收入和平均消费支出均是不平稳的，但它们的二阶差分均在 1% 显著水平下平稳，这些序列均为 *I*（2）序列。若直接建立回归模型，则有可能出现伪回归，因此要对数据进行协整检验。

表 6　低收入阶层不同收入与消费序列的单整检验（ADF）结果

变量	检验类型	T 统计量概率值	单整阶数
Ys	（0，0，0）	－7.3486***	2
Yi	（0，0，0）	－5.5556***	2
C	（0，0，0）	－6.2852***	2

表 7　中等收入阶层不同收入与消费序列的单整检验（ADF）结果

变量	检验类型	T 统计量概率值	单整阶数
Ys	（0，0，0）	－5.3656***	2
Yi	（0，0，0）	－5.1358***	2
C	（0，0，0）	－5.6136***	2

表 8　中等收入阶层不同收入与消费序列的单整检验（ADF）结果

变量	检验类型	T 统计量概率值	单整阶数
Ys	（0，0，0）	－5.6794***	2
Yi	（0，0，0）	－6.3772***	2
C	（0，0，0）	－6.8589***	2

（三）数据的协整检验

计量统计学中指出，一些时间序列虽然为非平稳序列，但其某种线性组合却平稳，而这种组合反应了变量之间长期稳定的比例关系。应用上文的模型，建立各阶层收入与消费方程如下：

$$C_l = 855.91 + 0.571Ys_l + 0.88Yi_l \quad (11.1)$$

（19.22795）　（20.87485）　（9.104776）

（0.00000）　（0.00000）　（0.00000）

调整后的 $R^2=0.998103$，$F=3947.492$（$p=0.0000$），DW = 1.845597

$$C_m = 1271.34 + 0.574Ys_m + 0.58Yi_m \quad (11.2)$$

（8.14267）　（15.1037）　（2.59417）

（0.00000）　（0.00000）　（0.02500）

调整后的 $R^2=0.999333$，$F=5490.834$（$p=0.0000$），DW = 2.001548

$$C_h = 1545.266 + 0.59Ys_h + 0.29Yi_h \quad (11.3)$$

（16.10239）　（41.08496）　（5.064492）

（0.00000）　（0.00000）　（0.00000）

调整后的 $R^2=0.99850$，$F=33291.65$（$p=0.0000$），DW = 1.751113

式（11.1）、（11.2）、（11.3）分别表示低收入阶层、中等收入阶层、高收入阶层收入与消费的方程，其中 C_l、C_m、C_h 分别代表低收入、中等收入、高收入阶层的平均消费支出，分别 Ys_l、Ys_m、Ys_h 和 Yi_l、Yi_m、Yi_h 代表低收入、中等收入、高收入阶层的稳定性收入和不稳定性收入。三式中调整后的 R 均在 0.99 以上，F 检验也表明模型是高度显著的，表明方程拟合效果非常好，DW 检验表明，残差不存在自相关性。同时应用恩格尔 - 格兰杰协整检验法，采用（0，0，0）的检验形式，对各方程做单位根检验，结果显示，其在 1% 水平下平稳，因此认为，各阶层人均消费与人均稳定性收入与不稳定性收入存在协整关系，表明各因变量与自变量存在长期均衡关系。

从回归结果来看，我国城镇居民各收入阶层居民消费与收入之间存在协整关系，稳定性收入与不稳定性收入对 1995 ~ 2010 年的消费具有很强的解释力。其中，低收入阶层稳定性收入的边际消费倾向为 0.571，不稳定性收入的边际消费倾向 0.88，不稳定性收入的边际消费倾向大于稳定性收入的边际消费倾向，说明低收入阶层的居民将稳定性收入用作消费的比例小于不稳定性收入的消费份额，即当低收入阶层稳定性收入增加 1 元时，其将 0.57 元用作消费，用 0.43 元作储蓄，当不稳定性收入增加 1 元时，将 0.88 元用作消费，用 0.12 元用作储蓄。中等收入阶层的稳定性收入、不稳定性收入的边际消费倾向分别为 0.574 和 0.58，不稳定性收入的编辑消费倾向略大于稳定性收入的编辑消费倾向，说明中等收入阶层将稳定性收入用作消费的比例略消费不稳定性收入的消费，即当中等收入阶层稳定性收入增加 1 元时，其将 0.57 元用作消费，用 0.43 元作储蓄；当不稳定性收入增加 1 元时，用 0.58 元用作消费，用 0.42 元作储蓄。高收入阶层的稳定性收入、不稳定性收入的边际消费倾向分别为 0.59、0.29，稳定性收入的边际消费倾向大于不稳定性收入的边际消费倾向，说明高收入阶层的居民将稳定性收入用作消费的比例大于不稳定性收入的比例，即当高收入阶层稳定性收入增加 1 元时，其将 0.59 元用作消费，用 0.41 元用作储蓄；当不稳定性收入增加 1 元时，用 0.29 元用作消费，用 0.71 元作储蓄。

（四）计量结果的原因分析

综上所述，各收入阶层的不同收入类型与消费呈现出不同的关系，这与其自身的条件及所处的环境是相关的。同时不难发现，每一阶层平均收入的边际消费倾向是随着收入的提高而降低的。但随着收入的提高，稳定性收入边际消费倾向逐渐增大，而不稳定性收入的边际消费倾向则逐渐减小。笔者认为这是由于发展型消费的需求，依据生命周期理论“心理帐户”的概念，消费者根据不同的收入来源和形式，将收入划分为不同的心理帐户，行为生命周期理论同时指出，对不同账户不同阶层的消费者的行为也是不同的。

在中国转型期特殊的制度安排，各个阶层面临的收入风险是不相同的。转型期我国一个重要的特征是，由于国家财政能力的限制，社会保障的覆盖面有限，呈现“等级性”特征。城镇高收入阶层、中等收入阶层所享有的社会保障较多，城镇低收入阶层所享有的社会保障较少①。

对于低收入阶层，其主要由下岗职工、失业人员、靠打零工或摆小摊养家糊口的人、较早退休或内定退休的集体企业职工、停产或半停产企业职工以及领取最低生活保障的残疾人和孤寡老人。其不仅面临着基本的生活需求，他们一般都不享有良好的社会保障，面临着未来子女的教育、住房、养老等一系列的问题，面临的不确定性很大，为了应对未来的不为确定性支出，他们紧衣缩食、压制自己的消费欲望将收入中相对稳定的部分储蓄起来以备未来的不时之需。加之，由于低收入阶层面临的流动性约束性风险较大，因为他们没有足够的收入做担保可以从银行贷款已度过难关，因此只能通过预防性储蓄来解决问题。而对突然获得的、或意外获得的不稳定性收入时，其消费欲望得到了释放，无法抵制现期消费所产生的“诱惑”，将不稳定性收入的一大部分用于消费已提高自己的消费水平和生活质量，例如他们可能将馒头加咸菜的饮食变为馒头加热菜。

与此相比较，我国中等收入阶层主要包括政府公职人员、国有企业职工、科教文卫人员、个体经营者。与低收入阶层不同的是，中等收入阶层自己已有部分金融资产积累，流动性约束开始有所放松，但是由于宏观经济改革的深入，特别是就业体制的市场化改革，造成这一群体对未来的收入增加缺乏信心，加上正在进行的住房、医疗、教育体制改革亦使这一群体对未来的预期支出深感忧虑，最终导致这一群体消费的谨慎行为，即中等收入阶层一方面面临着城镇居民收入构成的变化、失业风险的加大、收入差距扩大；另一方面面临住房制度改革、医疗制度改革、职工养老保险制度和失业保险制度改革使过去居民的一些福利如免费高等教育、单位分配住房、免费医疗等已经取消，支出的不确定性风险增大。这种支出的不确定性对中等收入阶层居民的消费具有重大的影响，同时导致这一阶层，将稳定性收入的一大部分作为储蓄以应对未来的不确定性支出。而中等收入阶层由于其接受的教育层次较高，对国家政策的敏感度也更高，对由于我国转轨期制度所带来的不确定性感受也最深，对意外获得的收入虽有消费的欲望，但还是将一大部分用作储蓄，另一部分则用作消费。

---

① 杨天宇．中国的收入分配与总消费——理论和实证研究．中国经济出版社，P124

高收入阶层主要包括企事业单位的管理人员、演艺界和体育界的明星、律师、医生等。高收入群体由于其收入来源较广，且一般较为稳定，导致他们对于外在制度变迁风险的承受力比中低收入群体要高的多，制度变迁带来的不确定性对他们的影响也就较弱。另一方面，由于这一群体的收入水平较高，金融资产的积累较为丰富，也就根本不存在什么跨时预算约束，当然他们更不需要通过借贷来平滑消费，所以流动性约束对他们影响不大。同时，高收入使这一阶层的消费者在满足基本消费后仍有大量的结余，资产积累较多，具有了跨时预算的能力，尽管这部分消费者也要承担制度变革带来的成本，但可观的收入以及资产积累使他们能够轻易解决其住房、医疗、教育以及社会保障问题。对于他们来说，由于收入足够高足以应对未来的风险，预防性储蓄动机很弱。但高收入阶层由于其消费的生理极限的限制，其平时的消费水平已能满足日常消费，消费的欲望已完全能满足，对于意外获得的收入或财富，谈不上诱惑。其日常的开销主要来自于稳定性收入，稳定性收入的边际倾向较高，而不稳定性收入的边际消费倾向很低，他们的消费行为基本上符合弗里德曼的持久性收入假说。

可见，由于中国转型期社会保障的等级性特征，各个阶层面临的收入风险不同，不同阶层有不同的预防性储蓄倾向和遗赠储蓄倾向。这导致了中国各阶层的边际消费率变化和平均消费率变化出现方向不一致特征。平均消费率随居民收入增加而单调下将；而边际消费率则不是单调下降，不同类型收入的边际消费倾向呈现不同的特征。稳定性收入的边际消费倾向呈上升状态，即高收入阶层稳定性收入边际消费倾向高于中等收入阶层和低收入阶层，不稳定性收入的边际消费倾向随阶层的不断上升而逐渐下降，即低收入阶层的不稳定性收入边际消费倾向最高，而高收入阶层的不稳定性收入边际消费倾向最低，而这种情况的出现主要是由于低收入阶层为了保证子女的教育及日后的日常生活所需，将稳定性收入中相当大一部分用于储蓄，以解决未来的不时之需，而在获得不稳定性收入之后，为了享受生活，释放消费欲望，而将不稳定性收入的大部分用于消费以提高消费水平；而高收入阶层的稳定性收入已完全能满足其消费欲望，其意外获得不稳定性收入消费的倾向很低，将大部分用于储蓄。因此，在制定刺激消费的政策时，应有针对性地增加不同收入阶层不同类型的收入，才能达到有效提高居民消费率，扩大内需以刺激经济的目的。

第十一章　改进收入结构，促进消费增长的路径选择与政策建议

通过各种制度保障来降低城镇居民的不确定性感受是提高居民消费的有效手段。

第一节 路径选择

一、完善市场化改革，降低居民的不确定性感受

中国自从实行社会主义市场经济制度后，随着收入分配制度改革的日趋完善，分配方式由过去的按劳分配转变为按劳分配、多种分配方式并存，劳动、资本、技术和管理等生产要素按贡献参与分配与社会主义市场经济相适应的收入分配制度。与此相对应，收入提高很快并且来源日益多元化，同时由于市场基本完全放开，居民具有充分的消费选择自由，但是由于经济体制改革打破了旧的利益分配格局，制度变迁造成的预期消费支出大大增加，居民消费行为发生了较大的变化，他们会在较长（甚至是一生或隔代）时间跨度里安排自己的消费支出，消费变得十分谨慎和理性，这也是城镇居民稳定性收入边际消费倾向较小的原因，也就是说由于对未来有较强的不确定性感受，城镇居民愿意将稳定性收入的大部分用作储蓄为，日后消费积蓄资金，如果要提高城镇居民的消费倾向，首先要降低居民的不确定性感受。

（一）完善城镇居民的失业、养老保险制度

虽然中国的分配方式已经转变为劳动、资本、技术和管理等生产要素共同参与分配的模式，但是在普通的绝大多数城镇居民收入构成中，劳动收入现在还是最主要的部分。而居民的就业机会与就业结构显然对居民劳动收入有重要的影响，居民家庭的收入水平与就业状况之间有比较密切的正向相关关系。这也说明了在中国的现阶段，对于大部分家庭来说，由于劳动收入仍然是主要的收入来源，则就业机会的相对不足将构成制约居民收入的重要因素。这可从不同年份的纵向比较可知，随着时间的推移，家庭的就业人员数量及就业面总体上都有所下降，就全国范围来说，户均就业人数从 1995 年的 1.87 降到 2007 年的 1.54 人；就业面也从 1995 年的 57.89% 将到 2007 年 52.92%，这在一定程度上表明就业机

会逐渐变得稀缺。

分析可知，中国城镇就业机会的减少主要是源于失业人员的大量存在，在国有企业改革取向深化的过程中，企业开始裁撤冗员，部分国有企业破产或濒临破产，下岗职工增加，同时由于企业在市场化改革中的自主权与市场约束力的增强，也导致部分企业对就业存量主动调整，从而产生了大量的失业人员。下岗所产生的社会影响不可低估，下岗不仅意味着下岗职工本人的收入将缺乏保障，而且还将对在岗职工就业稳定性预期产生影响。

在这种情况下，为了降低居民对未来的悲观预期，也为保障国有企业下岗职工基本生活及促进再就业的需要，1998 年国家制定了国有企业下岗职工基本生活保障制度，专门解决长期积累下来的历史遗留问题。其中主要内容是：一是确保国有企业下岗职工的基本生活，在国有企业普遍建立下岗职工再就业服务中心，由再就业服务中心为下岗职工发放基本生活费，并为他们缴纳社会保险费。同时，组织下岗职工参加再就业培训，引导和帮助他们实现再就业。二是确保离退休人员的基本生活，保证按时足额发放基本养老金。随着国务院发布的《完善城镇社会保障体系试点方案》和实施的《失业保险条例》，标志着失业保险制度正式建立，这些都为保障下岗失业人员基本生活、培育市场就业和维护社会稳定，发挥了重要作用。但是，现行的失业保险制度还不完善，全国失业保险基金结余余额达 900 亿元，而失业保险金水平全国月均只有 300 元，待遇水平很低。因此需要进一步完善《失业保险条例》，进一步改革完善失业保险制度。

（二）加快医疗保险制度的改革

在改革前的计划经济时期，中国实行的是低货币工资、高福利保障的收入分配体制，对于医疗保险而言，最显著的就是公费医疗制度，在这种体制下，对城镇职工甚至是直系家属基本上实行的是免费医疗制度，居民不存在医疗支出风险，相关的风险全部由国家或者企业承担，这造成了国家财政及企业成本的巨大压力。同时也是由于随着市场化改革的深化，劳动力的流动性逐渐增强，国有企业实施破产兼并重组等原因导致职工与企业的关系松散化，逐渐打破了原有的社会保障机制，而新的医疗保险制度又未建立，医疗支出的风险不得不由居民个人或家庭承担。这就意味着，如果一个人遇有疾病，主要的经费来源不是医疗保障制度，而是由个人自我支付，这无疑就增加了个人医疗支出中的不确定性。由此可见，医疗体制的改革使得原来有国家和单位承担的费用转向了居民个人和家庭，但是社会保险机制的建立又明显滞后，使得医疗支出的不确定性成为城镇居民家庭决策一个显著特征。除此之外，除了上述的体制性改革外，还有其他的因素也导致了人们对医疗费用增长的预期，如预期寿命的延长、因医疗技术进步导致医疗器械与药品价格上涨、慢性病发病率的上升等等，都导致了家庭医疗费用的预期增长。

针对上述这些问题，国家逐步建立起了由用人单位和职工个人共同缴纳基本医疗保险费的制度，并且逐步扩大了覆盖范围，将灵活就业人员纳入医疗保险范围，并出台了推进混合所有制企业和非公有制经济从业人员参加医疗保险的政策，之后又建立了城镇居民基本医疗保险制度，主要解决城镇非从业人员，特别是中小学生、少年儿童、老年人、残疾人等群体看病的问题，这些措施的出台在一定程度上降低了普通城镇居民对医疗费用支出的预期，降低了居民的不确定性感受，但是还应继续完善制度、扩大覆盖面、稳步提高待遇水平，才能够有效解决居民的后顾之忧。

（三）改革住房制度

世界上有两种主要的住房制度，一种是福利性住房制度，即把住宅作为福利品进行生产、流通和分配的住房制度；另一种是商品性的住房制度，即住房和其他商品一样，按照价值规律完成它从生产领域到交换领域再到消费领域的流通。我国住房改革的目的就是改福利房变为商品房，逼着只有租房能力的人去买高价房，这就需要一大笔资金作为买房的投资，居民为买房而加大了储蓄力度，减少了消费支出。

同时，受长期计划经济的影响，普通居民对住房性质的认识具有片面性，原有的福利性分房制度使城镇居民在住房消费上养成“公有消费”的思想意识，一旦改变原有的消费模式，由原有的福利性分房改革为自己掏钱买房，一方面，会使他们觉得基本生活没有了保障，要为将来的住房消费而长期大量的储蓄，所以虽然城镇居民的收入增加了，但是其消费计划由改革初期的攀比消费逐渐转为了有计划的长期消费。另一方面，住房制度的改革打破了居民旧的住房消费心理，居民因没有自己的住房而担忧和产生的不稳定心理。住房作为栖息之地，在面对转型期众多的不稳定因素时，人们对私有住房的渴求更加地强烈。虽然工资收入提高了，但由于住房商品化的改革，消费者对未来预期收入降低，这就是为什么央行连续八次降低银行存贷款利率后，居民储蓄仍然是有增无减的主要原因之一；并且现有的实际情况是，不仅年轻人为住房而储蓄，而且已拥有住房的老年人也要多储蓄准备为子女结婚购房。虽然当前买房可以分期付款，银行可提供消费贷款，但前提条件是有较高的长期收入和经常储蓄作保证，基于以上消费心理使人们的消费延缓，平均消费倾向和边际消费倾向下降很快。

基于此，政府对住房制度的改革一是要规范房地产市场，确定合理的房价，住房的价格应该和居民实际收入水平相适应，即房价不能超过居民实际承受能力过大。二是要加快金融制度改革，加大消费信贷的覆盖面，让大多数工薪阶层能够较容易地通过按揭贷款等消费信贷实现住房愿望。三是要大力发展廉租房以保障城镇中低收入居民的住房条件。

二、优化收入结构，促进消费增长

（一）提高城镇居民工资等稳定性收入的增长速度

通过前文的计量分析可知，稳定性收入的边际消费倾向较低，也就是说城镇居民将稳定性收入的大部分用作储蓄，以应付由于制度变迁因素而增加的子女教育、养老防病等方面的不确定性支出。而由于稳定性收入在城镇居民总收入中虽然在近几年所占比例有所下降，但其绝对数额仍很大，所以稳定性收入边际消费倾向偏低是造成城镇居民消费率偏低的重要因素。但本书同时认为稳定性收入本身增长的波动性也是导致居民消费水平偏低的另一主要因素，通过前文的数据可分析出作为稳定性收入的工资性收入在上世纪 90 年代初期取得快速的增长后，从 90 年代末期至 21 世纪初，工资收入的增长速度一直保持在低位，远远低于同期的 GDP 增长速度。而 2002 年至今工资的增长率徒然上升，是上年的 2 倍，至今一直基本保持在 2 位数以上，只有一年的增长率是一位数的，收入增长的波动性增大，对解释近些年来高储蓄增长率有着重要的意义。这是因为收入的波动性大，同样会降低人们的收入预期，当收入较快增长时，人们会怀疑其是否会长期增长，当收入较低增长时，人们则会意识到收入的不稳定性。作为城镇中绝大多数居民生活保证的被人们认为是稳定性收入的工资性收入不稳定性因素增加，使城镇居民在做消费计划时变得更加的谨慎，从而导致了其高储蓄而低消费的消费行为抉择。

导致城镇居民总体消费水平偏低另一个重要因素是，工资性收入的增长速度偏低。通过前文的模型分析可知，虽然稳定性收入的边际消费倾向较低，但在对模型做双对数变换时，却发现消费的稳定性收入弹性较大，说明城镇居民消费支出变动对稳定性收入变动反应敏感，或者说，城镇居民消费增长速度受稳定性收入的增长速度制约相对较大。九十年代以来，城镇居民消费率的不断下降就说明了此问题。一般来说，居民收入的增长应该随着经济的增长而增长，过低的收入增长速度会导致居民的消费力缺乏，并且在特定的时期内，居民收入增长速度可以适当超过经济的增长速度，可以提高居民的消费水平以保持经济的稳定增长。如日本在 20 世纪五、六十年代的工资增长速度低于同期经济的增长速度，但在 70 年代，工资的增长速度则超过了经济的增长速度，这实际上是在一定程度上允许工资侵蚀利润，更为重要的是可以实现从以投资为主导向以消费为主导经济增长方式的转变。

所以，要提高城镇居民的消费水平，对于稳定性收入来说：一是要稳定其增长速度，减少稳定性收入增长的波动性，这样可以减少居民对未来的不确定性感受，从而增加其消费支出水平；二是要提高稳定性收入的增长速度，不断改善城镇居民的消费结构和质量，从而提高城镇居民的消费水平，促进经济的快速稳定发展。

（二）完善市场环境，提高非稳定收入

计量分析的结果表明，中国城镇居民不稳定性收入的边际消费倾只是略小于稳定性收入的边际消费倾向，即城镇居民将不稳定性收入并不会将其全部用作储蓄，而是将其中大部分会用作消费，以提高自身的消费质量和满足消费的欲望。同时如前文分析得知，自1992年市场经济体制在中国确立之后，随着以劳动、资本、技术和管理等生产要素按贡献参与分配的分配体制在中国的确立，中国城镇居民的收入来源日益多元化，而由于市场经济的特征，居民总体收入的稳定性逐渐降低，其中经营性收入、财产性收入等受市场及个人禀赋影响较大的稳定性较低的不稳定性收入所占总收入的比重越来越大，并且呈现出逐渐增加的趋势。因此，如果能提高不稳定性收入，将会增加城镇居民的整体消费支出水平。而要提高不稳定性收入整体水平，则需要完善的市场环境和制度环境。

原因在于稳健完善的资本市场是增加不稳定性收入坚实平台。在发达国家，资本市场发育相对完善，银行存款、股票、政府债券、可转换债券、保险等多种金融资产品为普通投资者提供了广阔的选择空间。而且，经过多年反反复复的产权交易，市场监管规则也不断的修正，每种资产的收益与风险匹配状况已逐渐趋向合理。普通居民可以根据自己的风险偏好，不断地调整资产组合，以寻求投资效用的最大化，以获得更多的收入来满足自己的消费需求。但是在中国，由于资本市场发育相对滞后，从而使居民的资产选择行为受到较大的限制。首先，从金融产品的供给种类来看，在中国资本市场上，除银行存款外，股票、债券、基金等资本产品规模较小。其次，从资本市场的规范性方面看，由于缺乏系统、有效的监管措施，导致目前存在着异常的投机行为，违规欺诈事件发生频繁，普通的居民投资风险与收益难以匹配，中小投资者的利益没有得到很好的保护。以股票市场为例，由于众所周知的会计信息失真、机构操纵等行为的存在，致使绝大多数中小散户成为资本市场不公平竞争的牺牲品。这些居民不仅没有从股市中获得应得的利润，反而将自己辛辛苦苦积攒的积蓄付之东流，一无所获。最后，资本回报率低，股市投资价值低。1998～2004年美国居民个人的储蓄率基本保持在2.5%左右，而企业和政府的储蓄保持较高水平，家庭持有股票市值不断增长，美国人将钱投入股市，银行存款降至零，大量资金托起股价，给上市公司带来无偿的资金，给金融机构带来资金和利润，上市公司和金融机构扩大生产和服务，低成本创造财富，给社会带来就业，给投资人带来报酬，在这样的循环方式中，美国人依靠资本市场赚取了大量的收入，收入的增加又带动了消费的增长，因此，美国经济有2/3以上依靠消费拉动。而我国的企业大量从银行借钱，政府大量投入，产权不明晰，资源造成极大浪费，同时也给普通投资者带来的回报收益也很低，居民将其收入的大部分存入银行，带来极高的储蓄率，获得极低的利息收入，远远不及美国从完善的资本市场中获得的投资收入，从而导致了我国消费不旺，也导致了我国全部经济仅有40%左右依靠消费拉动。

因此，借鉴美国的经验，要提高我国城镇居民的资产收入，首先要打破国有产权的垄断，完善债券市场的产权结构，就是逐步打破政府债券对债券的垄断，形成全方位、多层次的产权结构。因为，诚然，我国债券市场的发展与企业自身经营不稳定、信用缺失等因素有关，但更重要的是政府长期对企业发行债券筹集资金的严格控制政策。但随着银行体制的逐步转变，商业银行的经营机制也发生了很大的转变，但是单依靠银行信贷的资金已无法满足企业进一步发展的资金需求。因此增加企业债券的发行，不仅可以扩大企业资金的供给面，同时也可增加居民的财产性收入，拓宽居民的收入来源。其次，应进一步优化股市的产权结构，提高公司的竞争能力及发展能力，从根本上使投资者对公司的未来前景对整个股市的发展有一个良好的预期。再次，应不断完善资本市场相关法律法规，我国资本市场在快速增长的背后，存在着诸多隐患，最显著的就是证券市场中的欺诈行为，因此应建立和完善禁止证券欺诈的法律制度，为证券欺诈禁止制度的运行创造一个多层次的监管体系，确保投资者的利益，为投资者创造一个良好的投资环境，增加投资人的收益。

因此，应该通过发展多层次的资本市场、推出多样化的理财工具，如储蓄、政府和企业的短期投融资、股票、保险、古玩、字画、邮票、期货、外汇市场、金银首饰等其他多层次多样化的投资渠道，开辟居民多样化的收入渠道。同时，还应改善百姓的创业环境，提高个体经营净收入，这样不仅能够提高居民的收入水平，同时还能够改变居民长期以来单纯依靠工资增加收入的习惯思维，树立通过投资或个体经营增加收入的意识，以积极地态度寻找投资机会、优化投资组合实现工资外收入的姿态，从而在一定程度上降低居民对未来收入的不稳定性预期。这是因为，过去单纯依靠工资性收入的职工，一旦失业就失去了全部的收入来源，生活就无法保障，如果实现了收入来源的多元化，在失业时只是失去了部分的收入来源，而不会影响到其最基本的生活保障，降低居民的不确定性感受，减少储蓄，增加消费。

第二节 政策建议

一、调整国家初次分配政策，迅速提高城镇居民的工资性收入

中国自改革开放以来，经济取得了快速的发展，特别是在进入90年代以后，国民生产总值进入了高速增长时期，平均以10%的速度增长，但是工资收入只增长了6.6%。这一点我们看到印度的2005年，GDP增长不到8%，可是工资提升了13.9%。与此相比较，日本在经济高速增长时，日本工资的增长速度比美国快70%，从1950~1980年，日本用了30年时间让百姓的工资收入追上美国，当日本和美国工资收入持平的时候，意味着日本人有了和美国人一样的购买力，而当百姓具有足够的购买力时，国家绝不用担心消费低迷。

与其他国家相比，中国百姓拥有的财富与国家拥有的财富相比，事实上是在不断下降的。因此造成的结果是近年来职工工资总额占GDP的比例呈现走低趋势，1989年为16.1%，2003年为12.6%，2005年为10.85%。16年间下降了5.25个百分点。相比较发达国家而言，我国职工工资总额占GDP比重一直偏低，在12%~16%之间徘徊，如果再加上工资额30%的福利，则在15%~20%之间，对于市场经济成熟的国家，分配率一般在54%~65%之间，如日本1999年分配率为54.18%，美国2000年分配率为58.31%，德国2000年分配率为53.84%，英国2000年分配率为55.27%，巴西为40%。工资收入偏低造成的直接后果就是，与任何国家相比，中国居民所拥有的财富相对较少，百姓不敢消费。资料显示，中国家庭拥有的人均财富与人均GDP的比例约为1.7倍，远低于美国的4倍和澳大利亚的3.7倍，也不如印度的2.4倍。

这个期间在经济高速发展的同时，我国的财政收入也有了很大提高，时至今日，财政收入已经占到GDP的27%，这是一个相当高的比例，也就是说，国家已经相当富有了。同时企业也是能够很大的积累，据了解，在发达国家工资一般会占企业运营成本50%左右，而在中国则不到10%，因此许多企业在过去的30年中，利润提升很高，规模不断扩大。财政收入持续走高，必然造成社会劳动力报酬的下降，在中国的高速增长期中，财政收入的增长已经远远超过GDP的增长水平，这是相互对应的。虽说我国自分配体制改革以来，城镇居民的收入来源日益多元化，但工资收入仍是城镇居民的主要收入来源，工资收入的低增长导致居民总收入增长率相对降低，造成了消费占经济的比例下降，成为制约国民经济

的稳定增长的瓶颈。

因此，国家应该改变国民收入的初次分配，体现出较大的不公平性，改变国民收入向企业和政府倾斜的政策，从而使国民收入向个人倾斜，一方面可以增加城镇居民的收入，提高消费水平，另一方面，可以完善社会保障制度，解决居民的后顾之忧，从而提高消费支出。

二、针对各收入阶层特点，提高平均消费倾向

我国城镇居民居民收入差距主要源于行业之间存在的差距，这是一个不合理的现象，一些行业由于处于垄断地位，其从业人员的收入过高，如金融、通信、电力、交通等。事实上，在市场经济条件下，由于经济发展过程中的产业结构转换，不同行业之间从业人员的收入存在差距是必然的，关键在于这种差距是市场行为还是政府行为。我国正处于经济转轨时期，一些行业处于政府的保护之下。这种由行政保护造成的垄断是不合理的，必须得到纠正。对那些目前仍需进行垄断价格保护的以及某些非竞争性的行业，则应征收相应的垄断收入税，或实行“收支两条线”，将垄断性的收费收归国库。即，对某些行业、产业采取扶植和保护政策是必要的，但要清楚市场准入壁垒，更不允许凭借行业垄断获得个人额外收入。同时，对高收入阶层，应借鉴发达国家的经验，对高收入阶层那些缺乏生存性的、具有遗赠倾向的财产加税，并通过转移支付补给中低收入阶层，为此需要开征财产税、遗产税等新税种，并提高个人所得税起征点，特别是鼓励高收入阶层将资产更多地投向高科技行业，由于这些行业的就业机会都是可以提供中等收入，所以投向这些行业可以为更多的人进入中等阶层创造机会。可以间接提高消费率、启动消费。

对于中等收入阶层来说，其稳定性收入和不稳定性收入的边际消费倾向都不高，主要是由于对未来的不确定性感受造成的，应加大其转移支付的力度。自20世纪90年代社会福利改革以来，养老、医疗、教育制度的改革使我国中等收入阶层在社会保障中的负担比率不断提高，特别是难以分享政府的转移支付，结果大大增强了他们的预防性储蓄动机，边际消费率因此降低了，因此应建立更加全面的“覆盖面更广“的社会保障制度。目前，社会各界对于加强农民阶层的社会保障投入已经达成共识，但对于城镇中等收入阶层却普遍忽视了，如果缺乏针对这个群体的社会保障投入，则该群体中就会只剩下那些足够经济实力购买商业保险的少数人，大多数可能不得不改变原属中等收入阶层的消费行为，即由高的边际消费率变为低的边际消费率，所以，要启动居民消费，不能忽视针对这个群体的社会保障和转移支付，而且，从中等收入阶层这个群体特点可知，其有较

强的提高生活质量的消费欲望，一旦对未来的不确定性预期降低，收入大幅增加，其消费欲望将得到极大的释放和满足。这意味着，国家要加大对这一阶层的转移支付力度，加大投入以降低该阶层居民在养老、医疗、住房等方面的个人负担，在一定程度上免除他们的后顾之忧。

对于低收入阶层来说，其具有较高的平均消费倾向和边际消费倾向，在收入结构中，低收入阶层的稳定性收入边际消费倾向较低，即低收入阶层将稳定性收入的觉得部分用于储蓄，一小部分用于消费。而不稳定性收入的边际消费倾向较高，不稳定性收入主要来源于经营性收入，因此完善居民自主创业的环境、保护居民的合法收入，对于提高低收入阶层的边际消费倾向有很大作用。同时，对于低收入阶层来说，其不敢消费的另一个原因在于其悲观的预期，而其之所以有悲观预期，一个重要原因是由于他们缺乏经济结构升级必须的技能，因此只能从事各种低收入的非熟练劳动，这导致他们难以分享经济增长带来的成果。特别是随着经济发展，高收入者创办厂所创造的就业机会，也越来越多地需要一定的知识和专业技能。若低收入阶层对此不能适应，则他们难以提高收入和消费。所以，必须加大对低收入阶层的教育投入。这包括两方面：第一，加大对低收入阶层，特别是农村低收入阶层子弟接受高中以上教育的扶持力度，使他们拥有平等的获得知识和专业教育的机会，这是长期性的措施，第二，应继续加大对城镇下岗职工的培训力度，使他们具备专业技能，增强其再择业或创业的能力。

三、运用财政货币政策，提高居民消费水平

20世纪90年代市场经济体制的确立，全方位、深层次的改革调整，触动了城镇居民的根本利益，原来由国家或企业承担的医疗、住房、教育等费用转嫁到了普通老百姓的头上，加上国家社会保障体制的不完善，造成了居民收入预期的下降和支出预期的上升，造成了居民收入预期和支出预期的不确定性极大地增加，致使居民将稳定性收入中的大部分存起来以应付未来的不确定性支出。从而最终导致了居民消费率下降，消费严重不足的结果的出现。本书认为，造成我国居民消费严重不足上述制度性因素不可能在短期内解决，但是可以借鉴发达国家的经验，结合我国的实际情况，尽量提高居民的消费预期。

二战以后，为了迅速恢复生产，促进经济回升，西方各国都实施了大规模的赤字财政政策，以期扩大有效需求，拉动经济增长。至五、六十年代，财政政策是主要的消费调控手段。但是至80年代初，西方国家纷纷抛弃了扩张性的财政政策，转向实行“紧缩性”财政政策，力图减少财政赤字，从而使财政政策对消费的调控作用明显减弱。90年代以后，由于西方国家长期背负的财政赤字包

袱，使得财政政策对消费的调控空间大为缩小。可见传统的扩张性的财政政策，从本质上说，是动用政府的力量，扩大政府的购买和投资，弥补居民消费下降的状况，从而保证 GDP 的增长。但政府购买毕竟代替不了居民的消费支出，反而会产生挤出效应，减少民间投资和居民的消费。相反，货币政策则在各个国家越来越作为刺激消费的主要手段。在五、六十年代，货币政策只是作为财政政策的配套措施，至 80 年代，货币政策的消费调控作用得到加强，自 90 年代以来，货币政策在对消费的调控中发挥了更大的作用。

然而我们也应看到，虽然财政或货币政策可以刺激投资和扩大生产，但这只是中间需求，它究竟能对经济增长发挥多大的作用，究竟能否提高经济效率，则取决于最终需求——居民消费的状况。因此，任何的财政货币政策都不如提高居民消费水平更有效，而且也较少副作用。因此结合中国的实际情况，首先，在财政政策上，应该着力税赋水平和调整税赋结构。提高工资水平是一个方面，通过调整税负比例结构改变国家企业个人的分配比例关系，降低税负的总体水平，提高国民收入一次分配中居民所得的比重，以达到提高居民个人收入，刺激消费需求的目的，这也是最直接、最有效的收入政策。其次，在货币政策上，适当地运用货币政策和信贷手段，减少闲置资源，同时应加大消费贷款的力度，为居民收入提高提供途径。

四、调整供给结构，扩大消费领域

中国各级地方政府以追求 GDP 的快速增长为目标的缺陷是导致过早发展资本密集型产业，甚至误将旧的重化工业当成新的工业化来发展，从而减少了对劳动力的需求，也就减少了消费基金的比例，同时金融资金大量流向这些产业，压抑了能吸纳就业的中小企业的融资发展，因此，拓宽消费的关键在于，在抑制投资过热的同时，把经济增长的兴奋点转向第三产业，改变我国服务业比重过轻，吸纳就业过少的现状，转变观念、提高认识，把第三产业放到与第一、第二产业同等重要的位置。发展科技、文化、卫生医疗、社区服务、旅游、物流、休闲等新兴行业，改造和完善商贸、餐饮、仓储、运输等传统产业，培育信息、金融、证券、保险和租赁等现代服务业，使第三产业成为调整经济结构、增加就业的主渠道，进而使短期就业的临时性不稳定性收入稳定化、长期化，促进消费增长。从改善供给的角度看，要突出拓宽消费领域的重点在于：

（一）加快科技文化产业化的进程，发展科技文化消费。文化产业化进程的加速，依赖于不断优化文化产品的供给结构，认真研究我国城镇居民文化消费的偏好，面向城镇居民生产既有艺术水准、又具有较高思想性的文化产品，满足消费者多层次、多样化的文化消费需求。加快公益性文化消费硬件建设，如博物馆、科技馆、文化广场等面向广大消费者文化娱乐设施和场馆的建设。增加文化产品的品种和数量，提高文化产品的档次和质量。注重加强文化市场管理，改善文化市场环境。

（二）重视旅游业的发展。我国潜力巨大，据世界旅游组织预测，到2020年，中国将成为世界第一大国际旅游接待国；国家旅游局预测，到2020年我国旅游收入年增长率高于10%。旅游业的发展为拓宽消费领域、带动就业提供了巨大的空间。

（三）重视汽车、信息产品等制造行业的发展。无论从国际经验还是我国行业发展趋势看，电子信息和汽车产业均显示出高速增长的特性。依据国际上的经验，当人均GDP超过1000美元时，私人汽车消费将进入快速增长期。在我国的城市，特别是大中城市，汽车已经是城镇居民的消费热点。随着房价的不断攀升，城镇中有许多无能力购房的年轻人将购房的目标转向了购车，因为对他们而言，买车比买房更经济，选择先买车，不仅是给生活减压，同时也可提高生活质量，这些都说明我国已经进入私人轿车消费的时代，加快汽车行业的开发及服务的完善，也可促进居民的消费。与此同时，随着计算机、电讯等网络基础设施建设进程加快和服务质量不断提高，各种信息产品在功能不断完善的基础上，价格迅速下降，计算机等信息产品的消费迅速升温，可以预见，信息产品和服务很快将称为居民特别是城镇居民消费的重要组成部分。

五、扩大消费信贷，促进消费升级

中国传统的实现消费升级的做法是攒够了钱再消费，而在发达国家通常都是利用消费信贷来实现消费升级。中国在进入了现代市场经济后，居民的消费领域扩大了，而且住房、汽车等大额消费对于普通居民来说，用攒钱消费的老办法难以实现，加之，消费观念的改变，现在城市中年轻的一代提前消费的欲望很强但其能力有限，因此对消费信贷提出了普遍的要求。但是目前由于我国消费信贷一、二级市场尚处起步阶段，抵押品交易尚未市场化，收回的住房或其他抵押物很难足值变现，管理成本较高。而且相关中介服务不完善，评估机构、房地产登记部门、公证处等中介机构办理登记、过户、公证等手续繁琐，时间长且收费高，无形中增加了借款人的财务负担，对消费信贷业务发展有一定负面影响。

因此，目前应该加快构建和完善消费信贷的服务体系，提升消费信贷供给能力。一是创新审贷机制。银行业机构应积极加强与政府相关部门、保险公司、开发商、经销商等单位合作，通过“金融超市”等方式，为消费信贷需求者提供

“一站式”服务。二是创新消费信贷产品。不断开发新的消费金融产品，通过逐步推行消费金融业务的产品化、标准化，打造消费金融品牌。三是创新消费信贷产品营销方式。配备专职消费金融业务营销人员、咨询和管理人员，加大对消费类金融产品的营销与宣传。对于有消费信贷需求的优质客户，可推广综合授信和信用贷款业务。四是完善以商业银行为主体，汽车金融公司、消费金融公司等非银行金融机构为补充的多元化消费信贷供给机构体系；不断丰富消费信贷的产品体系，创新消费信贷业务模式；同时通过加快立法，打击恶意逃费信用债务，建立相对灵活完善的呆坏账核销财会制度，以及充分发挥个人诚信系统功能，完善信用体系等，构建促进消费信贷发展的保障体系。

结　　论

一．研究结论

本书对消费的理论发展及其收入与消费问题的研究成果进行系统梳理和综合评价，在借鉴弗里德曼将收入分类的基础上，将中国城镇居民收入结构分为稳定性收入与不稳定性收入，从而对中国不同经济发展时期的收入结构、收入结构的稳定性与消费的特点进行了廓清，研究发现随着中国市场经济改革的不断深化，以及收入分配制度的不断调整和完善，中国城镇居民收入在持续增长的同时，收入的来源日益多元化，并且收入中的不稳定性因素在逐渐增强，收入结构整体的稳定性在不断降低，这是导致 90 年代以来中国城镇居民消费率不断下滑的主要因素。概括起来，本书的研究结论主要包括以下几点：

（1）收入结构的不稳定性源于中国转型期改革措施的不断调整和市场经济本身的风险，增加了中国城镇居民的不确定性感受，强化了预防性储蓄行为，降低了消费。分析指出应通过不断完善城镇居民的失业、养老制度和医疗保险等社会保障措施降低居民的不确定性感受，增加即期消费。

（2）不同经济发展时期收入结构和收入稳定性的不同，造成了对消费的不同影响，而本书的研究重点在于对 1992 年之后中国城镇居民收入结构进行了细致、深入的研究，结果发现中国城镇居民稳定性收入与不稳定性收入均会影响其消费支出行为，而稳定性收入的边际消费倾向略高于不稳定性收入边际消费倾向，并且都较低。分析指出，由于稳定性收入增量的边际消费倾向较高，国家应调整初次分配政策以提高城镇居民的工资性收入，使稳定性收入快速增长。同时应通过建立稳健完善的资本市场，推出多样化的理财工具以发展多层次的资本市场拓宽居民财产性收入的来源渠道；并应改善创业环境，以提高个体经营收入，这样不仅能够提高居民的收入水平，同时还能够改变居民长期以来单纯依靠工资增加收入的习惯思维，并以积极地态度寻找投资机会、优化投资组合实现工资外收入，拓宽收入渠道。从而在一定程度上降低居民对未来收入的不稳定性预期，减少储蓄，增加消费。

（3）应用扩展的线性支出系统模型，分别以城镇居民稳定性收入和不稳定性收入为自变量，以各项消费支出为因变量做分析后发现，中国城镇居民家庭消费结构中，食品消费的边际消费倾向是最高的，交通通讯、教育文化娱乐及居住也具有较高的消费倾向，据此可以制定相应的消费政策、培育消费市场，通过加快第三产业的发展以满足居民消费结构的变化，促进消费升级。

二、有待进一步研究的问题

本书试图对中国城镇居民收入结构与消费的问题进行深入研究，但由于数据资料的可获得性和本人知识的浅薄，加上时间的限制，致使一些论述难免挂一漏万，因此，本书最多只能说为这项研究提供了一个研究框架和研究思路，仍有许多方面还有待改进和补充。

首先，虽然本书通过对中国不同经济发展时期的收入结构与消费问题做了系统的研究，但本书只是从平均收入的角度进行分析和阐述的，并未对城镇各收入阶层的收入来源及结构进行细分，而探讨不同阶层收入结构、收入结构稳定性的不同以及对改革不同不确定性感受，而导致消费决策及消费行为的不同，从而有针对性制定不同政策以稳定居民的预期，提高各阶层居民的生活水平，促进消费。

其次，本书根据收入的来源与性质将城镇居民收入分为稳定性收入与不稳定性收入，这种分类研究的思路是建设性的，但收入划分类型的依据值得进一步探讨，书中虽有所论述，但还不很深入，如果将定性的阐述用定量的公式或模型将收入分类，可能更具有说服力。

参考文献

［1］中华人民共和国国家统计局：中国统计年鉴 2008［M］．北京：中国统计出版社，2008

［2］胡锦涛．高举中国特色社会主义伟大旗帜为夺取全面建设小康社会新胜利而奋斗——在中国共产党第十七次全国代表大会上的报告［R］．北京：人民出版社，2007，10

［3］http://news.xinhuanet.com/politics/2010－03/01/content_ 13076930.htm

［4］俞肖云，肖炎舜．我国收入分配现状、问题、成因与对策［J］．经济学动态，2009，(8)：68－71

［5］赵斌，孙丽丽．消费行为理论述评［J］．经济学动态，2009（7）：86－89

［6］凯恩斯．就业、利息和货币通论［M］．北京：商务印书，1999：101

［7］Kuzenets. Uses of national income in peace and war［J］. New York，Nat. Bur. Econ Res

［8］Friedman. A theory of the consumption function［M］. Princeton University Press，1957

［9］Modiglian，Unility analysis and the consumption function：an interpretation of cross－section and the consumption function：an interpretation of cross－section data［C］. K. Kurihara，Rutgers University press，F and Brumberg，1954

［10］杨天宇．中国的收入分配与总消费－理论和实证研究［M］．北京：中国经济出版社，2009（2）

［11］Hubbard，Skinner，Zeldes，The Importance of Precautionary Motives In Explaining Individual and Aggregate Saving［J］. NBER Working Paper 4516

［12］Hall and Miskin，The Sensitivity of Consumption to Transitory Income Estimates from Panel Data on Househelds［J］. Economitrica 1982，50：461－48

［13］Hall. The Rational Consumer［M］. 1990，MIT Press

［14］Flavin. The Adjustment of Consumption to Changing Expection about Future Income［J］. Journal of Money，Credit，and Banking，1997，l29（2）：154－176

［15］Mankiw N，Shapiro M. Trends，Random walks，and tests of the permanent income hypothesis［J］. Journal of Monetary Economics，1985，(16)：165－174

［16］Nelson C. A reappraisal of recent tests of the permanent income hypothesis［J］，Journal of political Economy，1987，95：641－646

［17］Hayashi F. The permanent income hypothesis and some new observations［J］. Advances in Economics. 1985，2：91－120

［18］Camball J，Mankiw. Consumption，income，Current income，consumption［J］. Journal of Business and Economic Statistics，1990（8）：723－767

［19］Deaton A. Life cycle models of consumption：Is the evidence consistent with the theory，1986，NBER working paper，1986：1910

［20］Skinner. Risk income life－cycle consumption and precautionary saving［J］. Journal of Monetary Economics, 1988, (22): 237 - 255

[21] Carrol C. The buffer - stock saving and the life cycle/permanent income hypothesis, Quarter Journal of Economics, 1997, 112: 1 - 55

[22] 申 朴, 刘康兵. 中国城镇居民消费行为过度敏感性的经验分析: 兼论不确定性、流动性约束与利率 [J]. 世界经济, 2003 (1), 61 - 66

[23] 赵斌, 孙丽丽. 消费行为理论述评 [J]. 经济学动态, 2009 (7): 86 - 89

[24] 马倩. 论我国的居民消费率 [J]. 财经界. 2003 (3): 146

[25] 段晓强. 90 年代初以来我国城乡居民消费的实证分析 [J]. 当代经济研究 2004 (8): 68 - 72

[26] 胡少维. 关于消费问题的几点看法 [J]. 经济纵横 1999, (7): 31 - 35

[27] 杨天宇. 20 世纪 90 年代以来中国学者的消费理论研究述评 [J]. 经济学研究, 2007 (9): 48 - 52

[28] 臧旭恒, 张继海. 收入分配对中国城镇居民消费需求影响的实证分析 [J]. 经济理论与经济管理 2005 (6): 5 - 10

[29] 朱国林, 范建勇, 严燕. 中国的消费不振与收入分配: 理论和数据. 经济研究 [J]. 2002 (5): 72 - 80

[30] 吴晓明, 吴栋. 我国城镇居民平均消费倾向与收入分配状况关系的实证研究 [J]. 数量经济技术经济研究, 2007 (5): 22 - 32

[31] 罗楚亮. 经济转轨、不确定性与城镇居民消费行为 [J]. 经济研究, 2004 (4): 100 - 106

[32] 庄佳. 不确定性影响我国居民消费行为的实证分析 [J]. 世界经济情况, 2006 (8): 26 - 29

[33] 万广华, 张茵, 牛建高. 流动性约束、不确定性与中国居民消费 [J]. 2001 (11): 35 - 44

[34] 赵晓英, 曾令华, 徐国梁. 经济转轨时期不确定性对我国城镇居民消费行为的影响 [J]. 消费经济, 2007, 4, p62 - 65

[35] 任太增. 收入支出不确定性与中国消费需求之谜 [J]. 中州学刊, 2004 (3): 27 - 30

[36] 汪浩瀚. 微观基础、不确定性与西方宏观消费理论的拓展 [J]. 经济评论 2006 (2): 57 - 63

[37] 臧旭恒. 持久收人、暂时收入与消费. 经济科学 [J]. 1994 (1): 44 - 49

[38] 姚伟纲. 关于持久收入、暂时收入与消费关系的实证研究 [J]. 世界经济情况, 2006 (21): 8 - 12

[39] 梁纪尧, 董长瑞. 关于前期消费、暂时收入与消费关系的实证研究——中国消费函数研究 [J]. 山东经济, 2006 (1): 13 - 16

[40] 胡放之. 调整收入结构, 促进经济增长 [J]. 计划与市场, 2000 (9): 7 - 8

[41] 曾海兴, 刘志生. 居民消费需求不足的收入结构成因分析 [J]. 佳木斯大学社会科学学报, 2002 (10): 29 - 30

[42] 米尔顿. 弗里德曼, 胡雪峰, 武玉宁译. 弗里德曼文萃 [M]. 北京: 首都经济贸易大

学出版社，2001，(2)

[43] 李拉亚．预期与不确定性的关系分析［J］．经济研究，1994（9）：30－33

[44] 舒昉，文正祥，陆原持久收入、暂时收入、隐性收入与消费关系的实证分析［J］．云南财贸学院学报，1995（3）：4－8

[45] 朱信凯．中国农户消费函数研究［D］．武汉：华中农业科技大学，2003

[46] 温小霓，徐国华．居民持久收入研究［J］．管理工程学报，2002（6）：27－29

[47] 苏良军．暂时收入真正影响消费吗［J］．管理世界，2005（7）：26－30

[48] 罗楚亮．经济转轨、不确定性与城镇居民消费行为［M］．北京：社会科学文献出版，2006

[49] 马克思．资本论（第2卷）［M］．北京：人民出版社，1975

[50] 杨宜勇．收入分配体制改革攻坚［M］．北京：中国水利水电出版社，2005

[51] 周琬．论经济体制改革过程中分配方式的变化及对居民收入的影响［J］．经济纵横2004（4）：43－45

[52] 孙国锋．中国居民消费行为演变及其影响因素研究［D］．南京：南京农业大学，2003

[53] 杭斌，申春兰．经济转型中消费与收入的长期均衡关系和短期动态关系［J］．管理世界，2004（5）：25－35

[54] 郭其友．中国经济主体行为变迁研究［D］．厦门：厦门大学，2001

[55] 何炼成．经济学三论新解［M］．中国经济出版社，2007，9

[56] 白永秀．中国现代市场经济研究［M］．西安：陕西人民出版社，2005（10）

[57] 巍礼群．中国经济体制改革30年回顾与展望［M］．北京：人民出版社，2008（12）

[58] 李时华，张军莲，郑必清．论增加居民财产性收入［J］．湘潭大学学报（哲学社会科学版），2008，32（1）：81－84

[59] 王宏．从收入变化看未来城镇的消费增长点［J］．长白学刊，2004（4）：70－72

[60] 安格尔·迪顿，理解消费［M］．上海：上海财经大学出版社，2003：2

[61] 约瑟夫．E. 斯蒂格利茨，卡尔．E. 沃尔什．经济学［M］，北京：中国人民大学出版社，2005

[62] 黄亚均．微观经济学［M］．北京：高等教育出版社，2006（6）

[63] 杜海韬，邓翔．流动性约束和不确定性状态下的预防性储蓄研究——中国城乡居民的消费特征分析［J］．经济学，2005（1）：297－316

[64] 朱春燕，臧旭恒．预防性储蓄理论——储蓄（消费）函数的新进展［J］，经济研究，2001（1）：84－92

[65] 孟昕．中国城市的失业、消费平滑和预防性储蓄［J］．经济体制社会比较，2001（6）：40－50

[66] 吴良国．预防性储蓄与中国居民消费行为［J］．科技创业，2006，9，p86－87

[67] 朱春燕，臧旭恒．预防性储蓄理论——储蓄（消费）函数的新进展［J］，经济研究，2001（1）：84－92

[68] 庄子银．高级宏观经济学［M］．武汉：武汉大学出版社，2005

[69] 赵晓英，曾令华，徐国梁．经济转轨时期不确定性对我国城镇居民消费行为的影响［J］，消费经济，2007（4）：62－65
[70] 尹世杰．消费经济学［M］．北京：高等教育出版社 2003
[71] Kight Frank H. Risk，Ucertainty and rofit. NewYork：Augustus，M. Kelley. 1964.
[72] 汪浩瀚．微观基础、不确定性与中国居民跨期消费研究［M］．北京：经济科学出版社，2006
[73] 胡德宝，柳思维．不确定性下的我国城镇居民消费行为研究［J］. 2008（1）：50－56
[74] 张勇．中国近年来消费需求增长乏力的原因探析［J］．西安电子科技大学学报（社会科学版），2007，17（3）：61－67
[75] 孙凤．消费者行为数量研究——以中国城镇居民为例［M］．上海：上海人民出版社，2002
[76] 尹纳娜．我国消费需求不足原因及其对策分析［J］．财经界，2008（2）：100－101
[77] 宋宇．论居民收人变化对我国宏观经济运行及政策的影响［D］．长沙：湖南大学，2002
[78] 罗楚亮．就业稳定性与工资收入差距研究［J］．中国人口科学，2008（4）：11－21
[79] 骆祚炎．支出增长预期对居民消费和储蓄的影响分析——兼评预防性储蓄理论的不足［J］．山西财经大学学报，2007（8）：33－38
[80] 谢平．经济制度变迁和个人储蓄行为［J］．财贸经济，2000（10）：15－20
[81] 邓娅．市场经济发展与高等教育经费来源多元化［J］．北京大学教育评论，2003，1（4）：62－67
[82] 尹志宏．消费经济学［M］．北京：中国人民大学出版社，2004
[83] 叶海云．试论流动性约束、短视行为与我国消费需求疲软的关系［J］．经济研究，2000（11）：39－44
[84] 汪红驹，张慧莲．不确定性和流动性约束对我国居民消费行为的影响［J］. 2002（6）：22－28
[85] 高志仁．新中国个人收入分配制度变迁研究［D］．长沙：湖南师范大学，2008
[86] 郭其友．中国经济主体行为变迁研究［D］．厦门：厦门大学，2001
[87] 臧旭恒．居民资产与消费选择行为分析［M］．上海：上海人民出版社，2006
[88] 李时华，张军莲，郑必清．论增加居民财产性收入［J］．湘潭大学学报，2008，32（1）：81－85
[89] 赵人伟．我国居民收入分配和财产问题分析［J］．当代财经 2007（7）：5－11
[90] 刘康兵．资本市场不完美、不确定性与公司投资［D］．上海：复旦大学，2007
[91] 王田，梅洪常，张伟．影响消费的诸因素分析及模型化描述方法研究［J］. 2005（5）：7－10
[92] 戎文佐．论个体经济与个体经营［J］．经济科学，1993（2）：36－39
[93] 黄泰岩，牛飞亮．中国城镇居民收入差距［M］．北京：经济科学出版社，2007（5）：24－25

[94] 李晓玉．现阶段我国居民收入差距分析［J］．企业经济，2003（12）：13－15
[95] 李实，史泰丽，别雍．古斯塔夫森．中国居民收入分配研究［M］．北京：北京师范大学出版社，2008
[96] 袁晓凤．当前我国城镇居民收入差距问题分析［J］．山西财政税务专科学校学报，2005，7（10）：64－67
[97] http://www. world bank. Org. cn/chinese/content/wdr06. pdf
[98] 米尔顿．弗里德曼，胡雪峰，武玉宁译．弗里德曼文萃［M］．北京：首都经济贸易大学出版社，2001
[99] 申朴．刘康兵．中国城镇居民消费行为过度敏感性的经验分析：兼论不确定性、流动性约束与利率［J］．世界经济，2003（1）：61－6
[100] 中国国家统计局．中国城市（镇）生活与价格年鉴［M］．北京：中国统计出版社1996－2008，
[101] H. 钱纳里，结构变化与发展政策研究［M］．北京：经济科学出版社，1991
[102] 张建杰．农户收入结构变迁及其成因研究［D］．南京：浙江大学，2004
[103] 林毅夫．回顾与展望——中国奇迹［M］．北京：北京大学出版社，2006
[104] 张继海．社会保障对中国城镇居民消费和储蓄行为影响研究［M］．北京：中国社会科学出版社，2008
[105] 罗楚亮．就业稳定性与工资收入差距研究［J］．中国人口科学，2008（4）：11－21
[106] 杭斌．就业结构、收入结构与居民消费行为研究［J］．统计研究2003（11）：19－22
[107] 岳红梅．湖南省城镇居民收入和消费的协整性分析［J］．消费经济，2005（8）：48－50
[108] Leland H. Saving and Uncertainty：The Precautionary Demand for Saving［J］. Quauterly Journal of Econmomics，1968，82：461－472
[109] 耿黎辉．我国不同收入群体的消费心理与行为研究［J］．商业研究，2004，(22)：83－87
[110] 焦鹏．城镇居民收入群体消费函数分析［J］．商业研究，2009，(386)：10－15
[111] 梅宏常，王田，胡宝娣．消费增长与结构优化［M］．北京：经济管理出版社，2007
[112] 陈燕武．消费经济学［M］．北京：社会科学文献出版，2008
[113] 刘润芳．ELES 模型在城镇居民消费结构分析中的应用［J］．统计教据，2005(2)：35－37
[114] 余明江．我国城镇居民消费结构的实证研究［J］．安徽工业大学学报．2004（10）．45－48
[115] 刘英．收入分配对我国城镇居民消费结构影响的实证分析［J］．科技导报，2007，3
[116] 周发明，杨婧．基于 ELES 模型的中国城乡居民消费结构实证研究［EB/OL］. http://www. paper. edu. cn
[117] 包慧敏．中国城镇不同收入阶层居民消费行为及消费结构分析［D］．呼和浩特市：内蒙古大学，2004

附录：城镇居民收入结构与消费支出调查问卷

您好！这份调查问卷仅作为学术研究所用，没有其他的目的，不对您个人做任何鉴定，匿名填写，而且，调查的内容会做到严格的保密，不会将您的任何信息透露出去。非常感谢您的合作！

问题1：请问您的性别________ A. 男　　B. 女，年龄（周岁）________。

问题2：请问您的婚姻状况________ A. 已婚　　B. 未婚

问题3：请问您目前所从事的行业是________？（单选）

A. 政府机关　　B. 企事业单位

C. 学校　　D. 个体经营者

E. 其他行业

问题4：请问您目前平均每月的税后收入是________？（单选）

A. 1000元以下　　B. 1000~2000元

C. 2000~3000元　　D. 3000~5000元

E. 5000~8000元　　F. 8000~1500元

G. 15000元以上

问题5：请问目前在您的收入中，您的稳定性收入主要来源于________？（复选）

您的不稳定性收入主要来源于________？（复选）

A. 主要职业单位基本工资　　B. 主要职业单位的奖金、津贴及福利

C. 第二职业或兼职收入　　D. 银行存款利息

E. 股票等投资类收入　　F. 房屋、车辆或土地等的租金

G. 生意赚得的经营净收入　　H. 单位离退休金或失业金

I. 单位的住房公积金补贴　　J. 遗产或赠送

K. 其他收入

问题6：请问目前您稳定性的税后收入平均每月为________？（单选）

A. 1000元以下　　B. 1000~2000元

C. 2000~3000元　　D. 3000~5000元

E. 5000~8000元　　F. 8000~15000元

G. 15000 元以上

问题 7：请问您的不稳定性税后收入平均每月为________？（单选）

A. 1000 元以下　　B. 1000 ~ 2000 元

C. 2000 ~ 3000 元　　D. 3000 ~ 5000 元

E. 5000 ~ 8000 元　　F. 8000 ~ 15000 元

G. 15000 元以上

问题 8：请问目前您每月的消费支出是________？（单选）

A. 500 元以下　　B. 500 ~ 1000 元

C. 1000 ~ 2000 元　　D. 2000 ~ 3000 元

E. 3000 ~ 5000 元　　F. 5000 ~ 8000 元

G. 8000 元以上

问题 9：请问您目前的消费支出主要用于下列那些消费________？（复选）

A. 食品　　B. 衣着

C. 住房 汽车等贵重物品　　D. 子女教育

E. 医疗保健　　F. 旅游娱乐消费

I. 其他

图书在版编目（CIP）数据

城镇居民收入结构、不稳定性与消费研究／韩海燕著.—北京：经济日报出版社，2013.2

ISBN 978－7－80257－499－1

Ⅰ.①城…　Ⅱ.①韩…　Ⅲ.①城镇－居民收入－研究－中国②城镇－居民消费－研究－中国　Ⅳ.①F126

中国版本图书馆CIP数据核字（2013）第021072号

城镇居民收入结构、不稳定性与消费研究

作　　者	韩海燕
责任编辑	陈礼滟
责任校对	刘雅溪
版式设计	金　丹
出版发行	经济日报出版社
地　　址	北京市西城区右安门内大街65号（邮政编码：100054）
电　　话	010－63567960（编辑部）　63567687（邮购部） 010－63516956　63559665　83558469（发行部）
网　　址	www.edpbook.com.cn
E－mail	edpbook@126.com
经　　销	全国新华书店
印　　刷	北京高岭印刷有限公司
开　　本	710×1000毫米　1/16
印　　张	15
字　　数	250千字
版　　次	2013年3月第1版
印　　次	2013年3月第1次印刷
书　　号	ISBN 978－7－80257－499－1
定　　价	38.00元

舞台敞开　各自精彩

任职于科研院所中的学者，特别是从事法学教学、科研工作的法学学者们近年来受到了决策者无比的关照。十八届三中全会“决定”提出要“加强中国特色新型智库建设，建立健全决策咨询制度”。十八届四中全会“决定”提出要“建立从符合条件的律师、法学专家中招录立法工作者、法官、检察官制度”，“健全政法部门和法学院校、法学研究机构人员双向交流机制，实施高校和法治工作部门人员互聘计划，重点打造一支政治立场坚定、理论功底深厚、熟悉中国国情的高水平法学家和专家团队，建设高素质学术带头人、骨干教师、专兼职教师队伍”。中央2015年1月印发《关于加强中国特色新型智库建设的意见》，对“新型智库”的建设问题进行了全面部署。2015年12月印发《关于完善国家统一法律职业资格制度的意见》，指出国家鼓励法学教育工作者“参加国家统一法律职业资格考试，取得职业资格”。2016年3月通过了《关于推行法律顾问制度和公职律师公司律师制度的意见》指出“在所从事的法学教学、法学研究”领域具有一定影响的法学专家可以担任法律顾问。2016年6月通过了《从律师和法学专家中公开选拔立法工作者、法官、检察官办法》，规定司法机关应当把从“法学专家